PENSIONES DIGNAS Y SOSTENIBLES PARA TODOS

Los grandes retos de la longevidad

Arismendi Díaz Santana

PENSIONES DIGNAS Y SOSTENIBLES PARA TODOS

Los grandes retos de la longevidad

Arismendi Díaz Santana

arismendi.diaz@gmail.com
arismendidiazsantana@gmail.com

Santo Domingo,
República Dominicana
Mayo del 2020

INDICE

PENSIONES DIGNAS Y SOSTENIBLES PARA TODOS

Los grandes retos de la longevidad

Arismendi Diaz Santana[1]

ABSTRACT Y RESUMEN

The standard of living of most pensioners and retirees will continue to decline in the coming decades, creating greater uncertainty and social insecurity. Both planned systems are in crisis, which will continue to be aggravated by this century, due to their slow adaptation to the challenges of technological development, demographic transformation and changes in the labour market. The most recent investigations and reports are a growing imbalance between the active and passive years, between the percentage of contribution and the replacement rate, between the number of contributors per pensioner, as well as between the average contribution salary and the used to calculate the pension.

---

[1] *Arismendi Díaz Santana es economista, con altos estudios en Seguridad Social en la OISS, España. Diseñó el Sistema Dominicano de Seguridad Social (SDSS), redactó la Ley 87-01 que creó dicho Sistema, y fue el primer Gerente General de la Seguridad Social Dominicana. Durante seis años fue consultor en Seguridad Social de la Oficina Panamericana de la Salud (OPS/OMS) para Centroamérica y República Dominicana, con sede en Guatemala. Actualmente es consultor independiente en el tema.*

At the maturity stage of the public sharing system, this dissociation inevitably results in a chronic, unmanageable and growing deficit, first covered by active workers and then supplemented by the state, through tax subsidies paid by all taxpayers. However, the individual capitalization system is also in crisis because, while it does not use other people's contributions or cause financial deficits, it does not guarantee a pension worthy of life, generating homelessness in old age.

This lack of correspondence requires a realistic and comprehensive redesign of both systems, ensuring decent and sustainable pensions in the medium and long term. This is possible in the distribution system, gradually eliminating actuarial and financial imbalances to restore savings and investment capacity. And it is possible in individual capitalization, reducing the cost of commissions, introducing social solidarity and ensuring the necessary correspondence between the accumulated retirement fund and the average pension years. In both cases, strong forward-thinking leadership is required to raise collective awareness of the risks, problems, and fiscal and social cost of maintaining traditional models. The strategy of empowering the population on the new challenges of longevity facilitates structural change and ensures their active participation in the definition of a new planned policy and in the redesign of both systems for social protection of all elderly.

RESUMEN

El nivel de vida de la mayoría de los pensionados y jubilados continuará su reducción en las próximas décadas, creando mayor incertidumbre e inseguridad social. Ambos sistemas previsionales están en crisis, las cuales continuarán agravándose durante el presente siglo, debido a su lenta adaptación a los retos del desarrollo tecnológico, de la transformación demográfica y de los cambios en el mercado laboral. Las investigaciones e informes más recientes acusan un creciente desequilibrio entre los años activos y pasivos, entre el porcentaje de aporte y la tasa de reemplazo, entre la cantidad de cotizantes por pensionado, así como entre el salario promedio de cotización y el utilizado para calcular la pensión.

En la etapa de madurez del sistema público de reparto, esta disociación se traduce inevitablemente en un déficit crónico, inmanejable y creciente, primero cubierto por los trabajadores activos y luego complementado por el Estado, mediante subsidios fiscales pagados por todos los contribuyentes. Pero también el sistema de capitalización individual está en crisis ya que, si bien no utiliza los aportes ajenos ni provoca déficits financieros, no garantiza una pensión digna de por vida, generando desamparo en la vejez.

Esta falta de correspondencia demanda un rediseño realista e integral de ambos sistemas, que garantice pensiones dignas y sostenibles en el mediano y largo plazo. Ello es posible en el sistema de reparto, eliminando gradualmente los desequilibrios actuariales y financieros para restablecer la capacidad de ahorro e inversión. Y también es posible en la capitalización individual, reduciendo el costo de las comisiones, introduciendo la solidaridad social y asegurando la necesaria correspondencia entre el fondo de retiro acumulado y los años promedio de pensión. En ambos casos, se requiere de un fuerte liderazgo, con visión de futuro, capaz de elevar la conciencia colectiva sobre los riesgos, problemas, y el costo fiscal y social de mantener los modelos tradicionales. La estrategia de empoderar a la población sobre los nuevos retos de la longevidad, facilita el cambio estructural y asegura su participación activa en la definición de una nueva política previsional y en el rediseño de ambos sistemas para la protección social de todos los envejecientes.

Capítulo I

INTRODUCCIÓN

El objetivo central de este libro es explicar los lineamientos generales para garantizar pensiones dignas y sostenibles para todos, mediante el rediseño integral y flexible de los dos grandes sistemas previsionales. Pretendemos responder a las nueve principales preguntas: 1) ¿Cuál es la magnitud de la crisis previsional global y cuáles son los pronósticos para las próximas décadas?; 2) ¿Cuáles factores determinan el creciente desequilibrio actuarial y financiero de los actuales sistemas previsionales?; 3) ¿Por qué el sistema público de reparto tradicional no garantiza pensiones sostenibles a largo plazo?; 4) ¿Por qué el sistema de capitalización individual no ha alcanzado el objetivo de una pensión digna y duradera?; 5) ¿Por qué tanta polémica y resistencias a las reformas, a pesar de la profundización del desequilibrio actuarial?; 6) ¿Cuánta es la demanda y cuál es el impacto fiscal del aumento de las pensiones no contributivas?; 7) ¿Por qué la sostenibilidad del sistema público de reparto depende fundamentalmente de la capitalización del ahorro?; 8) ¿Es posible diseñar un sistema de capitalización individual público, solidario y con pensiones dignas?; y 9) ¿Cuál es el futuro previsible de los pensionados y jubilados ante las continuas transformaciones demográficas y los cambios laborales?

La gran mayoría de los estudios, informes e investigaciones concluyen que los actuales sistemas previsionales no fueron diseñados para afrontar, con éxito y sin traumas, los retos de una sociedad cada vez más longeva y con un mercado laboral cambiante, desigual y excluyente. El aumento sostenido de la esperanza de vida implica, necesariamente, un incremento

8

proporcional del costo del envejecimiento, brecha que está erosionando el nivel de las pensiones y jubilaciones, y reduciendo la sostenibilidad financiera de los viejos sistemas de retiro. Ante esta realidad irreversible, ambos sistemas se enfrentan al reto ineludible de lograr un rediseño flexible, capaz de garantizar pensiones *dignas y sostenibles para todos*, en escenarios dinámicos caracterizados por el aumento de la longevidad y la irrupción de la industria inteligente.

La exposición se concentra en demostrar ocho hipótesis fundamentales: 1) el avance sostenido de la esperanza de vida y los cambios en el mercado laboral constituyen los principales catalizadores de la incapacidad de los viejos sistemas previsionales para garantizar pensiones dignas y sostenibles para todos; 2) los crecientes desequilibrios financieros son el resultado inevitable de la falta de correspondencia entre el nivel del financiamiento y el costo de las pensiones y jubilaciones prometidas; 3) aunque el sistema clásico de reparto público entrega las pensiones ofertadas, por sí mismo, resulta incapaz de garantizar su sostenibilidad en el largo plazo; 4) si bien el sistema de capitalización individual procura el equilibrio fiscal, no asegura pensiones suficientes, generando orfandad social; 5) los ajustes paramétricos tendentes a contener el desequilibrio financiero terminan reduciendo el nivel de las pensiones y jubilaciones, generando grandes incertidumbres; 6) tanto el sistema público de reparto, como la capitalización individual, son susceptibles de un rediseño integral, compatible con las transformaciones demográficas y laborales; 7) para garantizar pensiones dignas y sostenibles para todos, es necesario eliminar los subsidios a las pensiones contributivas, a fin de universalizar las pensiones no contributivas a todos los envejecientes en estado de necesidad; y 8) el rediseño integral de los viejos sistemas previsionales depende del involucramiento consciente de la población.

Dado que en el funcionamiento de los sistemas previsionales converge una amplia variedad de factores, exógenos y endógenos, en aras de la simplicidad nuestro análisis girará en torno a las ocho variables decisivas para la sostenibilidad del sistema: 1) la cantidad de afiliados cotizantes; 2) el porcentaje de cotización; 3) el salario promedio real cotizable; 4) los años mínimos de aporte; 5) la tasa real de rentabilidad del fondo de retiro; 6) la cantidad de jubilados y pensionados; 7) la tasa de reemplazo del salario; y 8) los años promedio de disfrute de las pensiones y jubilaciones.

Reconocemos la fuerte incidencia de importantes factores exógenos, tales como, el ingreso per cápita, la cantidad y el crecimiento del empleo formal, los niveles salariales, la inestabilidad laboral, la marginalidad e informalidad, la inflación, y la estabilidad macroeconómica, entre otros. No obstante, para el presente estudio estos factores son considerados invariables, en primer lugar, porque su influencia y comportamiento incide por igual en ambos sistemas; en segundo lugar, porque los mismos no dependen, ni pueden ser modificados libremente, por los respectivos sistemas previsionales; y en tercer lugar, en interés de lograr que el lector no especializado concentre su atención en la naturaleza intrínseca, y en los resultados financieros y sociales de los dos sistemas tradicionales.

No resulta razonable pretender que el sistema de seguridad social resuelva todas las distorsiones e injusticias del mercado laboral. Tanto la política previsional como los modelos de retiro, responden a los objetivos del sistema económico y social predominante, y reflejan sus fortalezas, debilidades y limitaciones. En consecuencia, el condicionamiento del sistema económico sobre los planes de pensión, cualquiera que sea su naturaleza, resulta considerablemente mayor que el de éste sobre aquel.

Desde hace más de tres décadas, estamos incursionando en este apasionante tema, cada vez con mayor intensidad, dedicación y entusiasmo. En España, a mediados del 2019, junto a mi esposa Loly, visitamos las principales librerías en interés de comprar todos los libros dedicados al análisis a fondo de las causales de las crisis de los sistemas previsionales. Para nuestra sorpresa, ni en Barcelona ni en Madrid, encontramos estudios actuariales sobre los factores que determinan el desequilibrio actuarial. No conforme, meses después, en septiembre, viajamos a Chile con igual propósito, y allí compramos todos los libros disponibles; y luego, en Panamá, hicimos lo propio sin mayores novedades. También, investigamos en Internet, obteniendo algunas valiosas publicaciones. Esta falta de estudios actualizados sobre la sostenibilidad de ambos sistemas previsionales, constituyó una motivación mayor para impulsar y concluir este esfuerzo, con la esperanza de que el mismo contribuya al análisis y al debate previsional, mediante un enfoque más independiente, objetivo e integral.

Esta obra pretende llegar, motivar e involucrar al gran público, tradicionalmente excluido de debates técnicamente muy densos. Por eso, simplificamos el análisis centrándolo en un afiliado promedio, aun consciente de las limitaciones, ya que detrás de sus características comunes se esconden múltiples particularidades laborales, humanas, culturales y étnicas imposibles de soslayar al momento de establecer políticas previsionales solidarias y universales. Sin embargo, al evaluar la *sostenibilidad de cada sistema* como tal, sus expresiones particulares y coyunturales no influyen en su esencia, ni en su funcionamiento, ni en los resultados financieros y sociales. No porque no se consideren importantes, sino porque partimos de la premisa de que, si el análisis del sistema en su expresión más pura y racional, acusa incapaz para garantizar una pensión digna y sostenible para el trabajador promedio, con mucha más razón lo será para los grupos laborales en condiciones desventajosas o vulnerables, como las mujeres, las minorías étnicas, los indígenas y los inmigrantes, entre otros. En cambio, estas particularidades sí deben ser tomadas en cuenta seriamente al momento de redefinir las políticas previsionales y de rediseñar los respectivos sistemas de retiro y, más adelante, en la definición de los indicadores y parámetros para el monitoreo y la evaluación de los respectivos modelos nacionales.

La experiencia universal demuestra que siempre ha sido relativamente fácil establecer modelos y planes de retiro con beneficios definidos muy generosos, aunque luego no resultan sostenibles y terminan generando grandes déficits financieros que, indefinidamente, se traspasan de generación en generación, llegando a requerir subsidios fiscales. También, resulta fácil imponer o aprobar planes de retiro de contribución definida los cuales, aunque financieramente equilibrados, resultan incapaces de asegurar una pensión digna a largo plazo, provocando desamparo y orfandad social. Dado que, en ambos casos, *el gran reto previsional consiste en alcanzar la sostenibilidad en una sociedad cada vez más longeva*, en la presente obra nos concentramos en proponer reformas estructurales para alcanzarla.

La exposición ha sido dividida en dos grandes secciones. En la primera, se exponen los principales resultados financieros y sociales de los más recientes estudios e informes sobre el presente y el futuro de las pensiones a nivel mundial, tomando como referencia las naciones más representativas de ambos sistemas previsionales. Además, se identifican los factores determinantes de los desequilibrios financieros, utilizando modelos actuariales simplificados para demostrar, en forma sencilla *al alcance de los no especialistas*, que estos desequilibrios se aceleran con el avance de las transformaciones demográficas y los cambios en el mercado laboral, entre otras variables previsionales.

La segunda, está dedicada a presentar los lineamientos de una nueva política previsional y del rediseño de los nuevos sistemas de pensiones. Se analizan los principales argumentos y objeciones esgrimidos en el intenso debate actual a favor y en contra de ambos sistemas; se valora el reto y el costo de alcanzar una cobertura universal, mediante la entrega de pensiones no contributivas a los envejecientes en estado de necesidad, estimado el posible impacto fiscal de los subsidios; se perfilan las características del rediseño de ambos sistemas y se expone una visión del futuro de la situación de los pensionados y jubilados, a la luz de la proyección de las transformaciones demográficas, del impacto del desarrollo de la inteligencia artificial y de la robótica en la estructura del mercado laboral. Finalmente, se esboza una estrategia general, a fin de educir los obstáculos y las resistencias al establecimiento de las nuevas políticas y de los nuevos sistemas previsionales.

Estamos conscientes de que estos planteamientos provocarán las más diversas y apasionadas reacciones, para las cuales estamos profesionalmente preparados. Este libro no pretende ser la verdad absoluta, sino identificar los verdaderos factores que determinan los desequilibrios previsionales que se traducen en crisis financieras y en la reducción del nivel de vida de los envejecientes. Intentamos contribuir a centrar el debate general en las principales reformas para alcanzar pensiones dignas y sostenibles para todos. Aspiramos a perfilar una metodología sencilla y precisa para un abordaje equilibrado y objetivo del tema sin prejuicios ideológicos, con visión de futuro, y con un enfoque integral e inclusivo, basado en cálculos financieros y actuariales, como corresponde a profesionales interesados en profundizar hasta la raíz del problema, para formular soluciones adecuadas, oportunas, viables y sostenibles.

Un reconocimiento muy especial a la dedicación y la paciencia de mi querida esposa Sonia (Loly) Dolores Gracia de Diaz, por su constante estímulo y sus valiosas observaciones durante la lectura y corrección de las últimas versiones de la presente obra. También a mis tres hijos, Sonia, Otto y Elsa Amelia, y a mis nietos, Gabriela Patricia, María Laura y Luis

Eduardo, por sus palabras de aliento y apoyo, y la comprensión por el tiempo que les he robado.

De igual forma, agradecer a mis entrañables amigos Enrique Ureta Vergara y Rigoberto Centeno, por sus diálogos y consejos y su acompañamiento en Chile y Panamá, respectivamente, en la búsqueda de las últimas publicaciones sobre el tema. También, a las autoridades de la Facultad de Ciencias Económicas y Sociales, de la Universidad Autónoma de Santo Domingo (UASD), en la persona de su decano el maestro Alexi Martínez, y de los miembros de su Consejo Técnico y del Instituto de Investigaciones Económicas y Sociales, por sus valiosos comentarios. Finalmente, a decenas de profesores, profesionales y alumnos de diversas disciplinas y países de América Latina quienes, de una u otra forma, alentaron nuestras inquietudes, cuestionamientos, enfoque y metodología sobre el tema.

Arismendi Díaz Santana
Abril del 2020

Primera Parte

MAYOR INCERTIDUMBRE ANTE PENSIONES REDUCIDAS

Capítulo II

DÉFICITS FINANCIEROS QUE REDUCEN LAS PENSIONES

¿Cuál es la magnitud de la crisis previsional y los pronósticos para las próximas décadas?

Desde el inicio de la revolución industrial, y en especial a partir del siglo pasado, la humanidad ha vivido revoluciones tecnológicas que han producido transformaciones económicas, políticas y sociales con un impacto superior a todos los cambios registrados en todos los siglos anteriores. La capacidad creativa e innovadora de los recursos humanos ha alcanzado niveles de productividad jamás soñados por las civilizaciones pasadas, siendo responsable de nuevos procesos productivos, de una nueva sociedad, de una nueva cultura y de nuevos estilos de vida en constante evolución.

Sin embargo, a pesar del aumento de la calidad de vida y de las mayores expectativas individuales y colectivas, los sistemas de protección social no han avanzado en consonancia con estos grandes avances. Si bien durante el siglo pasado la mayoría de los países pasaron de un seguro social centrado en el trabajador asalariado, a una seguridad social como un derecho humano universal, los informes de la Organización Internacional del Trabajo (OIT) indican que todavía *la gran mayoría de la población nace, crece y muere sin disfrutar de una protección social básica.*

Actualmente, generaciones enteras, miles de millones de trabajadores en todo el mundo, a los cuales se les prometió un retiro digno, luchan contra reformas que los obligan a *trabajar más, para recibir menos*, proyectando un retiro con grandes inseguridades e incertidumbres. Cada vez, más países atraviesan por grandes tensiones sociales y políticas, debido a que los desequilibrios financieros y actuariales recurrentes comprometen la estabilidad fiscal, obligando a sus autoridades a limitar derechos adquiridos desde hace casi un siglo. En adición, las crecientes demandas de pensiones no contributivas para los envejecientes en estado de necesidad, completa un panorama general, al mismo tiempo delicado y esperanzador.

En el presente capítulo presentamos los principales informes e investigaciones sobre los sistemas previsionales, elaborados por las instituciones y organismos especializados de mayor reconocimiento a escala mundial, con preocupantes pronósticos sobre el impacto actuarial y financiero a largo plazo de las transformaciones demográficas, laborales y tecnológicas. Además, se describen los aspectos más relevantes de la situación previsional de los principales países de las diferentes regiones del mundo, que confirman las citadas proyecciones a escala mundial.

a) *Una bomba previsional a escala mundial*

Según el Foro Económico Mundial (FEM), "una verdadera bomba de tiempo estallará el año 2050 cuando el dinero disponible para las jubilaciones tenga un déficit de US$400 billones[2], según el estudio "Viviremos hasta los 100, ¿cómo podemos solventarlo? "La cifra es tan gigantesca que, para dimensionarla, habría que decir que es equivalente a 5 veces el tamaño de la economía mundial", y que dicha deuda podría poner en jaque a 8 de las mayores economías del planeta: Estados Unidos, Reino Unido, Japón, Canadá, Australia, China, India y Holanda[3].

---

[2] *En Latinoamérica esta cifra debe leerse como trillones.*
[3] *https://www.bbc.com/mundo/noticias-45250089*

Según, Han Yik, jefe de la división de Inversionistas Institucionales del Foro Económico Mundial, "el peor escenario sería un triángulo inverso, donde un gran número de personas mayores vive en la bancarrota o la pobreza, y son mantenidas por una población joven cada vez más pequeña". Los investigadores destacan que los gobiernos tienen que *reformar* los sistemas de pensiones para que los países se adapten a *sociedades donde cada vez es más común que las personas vivan hasta los 100 años.*

De acuerdo a una investigación de Swiss Re Institute "la brecha total de las pensiones en términos de volumen para los países seleccionados es de *2,2 billones de USD*". Para cerrarla, "los individuos de nuestra muestra necesitan *ahorrar, como promedio, un 11% adicional* — por encima de lo que ya es obligatorio"[4]. Por su parte, un informe del Grupo de los 30, basado en los 21 países de mayor economía señala que, "Estados Unidos, China y otras economías líderes del mundo se enfrentan a un *déficit de financiación masivo, de US$15,8 billones en 2050, equivalente al 23% del producto interno bruto mundial* de ese año, para garantizar apoyo económico de por vida a sus poblaciones en envejecimiento. Si las políticas públicas y los comportamientos individuales no cambian, los sistemas de pensiones de muchos países se enfrentarán a una grave crisis, lo que supone un riesgo de un gasto público inaccesible o ingresos inadecuados para los jubilados"[5].

El Fondo Monetario Internacional (FMI), en su informe del 2012 reconoce que "vivir hoy más años es un hecho muy positivo que ha mejorado el bienestar individual", pero de inmediato resalta que "la prolongación de la esperanza de vida acarrea costos financieros", para los gobiernos, las corporaciones, los bancos, las compañías de seguros y para los particulares

---

[4] *Swiss Re Institute: Sistemas de pensiones en Latinoamérica: Afrontando el reto de la longevidad, febrero 2018*
[5] *https://www.perfil.com/noticias/bloomberg/bc-se-avecina-grave-crisis-de-pensiones-a-nivel-mundial-dice-g-30.phtml?rd=1&rd=1&rd=1*

que carecen de prestaciones jubilatorias garantizadas. Según sus estimaciones "las implicaciones financieras de que la gente viva más de lo esperado (el llamado riesgo de longevidad) son muy grandes. Si el promedio de vida aumentara para el año 2050 en tres años más de lo previsto, los costos del envejecimiento – que ya son enormes—aumentarían 50%". Por eso *"debemos preocuparnos ahora por los riesgos de la longevidad, para que los costes no nos atosiguen en el futuro"*[6].

Para la CEPAL, antes del 2070, el incremento de la dependencia de las personas mayores en las economías de Chile, Argentina, Brasil, Costa Rica, Cuba y Uruguay implicará la *triplicación o cuadruplicación del gasto en pensiones*. Por ello, en la actualidad los países deben reformar sus sistemas de pensiones, teniendo en mente –según un informe del 2014 de la Organización Internacional del Trabajo (OIT)– la relación entre el nivel promedio de pensiones recibidas, con las ganancias promedio en la economía, y asegurando ajustes regulares para garantizar que los montos recibidos mantengan su poder de compra con el paso del tiempo. Se requiere implementar *pensiones no contributivas*, en un esquema de seguridad social pública, para poder garantizar un ingreso básico para todas las personas mayores[7].

El reciente informe "Pensions Outlook" de la Organización para la Cooperación y el Desarrollo Económico (OCDE) de diciembre de 2018, muestra que existe *muy poca confianza* entre los habitantes de los países miembros de la OCDE en sus sistemas de pensiones, lo que ha quedado reflejado en las encuestas realizadas a lo largo de estos últimos años. Los jubilados piensan: 1) que los rendimientos de sus ahorros son muy bajos; y 2) que muchas instituciones financieras que gestionan

---

[6] *FMI, Perspectivas de la economía mundial, 2012*
[7]*https://www.bcn.cl/observatorio/americas/noticias/el-futuro-demografico-de-america-latina*

sus ahorros para sus pensiones no están trabajando en el interés de los pensionistas[8]. Además, los trabajadores expresan dudas sobre si tanto el sistema de reparto como de capitalización cumplirán sus promesas de garantizar las prestaciones, una vez los trabajadores lleguen a la edad de jubilarse[9].

Estos estudios y los resultados de encuestas especializadas confirman que cada vez crece más la inseguridad e insatisfacción de los jubilados y pensionados, ante los frecuentes ajustes paramétricos en los planes de retiro que reducen su calidad de vida, a consecuencia de crecientes déficits financieros: en el reparto, al otorgar pensiones sin tomar en cuenta el fondo acumulado, generando desequilibrios financieros y subsidios fiscales; y en la capitalización individual, al condicionar el monto de la pensión al equilibrio financiero, provocando bajas pensiones y orfandad social. Como veremos más adelante, ambos sistemas tienen en común una notable falta de correspondencia entre el porcentaje de aporte y la tasa de reemplazo, y entre los años de cotización y los años de retiro, la cual se expande cada década.

Los estudios, investigaciones e informes citados no dejan lugar a dudas de que estamos frente a un panorama nada auspicioso, sumamente sombrío y con ribetes cuasi apocalípticos. Los resultados que arrojan estas proyecciones y pronósticos indican claramente que se trata de desequilibrios estructurales, íntimamente vinculados a la rigidez del diseño de los respectivos sistemas previsionales, los cuales no pueden controlarse, ni mucho menos superarse, con simples cambios paramétricos. En ese sentido, llama poderosamente la atención el poco interés y valoración de estos resultados y recomendaciones de parte de las autoridades y líderes nacionales, aunque los mismos hayan sido calificados como una verdadera bomba

---

[8]*https://Pensiones%20del%20futuro/Pensiones-del-Futuro-Capítulo-01.pdf*
[9]*https://www.oecd.org/centrodemexico/medios/lasmejorasalossistemasdepensio-neslespermitencumplirmejorconsufuncionprincipalpagarlaspensiones.htm*

de tiempo por instituciones internacionales técnicamente incuestionables.

Constituye un error gravísimo continuar subestimando el impacto de la longevidad y de los cambios en el mercado laboral, no sólo sobre los planes de retiro sino, también, sobre el propio sistema económico como tal. En cierto modo, esta actitud es una reiteración de una conducta tradicional de las autoridades, las cuales prefieren dejar el manejo de la deuda pública previsional en manos de las próximas autoridades para evadir el costo político de enfrentarla. En lo que concierne a los trabajadores y a sus líderes, su poco interés frente a este panorama sombrío, posiblemente obedezca al criterio de que "como siempre, el Estado lo resolverá". En diferentes grados, todos adolecemos del enfoque inmediatista, lo que impide convertir estos problemas en oportunidades para superar estas limitaciones y desequilibrios de largo plazo. *Esta obra pretende contribuir a cambiar esta cultura centrada en el árbol y no en el bosque, en la expresión y no en su esencia, en lo inmediato y no en lo trascendente.*

Mientras tanto, este desequilibrio financiero y actuarial ha obligado a muchas naciones a introducir cambios paramétricos en un doble sentido: 1) para reducir, de diversas maneras, el monto y el crecimiento de las nóminas de los pensionados y jubilados; y 2) para incrementar, en la medida de lo posible, los ingresos previsionales ordinarios. Lo más importante es tomar consciencia de que, cualquiera que sea la combinación y el ritmo de estos ajustes, *todos apuntan hacia una reducción de las prestaciones y del nivel de vida de los pensionados y jubilados, generando grandes resistencias e incertidumbres en la vejez.* En esencia, se trata de una especie de corrección, muy tardía, de los desequilibrios actuariales en los diseños de los sistemas de retiro, cuya oposición militante no se ha hecho esperar en todos los países. Y, lamentablemente, estamos convencido de que estos cambios apenas constituyen la punta del iceberg de lo que sucederá durante el presente siglo. Todo luce indicar que lo que realmente está en juego no son solo los viejos sistemas previsionales sino, además, las características del sistema económico predominante, tal y como lo conocemos, y la cultura previsional y los estilos de vida. Veamos los ejemplos más representativos.

Comparación de los principales indicadores. Comparar los modelos de pensión de los países no resulta una tarea fácil, ni sus resultados pueden interpretarse al pie de la letra, dada la diversidad y las particularidades de su diseño, así como las diferentes etapas de desarrollo en que se encuentra cada uno. No obstante, con esta salvedad, el Cuadro 2.01 presenta una relación entre los años de jubilación requeridos, el porcentaje del aporte, y la tasa de reemplazo al 2018, basado en una recopilación de la FIAP.

Cuadro 2.01
Tasa de cotización y de reemplazo, países seleccionados, 2018

País	*Años jubilación*	*% del aporte*	*Tasa reemplazo*	*Déficit % PIB*
USA	66.4 años	12.4%	49.1%	-1.0%
China*	60/55 años	32.0%	83.0/71.3%	Nd
Japón	62.0 años	17.8%	40.0%	Nd
Alemania	65.7 años	18.7%	50.5%	-3.60%
Canadá	65.0 años	9.9%	53.4%	Nd
España	65.5 años	28.3%	81.8%	-1.61%
Francia	65.9 años	17.7%	74.5%	-0.90
Reino Unido	65.0 años	25.8%	29.0%	Nd
Italia	66.7 años	33.0%	93,2%	-3.50%
Holanda	66.0 años	24.2%	100.6%	Nd
Portugal	66.4 años	34.8%	94.9%	-2.70%
Argentina*	65.0 años	27.0%	91/83.1%	-4.7%
Brasil*	65.0 años	28.31%	76.4/58.1%	-2.8%
Colombia*	62/57 años	16.00%	73.8/66.8%	-4.2%
Costa Rica*	65.0 años	10.16%	43/52.5%	Nd
Panamá	62/57 años	13.50%	78.8/73.2%	Nd

Fuente:https://www.fiapinternacional.org/wp-content/uploads/2016/01/Par%C3%A1metros-Sistemas-de-Reparto_2018-1.pdf

*Nota: Información más o menos comparable entre los países. * Relación hombre/mujer*

Cuadro 2.02
Índice mundial de pensiones Melbourne Mercer 2019

Sistema	*Valor general del índice*	*Valores del subíndice*		
		Adecuación	*Sostenibilidad*	*Integridad*
Promedio	**59.3**	**60.6**	**50.4**	**69.7**
Holanda	81.0	78.5	78.3	88.9
Dinamarca	80.3	77.5	82.0	82.2
Australia	75.3	70.3	73.5	85.7
Finlandia	73.6	73.2	60.7	92.3
Suecia	72.3	67.5	72.0	80.2
Noruega	71.2	71.6	56.8	90.6
Singapur	70.8	73.8	59.7	81.4
Canadá	69.2	70.0	61.8	78.2
Chile	68.7	59.4	71.7	79.2
Suiza	66.7	57.6	65.4	83.0
Alemania	66.1	78.3	44.9	76.4
Reino Unido	64.4	60.0	55.3	84.0
Estados Unidos	60.6	58.8	62.9	60.4
Francia	60.2	79.1	41.0	56.8
Perú	58.5	60.0	52.4	64.7
Colombia	58.4	61.4	46.0	70.8
Arabia Saudita	57.1	59.6	50.5	62.2
Brasil	55.9	71.8	27.7	69.8
España	54.7	70.0	26.9	69.1
Sudáfrica	52.6	42.3	46.0	78.4
Italia	52.2	67.4	19.0	74.5
China	48.7	60.5	36.7	46.5
Japón	48.3	54.6	32.2	60.8
India	45.8	39.9	44.9	56.3
México	45.3	37.5	57.1	41.3
Argentina	39.5	43.1	31.9	44.4

Fuente: https://www.latam.mercer.com/newsroom/MMGPI-2019.html

Lo primero que salta a la vista es que los países con las mayores tasas de reemplazo (Holanda, Italia, Portugal, España, Brasil y Argentina), suelen ser los que presentan los mayores déficits financieros como porcentaje del PIB, no obstante registrar altos porcentajes de aporte del salario. Lo segundo, es el predominio de una tasa de reemplazo por debajo del nivel mínimo aceptable, precisamente en las economías de mayor crecimiento (USA, Japón, Canadá y Reino Unido). Y lo tercero, son las notables diferencias entre los porcentajes de aportes en los países: desde un 9.9% en Canadá, pasando por un 12.4% en USA, hasta un 34.8% en Portugal, un 33.0% en Italia y un 32.0% en China, razón suficiente para relativizar estos resultados y considerarlos sólo como tendencias generales.

El índice mundial de pensiones Melbourne Mercer, revela que mientras la valoración general y la adecuación llegan a 60 puntos y la integridad del sistema bordea los 70, el índice de sostenibilidad resulta notablemente inferior en 10 y 20 puntos respectivamente. En efecto, el Cuadro 2.02 evidencia que el índice de sostenibilidad promedio apenas llega al 50.4, lo que revela el grado de vulnerabilidad previsional de la mayoría de los 37 países observados.

La ampliación de la brecha entre aportes y beneficios ha obligado a crecientes ajustes. El carácter generalizado y recurrente de las crisis y de los déficits financieros y actuariales, evidencia que no se trata de un problema aislado, ni coyuntural. Expresa la creciente falta de correspondencia creciente, por un lado, entre las aportaciones e intereses obtenidos, y por el otro, el costo del retiro de una población beneficiaria, por suerte, cada vez más longeva, exigente, organizada e influyente. Como veremos más adelante, el crecimiento de esta contradicción en el presente siglo, está obligando a frecuentes ajustes paramétricos en la mayoría de los sistemas con más de medio siglo de existencia.

Cualquier reforma sustantiva no sólo implica aumentar las cotizaciones sino, además, reducir las prestaciones. En la mayoría de los países, ante la fuerte resistencia de la población, las propuestas de las autoridades se han orientado a recortes y reformas insuficientes, tratando de afectar lo menos posible los derechos adquiridos de los trabajadores, y de asegurar la gobernanza. Por tratarse de paliativos, los déficits actuariales se mantienen por lo que, al correr de unos cuantos años, afloran con mayor intensidad, comprometiendo el endeudamiento público y la estabilidad macroeconómica.

En el estudio *"El futuro del ahorro: el rol del diseño de los sistemas de pensiones en un mundo que envejece"*, el Fondo Monetario Internacional (FMI) reconoce que "para lidiar con los costos del envejecimiento, muchos países implementaron significativas reformas de los sistemas previsionales en los últimos años. Las reformas apuntaron en gran parte a contener el crecimiento del número de jubilados, modificando los parámetros claves del sistema; por ejemplo, incrementando la edad de jubilación, endureciendo las reglas para acceder a los beneficios o reduciendo el tamaño de las jubilaciones a través del ajuste en las fórmulas de cálculo de los beneficios".

De acuerdo a la Federación Internacional de Administradoras de Fondos de Pensiones (FIAP), en un lapso de 21 años, entre 1995 y junio de 2017: 76 países aumentaron la tasa de cotización de sus sistemas de reparto, 54 elevaron la edad de retiro y 67 ajustaron la fórmula para calcular las pensiones, o disminuyeron directamente los beneficios[10]. Obviamente, a estas cifras habría que agregar los ajustes del lado de la capitalización individual. Por su parte, la OIT a través del Monitoreo de la Protección Mundial registra 169 medidas tendentes a reducir el déficit previsional, solamente en el período 2010-2016[11].

El informe anual de Credit Suisse Research, presentado en el Foro Económico Mundial de enero 2020, señala que "prolongar la vida laboral de los trabajadores para prevenir la pobreza en la vejez, no es suficiente para asegurar un sistema de pensiones funcional y financieramente viable". Y recomienda: 1) estimular a los trabajadores a incrementar sus ahorros en la vida laboral para la jubilación; 2) impulsar un impuesto para aumentar el fondo para subsidiar el retiro; 3) elevar la edad de jubilación; y 4) convencer a las personas a recibir pensiones

---

[10] *https://www.fiapinternacional.org/estadisticas/*
[11] *https://www.ilo.org/wcmsp5/groups/public/---dgreports/---dcomm/documents/publication/wcms_624*

más bajas que garanticen la sostenibilidad de largo plazo del sistema[12].

b) *Reparto: crisis financieras y ajustes que reducen las pensiones*

El sistema de reparto público tiene sus fortalezas y debilidades. La principal fortaleza reside en que los afiliados conocen de antemano el porcentaje del salario que recibirán al momento de su retiro. Empero, su principal debilidad consiste en que los beneficios otorgados no guardan relación con las aportaciones y ahorros realizados durante la vida laboral del afiliado, lo que genera desequilibrios e incentivos a la evasión, elusión y al tráfico de influencias, que erosionan la sostenibilidad financiera, la solidaridad social y la equidad del sistema[13].

La sostenibilidad consiste en la capacidad para garantizar pensiones dignas en el largo plazo, con recursos propios y sin recurrir a subsidios. En un concepto integral, incluye al menos tres dimensiones: 1) una cobertura poblacional adecuada, 2) la suficiencia de las prestaciones y 3) la viabilidad financiera a largo plazo. Encontrar el equilibrio entre estas tres dimensiones, sin que ninguna de ellas ponga en riesgo a las demás, será fundamental para asegurar una senda de sostenibilidad para los sistemas de pensiones en América Latina[14].

La OCDE tiene una tasa promedio de reemplazo del 40.6%; con un 50.0% en Alemania y un 89.5% en España. En la generalidad de los casos, el promedio de las pensiones tiende a ser insuficiente, con tendencia a la baja, salvo en aquellos esquemas públicos de reparto cerrados, diseñados y administrados

---

[12]*https://www.eleconomista.com.mx/sectorfinanciero/Prolongar-vida-laboral-de-trabajadores-es-insuficiente-para-un-sistema-de-pensiones-funcional-Credit-Suisse-Research-20200121-0060.html*
[13] *Arismendi Díaz Santana, Como se Diseñó y Concertó la Ley de Seguridad Social*
[14] *Alberto Arenas de Mesa, Los sistemas de pensiones en la encrucijada. Desafíos para la sostenibilidad en América Latina*

por minorías influyentes, que se auto asignan los salarios, y aprueban las reglas y las prestaciones. Precisamente, son aquellos modelos[15] con pensiones y jubilaciones más holgadas, los que enfrentan los mayores problemas de sostenibilidad, salvo cuando pueden traspasar al Estado el riesgo del desequilibrio. Como muestra el Cuadro 2.03, a pesar de la baja tasa de reemplazo promedio, el gasto público en pensiones resulta elevado en la mayoría de los países de la OCDE, representando un promedio del 13% del PIB, con tendencia al alza con el envejecimiento de la población. En Alemania equivale al 11.8%, en España al 12.8%, llegando al 16.7% en Grecia, extremos estrechamente vinculados a las tasas respectivas de reemplazo.

Cuadro 2.03
Tasa de reemplazo y gasto público en pensiones como % del PIB, 2014

Países	*Tasa de reemplazo*	*Gasto público % PIB*
Alemania	50.0%	11.8%
España	89.5%	12.8%
Francia	67.7%	15.2%
Italia	79.7%	16.5%
Grecia	72.9%	16.7%
Portugal	89.5%	15.6%
Dinamarca	65.0%	14.2%

Fuente: Eurostat/Eldiario.es

Se estima que en los países europeos la relación entre los trabajadores potenciales y los mayores de 65 años, caerá del 4 a 1 actual, al 2 a 1 en los próximos 50 años. En cambio, el gasto de los Estados miembros de la OCDE en pensiones públicas, aumentará entre un 3 y un 5 por ciento del PIB en la mayoría de los países, mientras el envejecimiento de la población podría *elevar el gasto público en un promedio del 5 al 8 por ciento*

---

[15] *Asumimos que un modelo es la expresión concreta, nacional o sectorial, del sistema previsional correspondiente.*

del PIB total de la Unión Europea. Por su parte, la Comisión Económica para América Latina y el Caribe (CEPAL), considera que en América Latina en el 2015 existían 11,2 jubilados por cada 100 trabajadores activos, proporción que se duplicará al subir a 24,4 por 100 para el 2050[16]. Para contrarrestar esta tendencia inexorable, los países desarrollados están reduciendo los beneficios, mientras elevan las cotizaciones, como mostramos a continuación.

España es uno de los países de Europa que durante largas décadas se ha enorgullecido de contar con un sistema de seguridad social universal en beneficio de sus ciudadanos, tanto en el área sanitaria como en la previsional. No obstante, "el fondo de pensiones ha venido en marcada reducción desde 2012. De hecho, a julio de 2017, al fondo le quedaban unos EUR 11.600 millones (USD 13.950 millones), por lo cual existe una elevada probabilidad de que se agote en 2017. Por esta razón el gobierno ha *recurrido al endeudamiento* para hacer frente al pago de pensiones"[17]. Se estima que esta deuda pública equivaldrá a la *mitad* de todo el déficit del Estado, y que en 2047 *los pensionados igualarán a los cotizantes.*

Según un informe de FEDEA, "desde 1975 a 2015 la esperanza de vida a los 65 años ha pasado de 15 a más de 21 años. *Vivimos casi un 40% más que antes como jubilados*, pero las aportaciones al sistema son las mismas y la edad de jubilación casi se mantiene en el mismo nivel"[18]. Los cálculos españoles indican que la tasa de dependencia más que se duplicará en tres décadas, ya que pasará del 28.6% actual al 61.9% a mediados del presente siglo. Estas proyecciones revelan el rápido envejecimiento de la sociedad española ya que, *por cada 100*

---

[16]*http://www.expansion.com/econo-mia/2016/03/13/56e0065ce2704eeb508b45ad.html*
[17]*http://www.fiapinternacional.org/wp-content/uploads/2016/01/Nota-de-Pensiones-Crisis-Sistemas-Reparto.pdf*
[18] *https://elpais.com/economia/2019/05/02/actualidad/1556821879_761007.html*

personas en edad laboral, habrán 62 pensionados y jubilados al 2050, duplicando el gasto en pensiones[19].

En el 2050 España necesitará 28,5 millones de cotizantes a la Seguridad Social para pagar las 15 millones de pensiones previstas, lo que supone que en 31 años el sistema tendrá que sumar casi 10 millones de afiliados más, según cálculos de BBVA Research[20]. Los expertos concluyen que "ni siquiera en aquel que plantea una entrada masiva de población en edad de trabajar, se logra contener el incremento de la tasa de dependencia"[21]. El sistema previsional español ha entrado en una etapa crítica ya que, a principio del 2019 el Tribunal de Cuentas lo *declaró en quiebra técnica*. Todos los estudios pronostican el agravamiento del déficit debido "al retiro inminente de la *generación del 'baby boom'* la cual, con carreras de cotización más elevadas hará que el gasto de las prestaciones se dispare". De no producirse cambios estructurales, el avance de la longevidad permitirá que los actuales trabajadores activos pasen más del 35% de sus años como pensionados, agravando la brecha entre contribuciones y prestaciones.

El profesor Enrique Devesa, al presentar el informe del Instituto de Actuarios, señaló que, de revaluarse las pensiones españolas según el índice de inflación, el déficit contributivo crecerá progresivamente en las próximas décadas hasta alcanzar un volumen anual cercano a los 100.000 millones de euros, pasando del 1.7% actual, a casi un 5% del PIB[22]. De acuerdo al mismo, el sistema público de reparto español cada día tiene un

---

[19] *https://elpais.com/economia/2019/05/02/actualidad/1556821879_761007.html*
[20]*https://www.europapress.es/economia/laboral-00346/noticia-espana-necesitara-10-millones-cotizantes-mas-pagar-pensiones-2050-bbva-20190217115941.html*
[21] *https://elpais.com/economia/2019/05/02/actualidad/1556821879_761007.html*
[22] *https://www.eleconomista.es/economia/noticias/10170435/10/19/La-subida-de-pensiones-de-Sanchez-condena-a-la-Seguridad-Social-a-un-deficit-de-100000-millones-.html*

futuro más complicado[23], ya que *cada pensionado cuesta un 28% más que lo aportado en término real*, sin inflación. La ratio de solvencia es del 65,7%, o sea que, un 34,3% de los compromisos asumidos no tiene cobertura de activos (suma de aportaciones + rentabilidad del capital), lo que plantea dos opciones: financiar con impuestos una parte de las pensiones, o reducir las pensiones reales con una revalorización inferior a la inflación. Si un trabajador termina recibiendo más de lo que aportó (incluyendo la rentabilidad del capital), entonces el sistema entra en un desequilibrio que solo se puede corregir si aumenta la base[24]. Se trata de una dependencia piramidal al estilo del esquema Ponzi.

Suecia: cuentas nocionales. Consciente de las limitaciones y consecuencias del sistema público de reparto en su versión clásica y tradicional, Suecia diseñó un modelo más sostenible basado en cuentas nocionales. Este método permite reducir la brecha existente entre *la pensión resultante y el monto aportado durante la vida laboral, en términos del salario real*. Estas pensiones constituyen un primer pilar, el cual es complementado por un sistema de capitalización individual gestionado por una agencia pública. La edad de retiro es flexible, a partir de los 61 años considerados como la edad mínima. Además, el monto de las jubilaciones y pensiones está vinculado a la esperanza de vida de cada afiliado.

La cotización total asciende al 18.5% del salario, con un 16.0% destinado al sistema de reparto y el restante 2.5% al de capitalización individual. "Hay muchos expertos que ven las pensiones suecas como un modelo a seguir, por tratarse de uno de los sistemas contributivos más generosos de Europa y por ser un ejemplo de diversificación, eficiencia, sostenibilidad

---

[23] *https://www.elconfidencial.com/economia/2019-10-31/seguridad-social-jubilacion-pensiones-cotizado-actuarial-724_2307264/*
[24] *https://www.elconfidencial.com/economia/2019-10-31/seguridad-social-jubilacion-pensiones-cotizado-actuarial-724_2307264/*

y transparencia"[25]. *Aunque Suecia cuenta con una pensión media de unos 1.740 euros al mes proveniente de los tres pilares, la misma representa menos de la mitad del salario promedio, situado en los 3.280 euros.*

Alemania *aumentó gradualmente el porciento de cotización al 20% a partir del 2020 y al 22% diez años después.* Además, a fin de amortiguar la tendencia al déficit, y contribuir a su sostenibilidad, dispuso *una reducción del monto de las pensiones cuando descienda el número de contribuyentes y/o cuando aumente la cantidad de pensionados y jubilados.* En este caso, se verifica una doble penalidad: *se aumentan los aportes, y se reducen las pensiones.*

El sistema alemán reviste una doble importancia: porque hace 150 años fue la cuna de los seguros sociales (hoy llamados seguridad social) y, además, es el país más rico y poblado de Europa. No obstante, allí *"casi la mitad de los jubilados reciben pensiones de jubilación por debajo de los 800 euros, concretamente el 48% y el 62% recibe pensiones por debajo de los 1.000 euros.* En el caso de las mujeres, las pensiones menores a 800 euros alcanzan incluso el 64% de todas las jubiladas, en un país que, de acuerdo con el nivel de vida, un ingreso menor a 969 euros al mes es considerado el umbral que da acceso a la pobreza para hogares unipersonales[26]. Vale la pena señalar que en Alemania la pensión máxima sólo se percibe *contribuyendo durante 45 años*[27].

Una reciente encuesta del instituto de estudios sociológicos Allensbach, apunta que dos de cada tres alemanes tiene miedo a sufrir pobreza en la tercera edad[28]. La transformación

---

[25]   *https://www.diariosur.es/economia/pensiones/sistemas-pensiones-funcionan-Europa-20180422221715-ntrc.html*

[26]*https://www.abc.es/economia/abci-gran-coalicion-alemana-pacta-reforma-pensiones-201808290938_noticia.html*

[27]*https://www.elconfidencial.com/ultima-hora-en-vivo/2019-04-30/gobierno-aleman-aprueba-subida-de-pensiones-de-mas-del-3-a-partir-de-julio_2201038/*

[28]*https://www.elconfidencial.com/mundo/2018-08-21/alemania-pensiones-jubilados-union-europea_1606203/*

demográfica de Alemania contribuye a ello: si actualmente, por cada ciudadano alemán mayor de 65 años hay tres ciudadanos en edad laboral, en 2050, esa relación será *sólo de dos ciudadanos en edad laboral por uno en edad de jubilación*. Cunde la incertidumbre sobre la viabilidad del sistema público de pensión alemán[29], ya que la Fundación Bertelsmann, en un estudio del 2017 estimó que para 2036 el riesgo de pobreza en la tercera edad podría aumentar hasta el 20,2% del total de los jubilados, en comparación con el 16,2% actual[30].

El caso de Francia es muy especial debido a la coexistencia de 42 regímenes diferentes. "Un sistema caótico y con reglas diferentes que genera una enorme desigualdad. Complejo y poco transparente, que dificulta la movilidad laboral, porque muchos trabajadores, sobre todo los que están más cerca de la jubilación, tienen miedo a perder su pensión si cambian de régimen"[31]. Como era de esperarse, los planes de retiro de los servidores públicos son mucho más generosos, por lo que cualquier intento de estandarización presupone ganadores y perdedores.

El presidente Emmanuel Macrón promueve reformas al sistema ante la evidencia de que el país avanza hacia una realidad demográfica con *cada vez más jubilados y pensionados en relación a la cantidad de trabajadores activos*. Pero la mayoría de los trabajadores se opone porque la misma persigue mayor contribución y menos pensión. La crisis es tan grande que, a pesar de la resistencia y de las movilizaciones de los trabajadores y de los grupos progresistas, se *elevó de 35 a 41 años el período de aportación para tener derecho a una pensión plena*, un aumento notable que eleva gradualmente la edad mínima

---

[29]*https://www.elconfidencial.com/mundo/2018-08-21/alemania-pensiones-jubilados-union-europea_1606203/*

[30]*https://www.elconfidencial.com/mundo/2018-08-21/alemania-pensiones-jubilados-union-europea_1606203/*

[31]*https://www.libremercado.com/2019-07-30/la-revolucion-en-las-pensiones-de-macron-un-modelo-para-la-reforma-en-espana-1276642545/*

para otorgar las pensiones y jubilaciones, y en adición, se restringen las condiciones para el retiro anticipado.

Reino Unido. En el Reino Unido el sistema público previsional tiene dos niveles: una pensión básica y una adicional ligada a los ingresos, que son complementadas con un vasto sistema privado de pensiones. Además, para aquellos con menores rentas, existe una pensión ligada a los ingresos, conocida como "pension credit". Se incentivan planes de ahorro para el retiro mediante un descuento automático del 2% del salario del trabajador. *La tasa de sustitución (reemplazo) promedio equivale al 40%, muy inferior a la media de la Unión Europea.* La edad oficial de jubilación fue elevada a 68 años, decisión que los expertos estiman que *reducirá la nómina de los pensionados en unos 74,000 millones de libras esterlinas en los próximos 25 años,* monto que, desde luego, dejarán de percibir los pensionados y jubilados. Los planes de reforma se orientan a establecer un esquema basado en las cuentas nocionales del modelo sueco.

Holanda, Italia y Grecia, en sentido general, reformaron sus sistemas previsionales para establecer una estructura mixta, basada en tres pilares: uno público de pensión mínima para todos, otro obligatorio basado en planes colectivos firmados entre las empresas y los trabajadores, y un tercero de ahorro individual de carácter voluntario. En Italia se implementó el sistema de cuentas nocionales, con una pensión mínima mensual en 2017 de 501,89 euros, sin tope para las pensiones máximas o "jubilaciones de oro", un caso excepcional en el contexto europeo. En **Grecia**, *las pensiones han caído un 40% desde la firma del primer rescate en 2010*, lo que ha empobrecido aún más a los envejecientes. El elevado paro ha hecho que los jubilados, que cobran una media de 722 euros, sean el principal sustento de la mitad de las familias, que vive exclusivamente de la pensión de uno de sus integrantes.

En **Rusia**, el presidente Vladimir Putin reconoció que "el sistema de pensiones puede explotar si no se introducen cambios, ya que ahora en Rusia *por cada dos trabajadores hay un pensionista,* mientras la esperanza de vida no deja de aumentar". La propuesta de reforma aumenta la edad de jubilación en ocho años, para las mujeres (de 55 a 63) y en cinco para los hombres (de 60 a 65). A pesar de haber sido rechazada por la gran mayoría de la población y de varias protestas multitudinarias, la Duma la aprobó en una acción que un parlamentario comunista calificó de "terrorismo social".

El **Japón** no podía ser ignorado en este balance, ya que es uno de los países más rico e industrializado, con la mayor esperanza de vida del mundo, estimada en 82 años para los hombres y 87 para las mujeres. Además, registra una de las tasas de natalidad más bajas (1.43 hijos por mujer), y también de mortalidad, por lo que las proyecciones demográficas indican que *para el 2060 sólo habrán 1.8 trabajadores japoneses por pensionado o jubilado,* una tasa de dependencia sin precedentes. En el 2060, el 40 % de la población será mayor de 65 años.

Los japoneses se jubilan a los 65 años y cobran una pensión media de 150.000 yenes (1.233 euros), monto a todas luces insuficiente para llevar una vida cómoda. Se calcula que *el 20 % vive en la pobreza relativa* por lo que es frecuente que la jubilación se complemente con otros trabajos y esa es la razón, por ejemplo, de que *la mayoría de los taxistas sean personas mayores*[32]. Según el Financial Services Agency (FSA), una oficina del Ministerio de Economía, "una pareja de hombre de 65 años y mujer de 60 o más tendrá *un déficit mensual medio* de unos 50.000 yenes (unos 410 euros). O lo que es lo mismo, si esa pareja vive 20 años más (hasta los 85 años de él) necesitará 13 millones de yenes (105.000 euros) de ahorros para cubrir ese déficit; y si vive 30 años más (hasta los 95 de él, una

---

[32]*https://www.lavozdegalicia.es/noticia/mercados/2019/07/21/sistema-pensiones-pide-oxigeno/0003_201907SM21P16991.htm*

edad cada día más habitual), la cifra ascendería a 20 millones de yenes (unos 165.000 euros)[33].

Estados Unidos. A pesar de que el Social Security estuvo precedido por estudios financieros y actuariales, su diseño también pecó por su generosidad y por una visión de futuro poco realista. "Incluso Estados Unidos, a pesar de contar con un fondo fiduciario para la Seguridad Social de 2.800 millones de dólares, se enfrenta a críticas por *prometer más de lo que puede pagar*. Se prevé que en unos 12 años dicho fondo (compuesto en su mayor parte por pagarés del Tesoro) no alcance para cubrir todas las obligaciones y que en 2035 se agote"[34]. En USA, al igual que en Europa, el envejecimiento de la generación de los baby boomers acelerará el desequilibrio financiero del sistema.

EE.UU. cuenta con un sistema de pensiones público que apenas aporta una parte mínima del ingreso necesario para cubrir los crecientes gastos del envejecimiento. Eso explica que *una buena parte de los mayores de 65 años se vean obligados a continuar trabajando*, luego de su retiro. Según un informe del Instituto Nacional del Envejecimiento, en torno a un 55% de los estadounidenses de 71 años está trabajando (a jornada completa o a tiempo parcial), porcentaje que tan sólo baja a algo menos del 40% para los hombres de 77 años y a ligeramente inferior al 20% para las mujeres de 76 años. *A los 84 años un chocante 20% de los hombres sigue trabajando*[35]. Un agravante de este desamparo es la autorización del Departamento del Tesoro a las empresas a entregar a los empleados el monto total correspondiente a las pensiones al momento de jubilarse, revirtiendo así una decisión de la administración

---

[33] *https://www.libremercado.com/2019-06-30/crisis-de-las-pensiones-en-japon-que-ha-pasado-y-que-podemos-aprender-en-espana-1276641032/*
[34] *http://www.expansion.com/economia/2016/03/13/56e0065ce2704eeb508b45ad.html*
[35] *https://www.elblogsalmon.com/economia/en-eeuu-tambien-tienen-un-problema-serio-con-las-pensiones-y-no-por-el-sistema-de-reparto*

Obama, que prohibía esa práctica al comprobar irregularidades en el cálculo del fondo acumulado. Como señalan las organizaciones defensoras de los adultos mayores, esta decisión aumenta el riesgo de que millones de personas puedan arruinarse a causa de malas decisiones individuales.

Canadá también ha seguido el modelo de reforma europeo, y cuenta con un sistema de tres pilares con varias modalidades, fruto de la descentralización administrativa del país y del predominio de una política social más coherente, universal e inclusiva. El sistema alcanza *tasas de remplazo en promedio del 55%*, pero lo más interesante es que la inversión de los recursos está a cargo de un consejo independiente: Canada Pension Plan Investment Board (CPPIB), el cual administra un portafolio cercano a 450,000 millones de dólares, con el mandato de maximizar las inversiones evitando riesgos excesivos. Aunque a nivel mundial es un gran inversionista estatal, sus reglas de inversión y gobernanza son similares a las de un fondo privado[36].

América Latina: envejecimiento, déficits, protestas e inestabilidad. En América Latina también se registran desbalances actuariales y financieros. Con el tiempo, y el envejecimiento de sus modelos, las consecuencias del déficit han comenzado a surtir su efecto corrosivo. De acuerdo con Alicia Bárcena, Secretaria Ejecutiva de la Comisión Económica para América Latina y el Caribe (CEPAL), "En las próximas décadas, cuidar del bienestar de las personas mayores será uno de los desafíos centrales para los sistemas de protección social en América Latina. La región ya cuenta con aproximadamente 50 millones de personas de 65 años y más, grupo etario que crece aceleradamente, y se estima que para 2065 llegará a cerca de

---

[36] *https://www.eleconomista.com.mx/opinion/Pensiones-una-leccion-de-Canada-20190409-0043.html*

200 millones de personas. Esta realidad conllevará un conjunto de demandas que *plantearán grandes exigencias al gasto público*, en especial en materia de salud y pensiones. Pero los desafíos van más allá de las presiones en materia de gasto"[37].

El estudio del BID *"Presente y futuro de las pensiones en América Latina y el Caribe"*, aporta estas tres grandes conclusiones[38]:

a) La gran mayoría de los sistemas de pensiones ofrece beneficios que subsidian a los trabajadores que participan de manera continuada; los aportes del trabajador promedio no lograrían financiar la totalidad de la pensión que otorga el sistema

b) En muchos sistemas, los *trabajadores de altos ingresos reciben subsidios monetarios sustancialmente mayores que los de los trabajadores de bajos ingresos.*

c) Para los trabajadores con cotizaciones esporádicas, los sistemas de beneficio definido actúan como un impuesto puro, mientras los sistemas de contribución definida no garantizan pensiones mínimas ni un seguro de longevidad.

En **Brasil**, "además del envejecimiento de la población, el actual sistema de reparto de pensiones es financieramente insostenible debido a las generosas tasas de reemplazo que otorga, y al hecho de que no dispone de una edad mínima de retiro, pues para jubilarse sólo se requiere contar con un cierto número de años de contribución al sistema (35 años en el caso de los hombres y 30 para las mujeres)[39]. Se estima que en el 2019 el *gasto* en pensiones de Brasil superó el 8% del PIB, una

---

[37] *Alberto Arenas de Mesa, Los sistemas de pensiones en la encrucijada, Desafíos para la sostenibilidad en América Latina, 2019*
[38] *https://BID,%20BM,%20OIT,%20CEPAL,%20OMS,%20OXFAM/BID%20Presente_y_Futuro_de_las_Pensiones_en_ALC.pdf*
[39] *http://www.fiapinternacional.org/wp-content/uploads/2016/01/Nota-de-Pensiones-Crisis-Sistemas-Reparto.pdf*

cifra que la Organización para la Cooperación y el Desarrollo Económico (OCDE) proyecta que crecerá hasta cerca del 14% hacia el 2040, si no se efectúan cambios profundos al sistema actual. De acuerdo a The Economist, el *déficit actual del sistema de pensiones representa el 4,8% del PIB*, la mitad del déficit fiscal del país en el 2017[40], una evidencia de que el déficit previsional ya supera el ingreso anual disponible para cubrir las pensiones. Dado que todavía Brasil cuenta con una población muy joven en relación a otros países grandes y desarrollados, algunos estudios estiman que el gasto para pensiones podría aumentar hasta el 17% de su PIB para 2060, "si las reglas no cambian"[41].

Vale la pena recalcar que, de acuerdo a un informe del Banco Mundial, en Brasil "*la distribución de las pensiones es muy desigual: un 35 por ciento de los subsidios para pensiones* —la parte de la pensión no devengada de las contribuciones de los trabajadores— *se paga al 20 por ciento de los más ricos. El 20 por ciento de los más pobres recibe solo el cuatro por ciento de los subsidios a las pensiones*"[42]. Imagínense el lector el impacto de esta distorsión social en los países donde predominan políticas fiscales regresivas.

Las implicaciones financieras del déficit actuarial del sistema público de reparto brasileño trascienden el simple ámbito de la seguridad social, comprometiendo la estabilidad macroeconómica y la solvencia del propio país. Ante de la reforma reciente, la gravedad de la situación y sus implicaciones de mediano y largo plazos, obligó a la firma Standard & Poors a bajar la calificación crediticia de Brasil, y meses después también lo hizo Fitch Ratings. El riesgo de insolvencia aumentó cuando

---

[40] *http://www.fiapinternacional.org/wp-content/uploads/2016/01/Nota-de-Pensiones-Crisis-Sistemas-Reparto.pdf*

[41] *http://www.fiapinternacional.org/wp-content/uploads/2016/01/Nota-de-Pensiones-Crisis-Sistemas-Reparto.pdf*

[42] *World Bank, Summary Note on Pension Reform in Brazil: Why is it Needed and What will be its Impact?*

los expertos financieros constataron la resistencia popular a la reforma. La gravedad de la situación, y las protestas de los trabajadores frente a la propuesta de reforma previsional, obligaron al gobierno federal a iniciar una campaña bajo la consigna de *"Todos por la reforma a la seguridad social, para que Brasil no se vaya a la bancarrota"*.

Finalmente, en octubre del 2019 el Senado de Brasil aprobó la reforma del sistema de pensiones, introduciendo importantes cambios paramétricos, con el objetivo de recuperar la economía brasileña y elevar la calificación internacional del país. De acuerdo a los especialistas *esta reforma podría ahorrarle al Estado unos 217,500 millones de dólares, en una década, economía que reducirá significativamente el abultado déficit fiscal del país.* A pesar de la resistencia de los trabajadores y de los sectores más progresistas, el gobierno de Jair Bolsonaro elevó la edad de retiro de los hombres y de las mujeres a 65 y 62 años respectivamente, con un mínimo de 15 años de contribución a la seguridad social para calificar a una pensión. Lógicamente, *se trata de una sensible reducción de las prestaciones laborales*, ya que en este, como en la gran mayoría de los casos, el ahorro fiscal implica una reducción similar del monto global de las jubilaciones y pensiones, proceso que refleja claramente la tendencia mundial a limitar cada vez más las prestaciones de los jubilados y pensionados[43].

Argentina hace más de una década que eliminó la capitalización individual y retornó al reparto público. Recientemente, cambió la fórmula de cálculo para reducir la nómina de los jubilados. Los dirigentes sindicales consideran que "hoy, el sistema de seguridad social argentino está en peligro y la ciudadanía pide la derogación de la ley previsional aprobada el 18 de diciembre (2019) pasado". "Con el cambio de fórmula, los jubilados van a *cobrar un 11,2 por ciento menos* de lo que

---

43https://www.france24.com/es/20191023-brasil-senado-reforma-pensional-bolsonaro

deberían si el cálculo se hiciese con la fórmula anterior. Al finalizar el año recibirán un aumento del 18,4 cuando deberían cobrar un 29 por ciento más"[44]. A partir de la reforma del 2008, el aumento de la cobertura aumentó el gasto de ANSES en pensiones del 3,8% al 5,3% del PIB entre 2005 y 2010, siendo en 2018 un 8,1% del PIB[45]. No cabe dudas de que la nueva administración peronista tratará de mejorar la situación de los pensionados y jubilados argentinos, pero todavía resulta prematuro estimar su impacto fiscal, dada la inestabilidad económica, política y social heredada de la administración Macri.

Por su parte, **Costa Rica** estudia una propuesta tendente a reducir las pensiones, elevando los aportes y los años para el retiro. Desde 2012 las cotizaciones son insuficientes para pagar los beneficios, por lo cual las reservas se han reducido. Según estimaciones actuariales, en el 2024 los ingresos del principal fondo de reparto no cubrirán las pensiones que otorga, por lo que su reserva se agotaría tres años después, hacia el 2027. Hasta el momento, la única medida que ha tomado el país ha sido aumentar la tasa de cotización al 14%, considerada insuficiente para equilibrar la situación financiera del sistema[46]. Cabe señalar que el último estudio actuarial sugirió tres ajustes para mejorar la sostenibilidad financiera del Fondo de Invalidez, Vejez y Muerte (FIVM): 1) elevar la edad de jubilación de 65 a 70 años; 2) *elevar la cotización trabajador-empleador* y del Estado, de forma escalonada hasta un

---

44http://andigital.com.ar/gremiales/item/68900-un-millon-de-firmas-contra-la-reforma-previsional-macrista
45Alberto Arena Meza, *Los sistemas de pensiones en la encrucijada. Desafíos para la sostenibilidad de América Latina*, 2019.
46http://www.fiapinternacional.org/wp-content/uploads/2016/01/Nota-de-Pensiones-Crisis-Sistemas-Reparto.pdf

26,4% del salario: el empleador aportaría el 13,99%, el trabajador, el 8,72% y el Estado el 3,69%); y 3) *reducir el beneficio de pensión del 60% al 40% del salario promedio*[47].

Uruguay. El sistema previsional uruguayo se apoya en un régimen mixto, con un primer pilar de reparto, a cargo del Banco de Previsión Social (BPS) y un segundo de capitalización individual gestionado por Administradoras de Fondos de Ahorros para el Retiro (AFAR). La cotización total equivale al 15%, distribuida entre ambos pilares. Uruguay es uno de los países con una pensión básica de mayor cobertura, incluyendo al 95% de los adultos mayores de 65 años. Para el año 2017, el 84% de las jubilaciones se encontraban por encima de la línea de pobreza[48]. No obstante, dada la diversidad de planes de retiro, de acuerdo a la Encuesta Continua de Hogares (ECH) *el sistema denota grandes diferencias en los beneficios*. Mientras las jubilaciones del BPS promediaron los $18.540 a finales del 2017, las de los empleados bancarios llegó a $58.235 el triple de la anterior. En ambos casos, también se registran diferencias notables por sexo. Estos resultados demuestran nuestra tesis de que "en el campo previsional es donde se expresan, con mayor crudeza y desenfreno, las desigualdades sociales"[49], especialmente en el sistema público de reparto.

En el **Ecuador** el déficit actuarial del IESS se ahonda, sin aporte estatal. En julio del 2016 la firma Volrisk Consultores Actuariales confirmó la certeza de los estudios de la Dirección Actuarial y de Investigación del Instituto Ecuatoriano de Seguridad Social (IESS). Para el área de pensiones, el informe calcula un déficit de 20,464 millones de dólares para el 2053, de mantenerse el aporte fijo del Estado del 40%. Y sin ese aporte,

---

47http://www.fiapinternacional.org/wp-content/uploads/2016/01/Nota-de-Pensiones-Crisis-Sistemas-Reparto.pdf

48http://www.observatorioseguridadsocial.org.uy/phocadownload/Informe%20Ingresos%20Seg%20Social.pdf

49 *Arismendi Díaz Santana, Como se Diseñó y Concertó la Ley de Seguridad Social*

el déficit alcanzaría los 62,767 millones de dólares[50]. Al igual que en la mayoría de los países con sistemas públicos de retiro, *"el estudio recomienda aumentar la edad de jubilación e incrementar las aportaciones".*

En **Nicaragua** las protestas sociales abortaron el aumento de los aportes y la reducción de las pensiones. En el 2007, el Instituto Nicaragüense de Seguridad Social (INSS) contaba con un superávit de 1,000 millones de córdobas, pero al concluir el 2013, el mismo ya se había esfumado. Con un déficit creciente en los últimos cinco años, Nicaragua enfrenta la presión del Fondo Monetario Internacional (FMI), para realizar cambios paramétricos en el sistema. *Los ajustes elevarían del 19% al 22.5% el aporte obrero patronal*, eliminarían el tope de cotización, y se modificaría la fórmula para calcular las pensiones a fin de reducirlas del 80% al 70% y, en adición, a los pensionados se les descontaría el 5% para tener derecho al seguro de salud[51]. El Gobierno llegó a aprobar estas reformas, lo que provocó protestas generalizadas en todo el país, obligando a dejarlas sin efecto, luego de más de 100 muertes a causa de la represión policial.

c) *Capitalización individual: protestas ante pensiones insuficientes*

El establecimiento del sistema de capitalización individual resultó muy novedoso por su crítica al sistema público de reparto, y su formulación centrada en capitalizar las reservas, obtener intereses y eliminar el déficit financiero y actuarial. Pero, en sentido general, los resultados han sido notoriamente insuficientes, especialmente al quedarse *muy corto*, en cuanto a garantizar una pensión digna durante toda la vejez, al menos

---

50http://www.elcomercio.com/actualidad/deficit-actuarial-iess-aporteestatal-ecuador.html.
51http://www.estrategiaynegocios.net/centroamericaymundo/1170362-330/nicaragua-la-pol%C3%A9mica-reforma-del-inss-ya-es-ley-de-la-rep%C3%BAblica

a la mayoría de los afiliados y cotizantes regulares. La explicación es que, como veremos en detalle en el capítulo V, el sistema de capitalización individual también adolece del desequilibrio actuarial entre el porcentaje de aporte y la tasa de reemplazo prometida, y, además, entre los años de cotización y la esperanza de vida promedio durante el retiro. Al igual que el sistema de beneficios definidos, su funcionamiento está limitado por la rigidez de los factores determinantes del nivel del fondo de pensión, frente a las constantes e inevitables transformaciones demográficas y a los cambios laborales.

"En **Colombia**, con la implantación del sistema mixto de pensiones, el déficit público lejos de reducirse, se amplió. Las causas, por supuesto, son múltiples, pero lo cierto es que el déficit del sector público no financiero que en 1990 ascendía al 0,59% del PIB, ya en el 2010 era del 3,5% y en el 2016 fue de 3,4%"[52]. Para enfrentar esta situación se planteó la necesidad de extender los años de cotización, así como aumentar la cantidad de contribuciones mensuales para tener derecho a una pensión plena. En adición, se propuso eliminar la sustitución pensional (pensión de sobrevivencia), y *reducir el nivel de las pensiones por antigüedad*, por debajo del salario mínimo que sirve de base para su cálculo.

Como en todos los países en vías de desarrollo, el 81.4% de los trabajadores del sistema de capitalización individual cotizan dentro de una franja que fluctúa entre 1 y 2 salarios mínimos, factor que, unido a la tradicional inestabilidad laboral de una fuerza de trabajo poco calificada, augura el otorgamiento de pensiones insuficientes, empujando a esos grupos sociales a una inminente situación de pobreza e indigencia durante los años críticos de su retiro.

México, dentro de los países con sistemas de capitalización individual, ocupa el primer lugar en cantidad de afiliados,

---

[52] *https://www.las2orillas.co/otra-reforma-pensional/*

con más de 50 millones. Sin embargo, su sistema es el más precario, ya que *su cotización apenas llega al 6.5% del salario*, por lo que se estima una tasa de remplazo del 28.4%, muy por debajo de los niveles ofrecidos por los modelos de beneficios definidos. "El gasto público destinado al pago corriente de pensiones ascendió al 12.5% del presupuesto de egresos federal en 2017, equivalente al 3.5% del PIB. De éste total, el 97% se destinó a las pensiones de los sistemas públicos de reparto. Para los próximos años, se estima que el requerimiento para el pago de pensiones crecerá a un ritmo de 7.8% real anual, alcanzando el orden del 4.4% del PIB en el 2022, *superando el presupuesto destinado a educación, salud e inversión pública,* como sucede ahora, generando una injusta carga intergeneracional sobre todos los mexicanos"[53].

El gobierno del presidente Andrés Manuel López Obrador, ha adelantado planes sobre una reforma del sistema contributivo de pensiones, orientada a elevar las aportaciones y a aumentar los años de cotización y de retiro, para mejorar el nivel de las pensiones y asegurar su sostenibilidad a mediano y largo plazo. Al mismo tiempo, se propone *universalizar un régimen de pensión básica no contributiva* para los adultos mayores, bajo la premisa de que los subsidios federales deben destinarse a financiar las pensiones solidarias. Debemos esperar las ejecutorias y los resultados.

Chile: bajas pensiones, altas comisiones y reformas insuficientes. Tampoco el sistema de capitalización individual (SCI) implantado en Chile ha arrojado los resultados prometidos y esperados, luego de casi cuatro décadas. Al inicio de los 80, cuando fue establecido por una dictadura militar neolibe-

---

[53]*https://www.principal.com.mx/es/acerca-de-principal/principal-financial-group/sala-de-prensa/articulos/Las-pensiones-de-los-sistemas-publicos-de-reparto-la-proxima-crisis-en-Mexico/*

ral, las autoridades prometieron garantizar una tasa de reemplazo del 70% "con una cotización mensual de 10%, bajo los supuestos de ahorrar de manera continua por 40 años, tener una edad de jubilación de 65 años para los hombres y 60 para las mujeres, en tiempos en que la expectativa de vida de los chilenos era inferior a los 70 años"[54].

Sin embargo, en el 2015, el informe de la Comisión Bravo, concluyó que *"el 50% de los pensionados recibe pensiones que, como máximo, equivalen al 34% de su salario promedio de los últimos diez años;* las tasas de reemplazo proyectadas para la generación de pensionados de los años 2025 y 2035 llegarían a un promedio de 39%, y para el 50% de los pensionados no superarían el 37%. Mientras la mitad de los hombres obtienen tasas de reemplazo iguales o inferiores al 60%, la mitad de las mujeres recibe tasas de reemplazo que alcanzan como máximo un 31%"[55]. Un altísimo porcentaje de la población cree que sólo un cambio total del sistema de AFP ayudaría a mejorar las pensiones (72%), considerando que *la mayor responsabilidad en las bajas pensiones la tienen las AFP (66%).* Un 79% de los chilenos que emitieron opinión en la encuesta está de acuerdo con la creación de una AFP Estatal y un 69% se cambiaría a ella si existiera[56].

El fuerte acento neoliberal del modelo chileno impuso una administración privada y lucrativa. Como veremos en el Capítulo V, esta privatización terminó condicionando el carácter social del modelo, dando como resultado la creciente concentración del fondo de pensiones en manos de un pequeño grupo de propietarios de las AFP cuyo control y gravitación financiera crece, incluso, más rápidamente que el patrimonio de los

---

[54] *http://fppchile.org/es/crisis-en-el-sistema-de-pensiones/*

[55] *Informe de la Comisión Asesora Presidencial sobre el Sistema de Pensiones de Chile*

[56] *Informe de la Comisión Asesora Presidencial sobre el Sistema de Pensiones de Chile*

trabajadores chilenos. "Las altas comisiones de administración y primas para sobrevivientes y seguros de invalidez han bajado las tasas de retorno para las personas que tienen cuentas individuales y han producido grandes ganancias para muchas administradoras de fondos y compañías de seguros. El problema se ha agravado debido a la falta de conocimiento de los participantes acerca de la importancia de las comisiones"[57]. De acuerdo a Osvaldo Macías, Superintendente de Pensiones, la reforma chilena *logró reducir la comisión de las AFP del 1.50% en el 2010 al 1.27% al 2016.*

Denuncias, protestas y demandas contra las AFP. Pero este creciente poder no sólo se tradujo en comisiones excesivas en detrimento de la función social de cualquier sistema previsional, independientemente de la naturaleza de su gestión sino, en adición, en el establecimiento de reglas y normas operativas que, lejos de beneficiar a los trabajadores cotizantes incrementando el ritmo de acumulación, terminaron surtiendo el efecto contrario. De acuerdo a la Fundación Sol y a varios autores críticos, estas manipulaciones han profundizado la incapacidad original del sistema para garantizar pensiones dignas durante todo el período de retiro.

Gino Lorenzini, de Felices y Forrados, explica una serie de cambios y decisiones desacertadas y lesivas a los intereses de los trabajadores chilenos, todas orientadas a reducir la responsabilidad de las AFP, traspasándole gradualmente el riesgo a los cotizantes: 1) mayor flexibilidad en el desempeño de las AFP; 2) traspaso progresivo del riesgo de las malas inversiones a los afiliados; y 3) disminución significativa de las garantías de rentabilidad. Considera que este proceso lesivo explica en parte las bajas pensiones ofrecidas por el sistema, como resultado *del crecimiento de las comisiones de las AFP en un 24%,*

---

[57] *Fabio Bertranou, Esteban Calvo, y Evelina Bertranou, ¿Está Latinoamérica alejándose de las cuentas individuales de pensiones?*

mientras el fondo de los trabajadores solo promedió el 7%, entre el 2002 y el 2012[58].

Una de las limitaciones del sistema previsional, incluidos el de capitalización individual, es la baja cotización para sustentar la tasa de reemplazo prometida, con el agravante de que, en el caso chileno, *las aportaciones recaen totalmente sobre los trabajadores*, ya que los empleadores no aportan. Comparado con los modelos públicos de reparto de Europa, el aporte chileno resulta insuficiente, ya que actualmente totaliza un 10.0%, cuando el promedio de los países de la OCDE es el 18%[59]. Italia, Suecia, Israel e Irlanda más que duplican la cotización de los modelos latinoamericanos, siendo los países con menores déficits en sus sistemas públicos de reparto.

La tendencia a la baja de la rentabilidad real de las inversiones de los fondos de pensiones es otro factor que, junto a las altas comisiones de las AFP, ha agravado la situación. En Chile, la rentabilidad promedio ha descendido alrededor de un 1.3% durante el período 2011-2015, caída que surte un considerable efecto adverso en el mediano y largo plazo, erosionando el nivel de las pensiones y jubilaciones futuras. Cuando se hizo evidente que los resultados del sistema distaban mucho de las promesas y de las expectativas creadas, crecieron las críticas y las demandas de reformas para corregir las limitaciones, distorsiones y debilidades, bajo la consigna de NO+AFP.

Ante la creciente presión social, las autoridades nacionales se vieron obligadas a introducir reformas orientadas a mejorar la suerte de los trabajadores chilenos. Actualmente el sistema descansa en tres pilares: un primero solidario, muy básico, financiado con las recaudaciones fiscales, para prevenir la pobreza de las personas con una baja o nula contribución.

---

[58] *Gino Lorenzini, Fundación Felices y Forrados*
[59] *Osvaldo Macías, Superintendente de Pensiones, Sistema de pensiones chileno: contexto y cambios*

Un segundo, obligatorio, de capitalización individual, orientado a garantizar mayor ingreso durante la vejez, de acuerdo al nivel de ingreso y a los beneficios acumulados. Y un tercer pilar voluntario con incentivos fiscales, destinado a complementar el ahorro obligatorio del afiliado,[60].

¿Qué pasaría si no pasara nada? Del examen de la situación previsional en varias regiones y en las naciones más representativas del mundo, se colige: 1) la existencia de una crisis estructural y actuarial, tanto del sistema público de reparto, como de capitalización individual; 2) la insuficiente acumulación de reservas financieras para asegurar los niveles de pensiones y jubilaciones prometidos a una población cada vez más longeva; 3) un creciente costo fiscal, bajo la modalidad de subsidios, para compensar la reducción y/o el agotamiento del fondo de retiro de los modelos públicos de reparto; 4) la generalización de ajustes paramétricos con la finalidad de reducir el nivel de las pensiones y jubilaciones y/o a elevar las cotizaciones, sin llegar a la raíz del problema; 5) la incapacidad de los modelos de capitalización individual para asegurar una tasa de reemplazo satisfactoria a la mayoría de los cotizantes, lo que se traduce en mayor inseguridad a largo plazo; 6) la creciente insatisfacción de los trabajadores y de la población en general, ante la reducción de su poder adquisitivo y del nivel de vida de los jubilados y pensionados y el temor de tener que continuar trabajando para completar su pensión y evitar la indigencia; y 7) inestabilidad social y política que amenaza con erosionar las instituciones y el sistema democrático.

Este desequilibrio previsional, y la previsión de que se agudizará con el tiempo a causa de las transformaciones demográficos y los cambios en el mercado laboral, contiene todo el potencial endógeno para *pasar de una crisis sectorial a una crisis*

---

[60] *Osvaldo Macías, Superintendente de Pensiones, Sistema de pensiones chileno: contexto y cambios*

nacional, acentuando las desigualdades sociales y amenazando la capacidad de gobernanza de las instituciones. Ello así, porque mientras sólo se introduzcan parches coyunturales, y ambos sistemas previsionales no sean rediseñados en consonancia con los desafíos de los nuevos tiempos, mayor será el déficit y la presión fiscal, y cada vez será más difícil y oneroso garantizar pensiones dignas y sostenibles para todos.

Como concluyen los estudios señalados, de no introducirse las transformaciones estructurales necesarias y urgentes, *existe el riesgo real de un proceso de empobrecimiento relativo de los envejecientes al ver reducidos sus respectivos niveles de vida*, sin estar informados ni preparados para enfrentar los retos ineludibles de una creciente longevidad. Muchos pensionados y jubilados rondarán el umbral de la pobreza e indigencia, teniendo que continuar trabajando hasta el día de su muerte para llegar a final de mes. Si cunde el temor de los trabajadores activos y de los pensionados y jubilados, sobre el futuro de sus pensiones como un derecho adquirido, ¿cuál será la situación del resto de la población y de los envejecientes marginados, víctimas de un sistema económico esencialmente excluyente y desigual en oportunidades de trabajo y superación? ¿Cuál es el futuro de las mujeres que no acumulen lo suficiente para una pensión, o que reciban ingresos inferiores, a pesar de su creciente capacidad y mayor longevidad? ¿Cuál es la esperanza de los trabajadores marginados, con ingresos insuficientes, obligados a laborar por cuenta propia y escasos recursos? ¿Qué pueden esperar los trabajadores de la agricultura, los inmigrantes y las minorías étnicas de los actuales sistemas vigentes?

El potencial de la crisis será mucho mayor en la medida en que la mayoría de la población tome consciencia real del enorme costo que pende sobre sus hombros por el mantenimiento de un sistema de pensión actuarialmente desequilibrado, y que se resiste a rediseñarse para asegurar su sostenibilidad por cuenta propia. En especial, en la medida en que los envejecientes marginados y carentes demanden pensiones no contributivas para evitar la pobreza extrema y la indigencia. Se trata de un proceso muy complejo y con expresiones nacionales diferentes. Pero lo cierto es que la bomba previsional prevista por el Foro Económico Mundial (FSM) y otras instituciones de gran solvencia técnica, continúa acumulando energía expansiva, capaz en las próximas décadas, de comprometer y erosionar sensiblemente los cimientos del sistema económico y social vigente. Sus repercusiones serían tan profundas que su impacto podría implosionar en los propios fondos de retiro acumulados en la mayoría de las naciones[61].

Con razón y visión de futuro, la OCDE en su informe *Perspectivas de Pensiones 2018*, entre otras, formula las siguientes recomendaciones: 1) diseñar sistemas de pensiones viables que reduzcan la pobreza y mejoren la redistribución del ingreso, flexibles frente a los cambios demográficos, sociales, laborales, macroeconómicos y financieros; 2) trabajar más tiempo, para garantizar beneficios, tomando en cuenta la perspectiva de género y la situación socioeconómica de cada grupo; y 3) más flexibilidad en la edad de jubilación para no perjudicar a los grupos socioeconómicos más bajos con esperanzas de vida más cortas[62].

¿Cuál es la magnitud de la crisis previsional y cuáles los pronósticos para las próximas décadas? Todos los estudios de las instituciones y organismos internacionales especializados presentan resultados y perspectivas muy sombrías para

---

[61] *En el momento en que concluimos la revisión de este libro, el Dow Jones de New York ha descendido de más de 29,000 a final del 2019 a menos de 20,000 puntos a marzo del 2020, con una pérdida multimillonaria especialmente para los fondos de pensiones en todo el mundo, al menos mientras el mercado de valores no se recupere*

[62] *https://www.oecdilibrary.org/sites/af432cf1es/index.html?itemId=/content/component/af432cf1-es*

los sistemas previsionales y, por ende, para los miles de millones de pensionados y jubilados y demás envejecientes en todo el mundo. En ese diagnóstico coinciden tanto los informes a escala mundial, como los referidos específicamente a determinadas regiones y grupo de países.

El Foro Económico Mundial (FEM), considera que estallará una bomba en el 2050 cuando el déficit previsional llegue a US$400 billones. El Swiss Re Institute estima la brecha total de las pensiones en 2,2 billones de US$ en 16 países seleccionados, en los cuales se requiere de un aporte adicional del 11% del salario para eliminarla. Por su parte el BID señala que los aportes del trabajador promedio no lograrán financiar la totalidad de la pensión que otorga el sistema, y la OCDE reconoce que estos problemas han erosionado la confianza de los trabajadores de que los sistemas de pensiones, bien sean de reparto o de capitalización, cumplirán sus promesas, una vez los cotizantes lleguen a la edad de jubilarse.

Un informe del Grupo de los 30, basado en los 21 países de mayor riqueza señala que las economías líderes del mundo se enfrentan a un *déficit de financiación masivo*, de US$15,8 billones en 2050, equivalente al 23% del producto interno bruto mundial de ese año. Por su parte, el FMI concluye que, si el promedio de vida aumentara para el año 2050 en tres años más de lo previsto, los costos del envejecimiento – que ya son enormes—aumentarían 50%". Por eso *"debemos preocuparnos ahora por los riesgos de la longevidad, para que los costes no nos atosiguen en el futuro"*.

Estos estudios, investigaciones e informes no dejan lugar a dudas de que estamos frente a un panorama nada auspicioso, sumamente preocupante y con ribetes cuasi apocalípticos. Se trata de problemas estructurales, agravados por la rigidez del diseño de ambos sistemas previsionales, que no pueden controlarse, ni mucho menos superarse, con simples cambios paramétricos. El desequilibrio financiero y actuarial se expresa en la mayoría de las naciones, adoptando modalidades y dimensiones de acuerdo a las características propias de los respectivos sistemas previsionales. Como norma general, los ajustes de las autoridades nacionales tienden a introducir cambios en un doble sentido: 1) reducir, de diversas maneras, el monto y el crecimiento de las nóminas de los pensionados y jubilados; y 2) incrementar, en la medida de lo posible, los ingresos previsionales ordinarios.

De acuerdo con la Federación Internacional de Administradoras de Fondos de Pensiones (FIAP), en un lapso de 21 años, entre 1995 y junio de 2017: 76 países aumentaron la tasa de cotización de sus sistemas de reparto, 54 elevaron la edad de retiro, y 67 ajustaron la fórmula para calcular las pensiones, o disminuyeron directamente los beneficios. Obviamente, a estos resultados también habría que agregar los ajustes del lado de la capitalización individual. La OIT, a través del Monitoreo de la Protección Mundial, registra 169 medidas tendentes a reducir el déficit previsional, solamente en el período 2010-2016.

El balance previsional extraído de las naciones más representativas, indica: 1) la existencia de una crisis estructural y actuarial, tanto del sistema público de reparto, como de capitalización individual; 2) la insuficiente acumulación de recursos para asegurar las pensiones y jubilaciones prometidas a una población cada vez más longeva; 3) un creciente costo fiscal, bajo la modalidad de subsidios, para compensar la reducción y/o el agotamiento de las reservas financieras de los modelos públicos de reparto; 4) la generalización de ajustes paramétricos orientados a reducir las pensiones y jubilaciones y/o a elevar las cotizaciones, sin llegar a la raíz del problema; 5) la incapacidad de los modelos de capitalización individual para asegurar una tasa de reemplazo satisfactoria y extender la protección durante todos los años de retiro; 6) la creciente insatisfacción de los trabajadores y de la población en general, ante la reducción del poder adquisitivo y del nivel de vida de los jubilados y pensionados; y 7) una inestabilidad social y política que amenaza con erosionar las instituciones y el sistema democrático.

Actualmente, miles de millones de trabajadores en todo el mundo luchan contra las reformas que erosionan su nivel de vida, y los obligan a *trabajar más, para recibir menos.* Expresan grandes inseguridades e incertidumbres al tomar consciencia del carácter inevitable de los desequilibrios y los déficits. En más naciones crecen las tensiones sociales y políticas ante las propuestas orientadas a limitar los derechos adquiridos considerados inmutables, mientras aumentan las demandas de pensiones no contributivas para los envejecientes en estado de necesidad. Los efectos de la bomba previsional pronosticada serían tan profundos que su impacto podría implosionar en los propios fondos de retiro existentes en la mayoría de las naciones. El primer paso para enfrentar de raíz este cáncer previsional es conocer a fondo los factores que lo determinan y como se expresan, tema del próximo capítulo.

Capítulo III

DESEQUILIBRIOS QUE EROSIONAN LA SOSTENIBILIDAD PREVISIONAL

¿Cuáles factores determinan el creciente desequilibrio actuarial y financiero de los actuales sistemas previsionales?

A lo largo del capítulo anterior, se evidenció la tendencia generalizada e irreversible hacia los desequilibrios financieros y las crisis de sostenibilidad de los sistemas previsionales en la gran mayoría de las naciones. Además, que ante situaciones financieras cada vez más estrechas e inciertas, a las autoridades no les queda más opción que, de una u otra forma, limitar las prestaciones económicas otorgadas y/o elevar las cotizaciones, muy a pesar de la resistencia y del descontento de millones de jubilados y pensionados en todo el mundo, evidentemente frustrados porque, durante varias décadas, se les vendió la idea del milagro de sistemas ilimitados, sostenibles e inmunes a los cambios.

Todos sabemos que el saldo financiero de cualquier plan de retiro es el resultado de la interacción de un conjunto de variables económicas, financieras, políticas, sociales, demográficas y administrativas, tanto exógenas como endógenas. Dado que uno de los objetivos de esta obra es determinar la capacidad de los dos sistemas tradicionales para garantizar pensiones dignas y sostenibles a todos los envejecientes, en el mediano y largo plazo, nos concentraremos en el análisis del comportamiento de las variables endógenas, habida cuenta de que los factores externos suelen incidir, en forma más o menos similar, sobre ambos sistemas previsionales. No obstante, pondremos especial atención a tres variables exógenas claves para su sostenibilidad: la tasa de interés, las transformaciones demográficas y los cambios en el mercado laboral.

En el presente capítulo se explican las características y el impacto de los principales factores que determinan el desequilibrio actuarial y la agudización de la crisis de sostenibilidad financiera de los sistemas previsionales, tanto público de reparto como de capitalización individual, con un énfasis especial en la influencia que ejercen las transformaciones demográficas y los cambios en el mercado laboral.

a) *Ocho principales variables determinantes del equilibrio financiero*

Necesidad e importancia de los cálculos actuariales. En la actualidad, el desequilibrio y la insostenibilidad de ambos sistemas previsionales constituyen la norma, con la sola excepción de contadas naciones con dirigentes que, con un liderazgo real, suficiente coraje y visión de futuro, han afrontado con éxito relativo los retos actuales, introduciendo reformas estructurales, a pesar de las naturales resistencias sociales y políticas. En el mundo, el descontento y la incertidumbre prevalecen en miles de millones de jubilados y pensionados, al observar una clara tendencia a reducir su nivel de vida, por lo que cada vez este tema adquiere una mayor relevancia a través de todos los medios de comunicación social, así como en las academias y en los foros internacionales.

El hecho incuestionable de que este fenómeno se verifique, mantenga y amplíe, en ambos sistemas, indica claramente que el mismo obedece a factores esenciales y estructurales, que ejercen su influencia por encima, y a pesar, de las particularidades del diseño de los dos sistemas tradicionales de retiro. En tal sentido, cualquier esfuerzo orientado a garantizar una pensión digna y sostenible para todos, obliga a un análisis actuarial a fondo, a fin de identificar y cuantificar los factores estructurales que determinan la recurrencia de los déficits previsionales de los dos grandes sistemas.

Compartimos plenamente el criterio de Alberto Arenas de Mesa cuando plantea que "en todos los sistemas de pensiones de reparto, de capitalización parcial colectiva y de capitalización individual, se deberían realizar evaluaciones y estudios actuariales que entreguen los equilibrios actuariales y financieros de los sistemas previsionales, de modo que esta información permita guiar la toma de decisiones y los diseños de reformas a los sistemas de pensiones"[63]. Ciertamente no resulta útil centrar el debate sobre sus características y capacidades, sin ponerle número a la casa, especialmente tomando en consideración que, a diferencia de los seguros de salud, los beneficios que reciben los pensionados y jubilados son esencialmente monetarios y de por vida. La planificación de la seguridad social a largo plazo es un elemento clave de la estrategia de la política pública para una sociedad que envejece[64]. En consecuencia, a continuación, identificamos dichos factores y evaluamos su impacto en la creciente insatisfacción social, así como en el desequilibrio financiero y en su insostenibilidad previsional en el largo plazo. Además, explicamos cómo y por qué los mismos se expresan, de manera indistinta, tanto en el sistema público de reparto (SPR), como en el sistema de capitalización individual (SCI).

Las ocho variables más importantes. Nuestro análisis se concentra en las ocho variables más importantes: 1) la cantidad de cotizantes activos; 2) el salario promedio para el

---

[63] *Alberto Arenas de Mesa, Los sistemas de pensiones en la encrucijada Desafíos para la sostenibilidad en América Latina*
[64] *Asociación Internacional de la Seguridad Social (AISS)*

cálculo del monto del aporte y de la pensión; 3) el porcentaje neto de cotización para el fondo de retiro; 4) los años mínimos de aportes para calificar a una pensión plena; 5) la tasa de rentabilidad del fondo de pensión; 6) la cantidad de pensionados y jubilados; 7) la tasa de reemplazo del salario; y 8) los años promedio de pensión del titular y su sobreviviente.

La *cantidad de cotizantes activos* equivale al número de trabajadores activos afiliados que aportan regularmente al sistema. Dada la diversidad de salarios, se calcula el salario promedio cotizable a fin de simplificar el proceso. Para determinar la sostenibilidad del sistema, es muy importante distinguir entre la cantidad de afiliados y la cantidad de cotizantes. Ello así, porque las fluctuaciones e inestabilidad del mercado laboral determinan la existencia de una brecha entre ambos conceptos. Un número importante de trabajadores puede figurar como afiliado al sistema de seguridad social y, sin embargo, no estar cotizando durante un tiempo indefinido, por lo que durante el mismo no realiza ningún aporte al fondo de retiro.

El *porcentaje de aporte del salario* es la proporción del salario del trabajador destinada a financiar el fondo de retiro para asegurar su pensión. Normalmente consiste en un porcentaje del salario mensual cotizable, e incluye aportes adicionales para cubrir otros servicios. Aunque generalmente el aporte es compartido entre el trabajador y su empleador, en proporciones que varían en cada país y en cada modelo o plan de retiro, la misma no será tomada en cuenta, ya que para nuestro propósito con el porcentaje total neto mensual es más que suficiente.

El *salario mensual promedio,* se determina a partir del salario bruto o nominal cotizable de todos los trabajadores cotizantes. Dada la diversidad de remuneraciones, se calcula el salario promedio dividiendo el monto total de la nómina de todos los cotizantes, entre la cantidad de aportantes en un período determinado. Muchos sistemas establecen un tope de cotización, más allá del cual el excedente queda exento del cálculo del aporte. Por ejemplo, si el límite de aporte es 2,000, los trabajadores que ganan 2,500 sólo cotizan hasta los 2,000 (monto que, en este ejemplo, sería el salario mensual *cotizable*).

Por los *años de cotización* se entiende el tiempo mínimo (años o meses), obligatorio, establecido por el sistema para que el trabajador pueda retirarse y tener derecho a una pensión plena, es decir, con la tasa de reemplazo completa establecida. Por ejemplo, 30 años equivalen a 360 meses de aportes. En el reparto, los planes incluyen una escala con el porciento de la pensión, dependiendo de la cantidad de meses (años) de cotización de cada trabajador. Este requisito es independiente de que el afiliado cumpla los meses de aporte en forma ininterrumpida, o que haya requerido más tiempo.

La *tasa anual de interés real* expresa el nivel promedio de rentabilidad que se obtiene con las inversiones del ahorro acumulado en el fondo de retiro de los trabajadores. Tratándose de una variable exógena al sistema previsional, se aconseja prudencia en su estimado, debido a que estos recursos deben ser invertidos en actividades que combinen, adecuada y simultáneamente, seguridad y rentabilidad a largo plazo. Desde luego, la suficiencia y estabilidad de la tasa de rendimiento real, o de rentabilidad, está íntimamente vinculada al ritmo de crecimiento general de la economía y a la estabilidad macroeconómica del país. En todo caso, se asumen una tasa de interés real, es decir, libre de inflación, a fin de evitar distorsiones innecesarias en el análisis.

Estos cinco factores (cantidad de cotizantes, salario mensual promedio cotizable, porcentaje mensual de los aportes, años (o meses) de cotización y rentabilidad real de las inversiones) *determinan el nivel del ingreso de cualquier sistema previsional*. La particularidad del reparto público, como se mostrará en el siguiente capítulo es que, a partir de la segunda etapa de su existencia comienza, progresivamente, a reducir su capacidad de ahorro, debido a la utilización de los aportes de los trabajadores activos para pagar parte o la totalidad de las pensiones y jubilaciones, limitando así la posibilidad de obtener un rendimiento real para sumarlo al fondo de retiro. En consecuencia, en la etapa adulta del sistema público de reparto, la obtención de rentabilidad tiende a desaparecer, por lo que los ingresos ordinarios suelen depender básicamente de la cantidad de cotizantes activos, del porcentaje de cotización, del nivel general de los salarios y de los años de aporte.

El *porcentaje de la pensión*, mejor conocido como la *tasa de reemplazo*, representa el nivel de los ingresos que recibirá el nuevo jubilado o pensionado para compensar la pérdida del salario a consecuencia del retiro de la actividad productiva, por vejez o discapacidad. En esta obra consideramos una pensión digna a aquella que garantiza un mínimo del 70% del salario promedio de, al menos, los últimos 10 años, indexado anualmente a fin de evitar un descenso brusco de su poder adquisitivo. Una de las características del sistema de reparto es que de antemano garantiza un porcentaje del salario promedio, mientras que, en la capitalización individual, la pensión depende del fondo acumulado por el trabajador a lo largo de su vida laboral, como veremos en el Capítulo V. En cualquier caso, se espera que la pensión mantenga su poder adquisitivo a lo largo del tiempo, mediante adecuadas y oportunas indexaciones.

Finalmente, *los años de pensión* comprende el *tiempo promedio* durante el cual el nuevo jubilado o pensionado disfrutará de su pensión, medido a partir de su retiro y hasta su muerte. En la mayoría de los sistemas y modelos, se incluye una pensión de sobrevivencia a favor del cónyuge del pensionado, la cual suele calcularse como un porcentaje del monto de la pensión del titular. Huelga señalar que los años de pensión constituye la variable más importante y dinámica de la ecuación debido, como veremos más adelante, a la extensión progresiva de la esperanza de vida de los pensionados y jubilados. Por su parte, los *egresos* del sistema dependen de la cantidad de jubilados y pensionados, de la tasa de reemplazo, del salario real promedio y de los años promedio de pensión.

Como puede observarse, del lado de los *ingresos,* en la inmensa mayoría de los modelos de ambos sistemas previsionales, dos de los tres factores (el porcentaje de aporte y los años mínimos de cotización) están determinados por ley (o por reglamento), permaneciendo sin cambios importantes durante largas décadas. El tercer factor es la tasa de interés real, una variable clave, pero exógena, cuyo porcentaje viene determinado por el crecimiento de la economía y la estabilidad macroeconómica. Los otros dos (cantidad de cotizantes y salario mensual promedio), constituyen variables estrechamente vinculadas al ritmo de la actividad económica en cada etapa del proceso.

Por el lado de los *egresos* (consistente en el pago de las pensiones y jubilaciones), tenemos la tasa de reemplazo, también caracterizada por su rigidez, ya que es definida por ley o por el reglamento la cual, con el tiempo, es considerada por los trabajadores afiliados como un derecho adquirido per sé. En la fórmula general del gasto, la gran excepción a esta rigidez la representan los años de disfrute de la pensión, los cuales experimentan aumentos permanentes, gracias al impacto positivo de los crecientes avances de la ciencia y la tecnología médica, y a los importantes cambios demográficos a consecuencia de mayores niveles de educación, de ingreso de las familias y de salubridad. *Resulta evidente que el sistema de retiro entra en desequilibrio en la medida en que los factores que determinan el ingreso permanecen más o menos invariables, mientras crecen los egresos con la extensión de la esperanza de vida promedio de los pensionados y jubilados, y con la reducción de la cantidad de trabajadores cotizantes por cada jubilado.*

Fórmulas del reparto en condición de equilibrio. Resulta obvio que la sostenibilidad de cualquier sistema previsional, especialmente de reparto público, depende del necesario equilibrio entre los factores determinantes de los ingresos ordinarios y de los egresos ordinarios. En términos prácticos, los ingresos del sistema están determinados por el resultado de multiplicar el porcentaje de aporte, por el salario mensual cotizable, y luego, por la cantidad de cotizantes y por los meses de cotización, potenciados por la tasa de rentabilidad, siempre que exista ahorro. Y por su parte, los egresos equivalen a multiplicar la tasa de reemplazo, por el salario mensual promedio, y luego, por la cantidad de pensionados y jubilados y por los meses (años) promedio de pensión. La interrelación de estos factores puede expresarse en la fórmula del equilibrio financiero siguiente:

$$[(SAPM * \%COT) * CCOT * MCOT]^{\%INT} = (SAPM * \%REEP) * CPEN * MPEN$$

Donde:
SAPM= salario promedio mensual
%COT = porcentaje de cotización
CCOT = cantidad de cotizantes
MCOT = meses (años) de cotización
%INT = tasa de rentabilidad o interés
%REEP = tasa de reemplazo
CPEN = cantidad de pensionados y jubilados
MPEN = meses (años) promedio de pensión

A partir de esta fórmula general es posible obtener la fórmula particular de cualquiera de las variables consideradas. Por ejemplo, determinar la cantidad de años de pensión en condición de equilibrio, suponiendo un cotizante, con un salario mensual promedio de 1,000, una tasa de cotización real del 9%[65], 360 meses de cotización (30 años), y una tasa de reemplazo real del 75.83%[66] del salario mensual. No se incluye la tasa de interés, ni el costo de la sobrevivencia.

---

[65] *Porcentaje del aporte reservado exclusivamente para el fondo de retiro, excluyendo el costo de administración.*
[66] *Equivale a una tasa nominal del 70%, más un mes adicional de pensión cada año.*

MPEN = (%COT * SAPM)* CCOT * MCOT / (%REEP * SAPM) * CPEN

MPEN = (9% *1,000) * 1 * 360 / (75.83% * 1,000) * 1

MPEN = 90 * 360 / 758.33 = 32,400 / 758.33 = 42.73 **meses = 3.56 años**

Estos resultados indican que, bajo los supuestos señalados, cuando no existe ahorro para el retiro, el sistema previsional apenas garantiza un promedio de 43 meses de pensión, es decir, 3.6 años, con una *tasa de reemplazo autónoma* de sólo el 15.8%[67]. Sin necesidad del rigor de una fórmula matemática, cualquier ciudadano común puede entender que, cuando un trabajador cotiza al plan el 9% anual de su salario, necesita aportar durante 8.4 años para cubrir un año de una pensión del 75.83% (75.83/9=8.43). Y, por lo tanto, si cotiza durante 30 años, tendrá *pensión auto sostenible* por sólo 3.56 años, al dividir 30 entre 8.4 años (incluyendo el mes 13 de cada año pagado en diciembre), siguiendo la costumbre en los países latinos. Así de sencillo.

Durante la primera etapa del reparto público, cuando no se toca al ahorro y se invierte obteniendo dividendos, los resultados son mejores, aunque insuficientes. Como veremos en detalle en el Capítulo IV, tomando en consideración una tasa de rentabilidad real anual del 4%, en 30 años el patrimonio acumulado cubriría unos 8.05 años, *más del doble que sin ahorro e inversión*. Y de obtener un 5% de interés, el fondo alcanzaría para 10.7 años, resultados que revelan el factor multiplicador del ahorro y la inversión en cualquier sistema previsional.

De igual forma, podemos calcular la cantidad de trabajadores activos que deben cotizar para asegurar a un jubilado una pensión del 75.83% del salario promedio durante 15 años de vida promedio:

---

[67] *Resultado de dividir 32,400 cotizado, entre 17.1 años promedio de pensión y luego entre 12 meses, cuyo resultado es comparado con los 1,000 de salario real*

CCOT = (%REEP * SAPM) * CPEN * MPEN / (%COT * SAPM)* MCOT

CCOT = (75.83% * 1,000) *1 * 12 / (9% * 1,000) * 12

CCOT = 758.33 *1 * 12/90 *12=9,100/1,080=**8.43 cotizantes x pensionado**

Ello quiere decir que cuando no existe ahorro para el retiro ni rentabilidad por la inversión, para garantizar una pensión anual real del 75.83% a un jubilado, se requiere del aporte anual de 8.43 trabajadores activos que coticen con el salario promedio mensual, bajo las premisas descritas. Ello indica que cuando el sistema previsional opera sin ahorros (pay as you go) y sin acumulación, la posibilidad de garantizar una pensión digna y sostenible resulta cada vez más remota. En consecuencia, en la medida en que se otorgan pensiones sin cálculos actuariales que aseguren el necesario equilibrio, se incurre en déficits que obligan a usar los aportes de una creciente cohorte de cotizantes activos, y/o a un subsidio fiscal, como mostraremos más adelante.

La ecuación de equilibrio = (%COT * SAPM) * CCOT * MCOT = (%REEP * SAPM) * CPEN *MPEN, ahora podemos presentarla de la siguiente manera:

$$\text{Equilibrio} = \frac{(\%COT * SAPM) * CCOT * MCOT}{(\%REEP * SAPM) * CPEN * MPEN} = 1$$

Y recomponerla, para reflejar la necesaria correspondencia entre los factores determinantes del equilibrio financiero y actuarial. Al eliminar el factor SAPM por ser común tanto al numerador como al denominador, tenemos:

$$\text{Equilibrio} = \frac{\%COT}{\%REEP} * \frac{CCOT}{CPEN} * \frac{MCOT}{MJUB}$$

En donde la relación %COT/%REEP revela la proporción necesaria entre el porcentaje de cotización y la tasa de reemplazo, por lo que, para garantizar el equilibrio financiero, a mayor tasa de reemplazo, mayor debería ser el porcentaje de cotización, y viceversa. Además, CCOT/CPEN indica la relación entre la cantidad de cotizantes activos y de pensionados: mientras menos cotizantes por pensionado, menor ahorro para el retiro, menores inversiones, más baja acumulación y menos pensiones sostenibles, y viceversa. Y finalmente, la relación MCOT/MJUB indica que el equilibrio previsional presupone una estrecha relación entre los meses de cotización y los meses promedio de jubilación, de modo que, cuando éste último se eleva, el primero debería hacerlo en igual proporción, y viceversa.

Relación entre la tasa de reemplazo y la tasa de cotización. Esta relación mide las veces que la tasa de reemplazo supera al porcentaje de cotización, e indica la cantidad de años de aporte necesarios para cubrir un año de pensión o jubilación sostenible, sin ahorro ni inversión. La misma se calcula aplicando la siguiente fórmula:

$$\text{Tasa reemplazo/aporte} = \frac{\text{Tasa de reemplazo}}{\text{Tasa de cotización}} = \frac{\%\text{REEP}}{\%\text{COT}} = \frac{75.83\%}{9\%} = 8.43/1$$

Esta relación indica que, a una mayor tasa de reemplazo le corresponde un mayor porcentaje de cotización, y viceversa. Por ejemplo, si la tasa de reemplazo equivale al 75.83% y la cotización al 9%, el resultado sería 8.43, lo que indica que se requieren 8.43 años de cotización para acumular lo suficiente para cubrir un año de *pensión sostenible*. Por lo tanto, en 30 años los aportes sólo serán suficientes para garantizar 3.56 años de pensión, generando un déficit recurrente durante 13.5

años de vida del pensionado o jubilado, según nuestras premisas. Pero siendo más benigno, si la tasa de reemplazo fuese de sólo el 60%, la relación descendería a 6 a 1, en cuyo caso un sistema con 30 años de cotización solo garantizaría 5 años de pensión sostenible, sin tomar prestado ni requerir subsidios.

Cuadro 3.01
Meses de pensión sostenible según la tasa de reemplazo
9% de aporte, 30 años de cotización, 1,080 aporte anual promedio

Tasa Total, de Reemplazo	*Meses de aporte para cubrir un mes de pensión*	*Años autónomos de pensión, sin subsidios*	*Años subsidiados de pensión, con presión fiscal*
60%	6.0 meses	5.0 años	10.0 años
70%	7.0 meses	4.3 años	10.7 años
80%	8.0 meses	3.8 años	11.2 años
90%	9.0 meses	3.3 años	11.7 años
100%	10.0 meses	3.0 años	12.0 años

Fuente: Cálculos del Autor

El Cuadro 3.01 muestra los años de pensión sostenibles y los años subsidiados, dependiendo de la relación entre la tasa de reemplazo y el porcentaje de cotización. A mayor brecha entre ambos factores, menores serán los años sostenibles de pensión y mayor el monto de los subsidios para cubrir la pensión durante el resto de vida del pensionado o jubilado promedio. Y más crítica será la situación en la medida en que se agota la capacidad de ahorro e inversión. De estos ejemplos se concluye que *el equilibrio actuarial y la sostenibilidad financiera dependen de la capacidad del sistema para mantener la necesaria correspondencia entre el porcentaje de aporte y la tasa efectiva de reemplazo.* Además, que cualquier divorcio entre ambos, implica un saldo negativo recurrente, creciente e incontenible.

Obviamente, de estos resultados se deriva claramente que la longevidad constituye el principal detonante de los desequilibrios actuariales que, de manera inexorable, terminan en crisis financieras en ambos sistemas, aunque con expresiones sociales muy diferentes. En la medida en que aumentan los años de pensión y jubilación, mientras los demás factores permanecen invariables, el sistema entra en sucesivos y crecientes desequilibrios, obligando a utilizar los aportes de los trabajadores activos, o a reducir el poder adquisitivo de las pensiones, y/o a demandar subsidios gubernamentales pagados por todos los contribuyentes.

Relación pensionados y cotizantes. Esta relación es extraordinariamente importante para el sistema público de reparto ya que, a diferencia de las otras dos relaciones, la misma experimenta constantes cambios, con un gran impacto en la sostenibilidad del sistema por ser extraordinariamente sensible tanto a la dinámica demográfica, como a los avances tecnológicos y a los cambios en el mercado laboral.

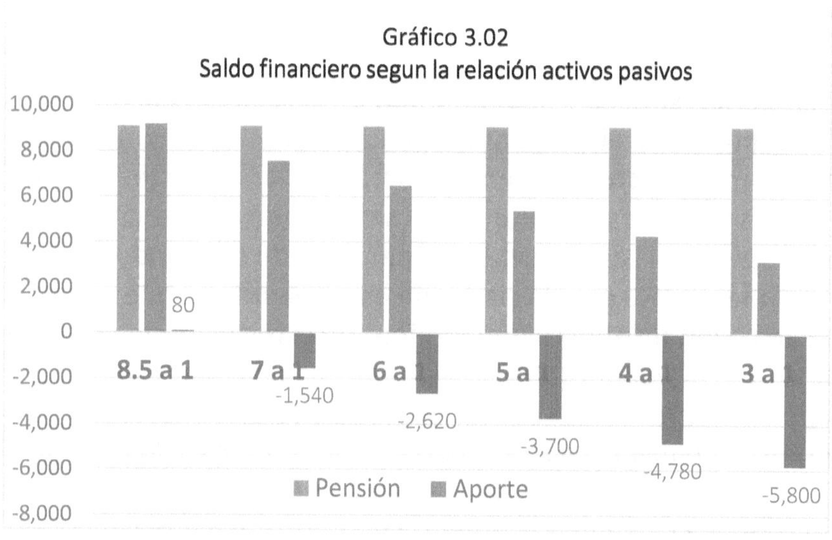

Por un lado, un envejecimiento de la población en condiciones más saludables, se traduce en una proporción mayor de pensionados y jubilados que disfrutan de una pensión durante más años, con un costo igualmente mayor para el sistema. Por el otro, una reducción relativa de la cantidad de cotizantes activos al plan de retiro, reduce la disponibilidad financiera para enfrentar un pasivo actuarial creciente a mediano y largo plazo.

El Gráfico 3.02 ilustra el crecimiento progresivo del subsidio pensional al reducirse la relación entre los activos cotizantes y los pensionados. Estamos hablando de una tendencia natural que se registra como un hecho comprobado e irreversible en todas las naciones, en la medida en que se alcanzan niveles sostenidos de desarrollo económico y social. Ahí están los ejemplos de Europa, el viejo continente, en donde la relación pasivos/activos pasó en medio siglo de un pensionado por cada ocho o siete trabajadores cotizantes, a un pensionado por cada cuatro o tres activos, relación que continúa creciendo con los años, aunque a un ritmo menor.

En este punto es necesario recordar el posible impacto que, de acuerdo a los expertos en recursos humanos, tendrá la irrupción de la cuarta revolución industrial, o industria 4.0, basada en la expansión progresiva de la inteligencia artificial, especialmente debido a su alto potencial para desplazar a más de las dos terceras partes de los trabajos donde predominan el esfuerzo muscular y las tareas repetitivas, con escaso valor agregado. El hecho de que estos cambios puedan ocurrir con menos rapidez en los países en vías de desarrollo, de ninguna manera justifica que sus autoridades y líderes los subestimen, y que no se introduzcan a tiempo los cambios estructurales para contrarrestar su impacto en la sostenibilidad de los sistemas previsionales.

Relación meses (años) de aporte/meses (años) de pensión. La sostenibilidad previsional depende, en gran medida, de la relación entre los años de cotización y los años promedio de jubilación. Indica la cantidad de años (o meses) de cotización necesarios para cubrir cada año (o meses) de *pensión sostenible*, es decir, en equilibrio, y se calcula mediante la siguiente fórmula:

$$\text{Relación aporte/pensión} = \frac{\text{Meses cotización}}{\text{Meses de pensión}} = \frac{\text{MCOT}}{\text{MPEN}} = \frac{20}{30} = \mathbf{0.66}$$

Por ejemplo, todavía existen modelos de reparto público que entregan una determinada pensión con sólo haber cotizado durante 20 años. En tal caso, si el beneficiario viviese 20 años como jubilado, la relación sería 1/1=1.0, indicando que por cada año de aporte se disfrutaría de un año de jubilación, resultado que lleva implícito un desbalance financiero elevado, ya que siempre el porcentaje de cotización es inferior a la tasa de reemplazo. En cambio, si viviese 30 años, el desequilibrio sería mucho mayor, ya que la relación descendería a 0.66, es decir, que ese dichoso trabajador aseguraría un año de pensión con sólo ocho meses de aporte.

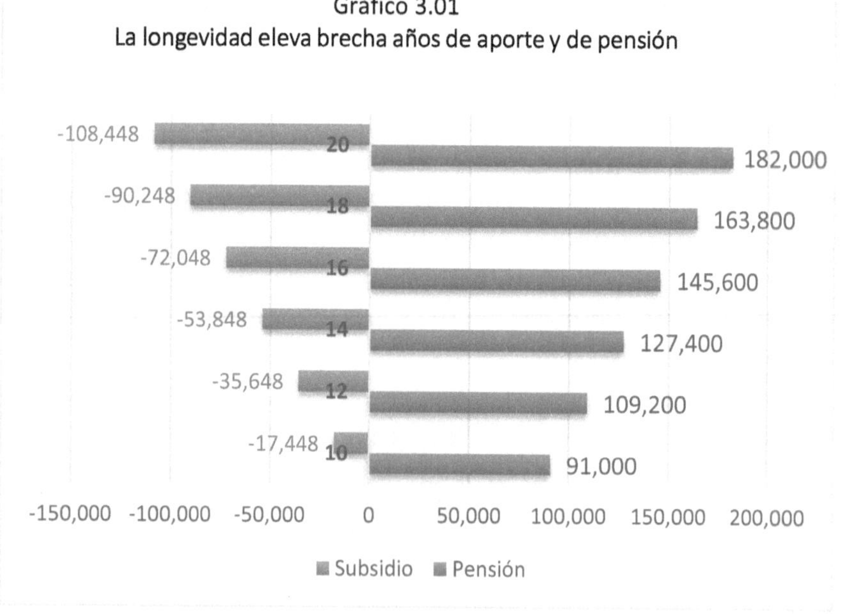

Gráfico 3.01
La longevidad eleva brecha años de aporte y de pensión

En cualquiera de estos casos extremos, --absurdos e injustos, pero ciertamente existentes— es imposible alcanzar el equilibrio y la sostenibilidad financiera, ya que el aporte tendría que ser igual o mayor que el propio salario del afiliado. El gráfico 3.01 muestra el crecimiento del subsidio (déficit) en la medida en que aumentan los años de pensión, manteniendo invariable los años de cotización.

Veamos el caso de la mayoría de los planes de retiro basados en aportes por 30 años, con una esperanza de vida como jubilado promedio de 15 años, todavía sin incluir la pensión de sobrevivencia. La relación sería 30/15 = 2, indicando que con dos años de aporte se aseguraría un año de pensión lo que, en condiciones de equilibrio financiero y sostenibilidad, supondría que entre el trabajador y su empleador tendrían que cotizar el 50%[68] del salario para el plan de retiro, y un mayor porcentaje aún, en la medida en que se extienda la esperanza de vida y se mantenga constante los años de cotización. Frente a la inviabilidad de una opción tan radical, el sistema decide tomar los aportes de los demás cotizantes para pagar su pensión, iniciando un proceso deficitario progresivo e interminable que socaba la capacidad de ahorro e inversión del reparto público, como mostraremos más adelante. Los resultados que arrojan estos ejemplos ayudan a entender por qué es tan necesaria la correspondencia entre los años de aporte y de jubilación. Desde luego, se trata de conclusiones preliminares ya que todavía falta considerar la relación entre el aporte y el monto de la pensión, o tasa de reemplazo.

Índice de sostenibilidad financiera. La sostenibilidad financiera equivale a la capacidad del sistema previsional para garantizar las prestaciones ofrecidas con recursos propios, sin

---

[68] *En realidad, el aporte sería un tanto mayor, ya que el afiliado realiza 12 cotizaciones al año, pero luego recibe 13 pensiones durante el año.*

utilizar aportes ajenos ni recurrir a subsidios fiscales. En cambio, la *insostenibilidad financiera* ocurre cuando, para cumplir con sus obligaciones ordinarias, el sistema depende de la solidaridad intergeneracional. El índice de sostenibilidad está en relación directa de la cantidad de cotizantes, e inversa de la cantidad de pensionados y jubilados; y a su vez, depende directamente del porcentaje de cotización mensual, e inversamente de la tasa de reemplazo. Es el resultado de multiplicar la cantidad de cotizantes por el porcentaje de cotización y por el salario promedio mensual, dividido entre la cantidad de pensionados y jubilados, por la tasa de reemplazo y por el salario promedio mensual la pensión promedio, multiplicado por 100, como indica la fórmula siguiente:

$$\text{Índice de sostenibilidad} = \frac{(\%COT * SAPM)}{(\%REEP * SAPM)} * \frac{CCOT}{CPEN} * 100$$

Ejemplo 1: asumiendo una relación cotizante/pensionado de 10 a 1, un salario de 1,000, un aporte del 9%, y una tasa de reemplazo del 75.83%, tenemos:

$$\text{Índice sostenibilidad} = \frac{(9\% * 1{,}000)}{(75.83\% * 1{,}000)} * \frac{10}{1} * \frac{900}{758.33} * 100 = 118.7$$

Este resultado arroja un índice de sostenibilidad financiera de 118.7, lo que indica que los ingresos superan a los egresos, garantizando la solvencia del sistema y la existencia de capacidad de ahorro e inversión. Cuando el resultado es igual a 100, el índice está en equilibrio, ya que los ingresos acumulados igualan la nómina mensual de los pensionados y jubilados, con cero ahorros. En cambio, cuando es inferior a 100, revela insolvencia operativa, obligando a consumir las reservas, y más adelante, a depender de subsidios gubernamentales, como indica el siguiente ejemplo.

Ejemplo 2: asumiendo una relación cotizante/pensionado de 8 a1, un salario de 1,000, un aporte del 9%, y una tasa de reemplazo del 75.83%, tenemos:

$$\text{Índice sostenibilidad} = \frac{(9\% * 1{,}000)}{(75.83\% * 1{,}000)} * \frac{8}{1} * \frac{720}{758.33} * 100 = 94.9$$

En este caso, el índice resulta inferior a 100, indicando una situación de insostenibilidad a corto plazo, ya que los egresos ordinarios superan a los ingresos ordinarios, debido a la reducción de la cantidad de cotizantes por pensionado, en este ejemplo de 8 a 1, generando un déficit que debe ser cubierto con el fondo de retiro y luego con recursos *ajenos* al propio sistema. A partir de esta fórmula es posible calcular el índice de sostenibilidad en diferentes escenarios. Por ejemplo, suponiendo constante la relación entre cotizantes/pensionados, pero variando la relación entre el porcentaje de aporte y la tasa de reemplazo, y desde luego, también asumiendo un cambio simultáneo en las ocho variables contempladas. Queda pendiente determinar cuál es el límite de tolerancia de un subsidio estatal progresivo, recurrente e interminable, tema que será abordado en el capítulo final de esta obra.

De estas fórmulas se desprende que, cuando el sistema de reparto carece de ahorro y de acumulación, la condición de equilibrio depende de la necesaria correspondencia: 1) entre la cantidad de cotizantes (CCOT) y de pensionados (CPEN); 2) entre el porcentaje de cotización (%COT) y la tasa de reemplazo (%REEP); y 3) entre los meses de cotización (MCOT) y los meses promedio de pensión (MPEN). El monto del salario promedio real no influye, ya que el mismo constituye un factor constante en ambos lados de la ecuación. "Si se tiene en cuenta que el cociente entre la tasa de sustitución y el tipo de cotización es el número de veces en el que la pensión (anual) supera a la cotización (anual), puede decirse que, en EE.UU., este múltiplo es de 6,7 veces, mientras que en España es de unas 3,2 veces (similar al de Francia)"[69].

Finalmente, es importante no perder de vista que, mientras el porcentaje de cotización (%COT), la tasa de reemplazo (%REEP) y los meses de cotización (MCOT) vienen dados por ley o reglamento, y tienden a mantenerse invariables durante muchas décadas, gracias a la resistencia de los empleadores y de los trabajadores, no ocurre lo mismo con los demás factores. En efecto, tanto la cantidad de cotizantes (CCOT) como de pensionados (CPEN), y los meses (años) promedio de jubilación (MJUB) varían en períodos mucho más cortos, especialmente éste último, tendencia que, al permanecer invariables los demás factores, genera serios desequilibrios acelerando la insostenibilidad del sistema. *La gran paradoja es que estos cambios, auténticas expresiones del progreso general de la humanidad, alteran y aceleran el equilibrio actuarial y financiero de los sistemas previsionales.* Y ni hablar del tremendo impacto de una mayor esperanza de vida en el aumento de los meses (años) promedio de las pensiones, acentuando la rigidez estructural de los viejos sistemas de retiro, en un mundo que registra transformaciones y cambios permanentes e inevitables, como veremos a continuación.

b) *Aumento progresivo de la esperanza de vida*

Principales cambios demográficos. En la humanidad entera se registran transformaciones demográficas y sociales que, al mismo tiempo, constituyen importantes avances sociales y grandes desafíos para los Estados democráticos, y muy particularmente, para los sistemas previsionales, sean éstos de reparto público o de capitalización individual. Independientemente de la incidencia de múltiples factores, la sola irrupción

---

[69] *Instituto AVIVA, Pensiones en transición*

de una creciente esperanza de vida, ha puesto en jaque a las políticas públicas, así como a los sistemas de retiro tradicionales. Y esta es una bendición porque estos cambios constituyen una expresión de la capacidad creativa de los recursos humanos traducida en una creciente longevidad, y en la posibilidad de alcanzar una mayor calidad de vida.

"Se considera que el cambio demográfico que nos concierne (marcado por el envejecimiento de la población) es estructural y de una gran envergadura, habiéndose acumulado un importante retraso en la necesaria adaptación económica, social y de los estilos de vida ligados a las pensiones, que el cambio global de la sociedad, la economía y las bases financieras de la Seguridad Social del futuro deben replantearse con valentía y generosidad, como se hizo hace aproximadamente un siglo. Esta reinvención de la Seguridad Social no debe hacerse precipitadamente y el proceso debe recibir aportaciones de todos"[70].

Cuadro 3.02

Cambios demográficos de América Latina, 1950-2075

Período	*Tasa global de fecundidad hijos por mujer*	*Años de esperanza de vida al nacer*
1950-1955	5,9	52
1980-1985	4,0	65
2010-2020	2,2	75
2040-2045	1,9	81
2070-2075	1,9	85

Fuente: CELADE, División de Población, 2017

La reducción de la tasa de fecundidad constituye una de las principales expresiones del cambio demográfico. En América Latina, al igual que en el resto del mundo, se registra una notable disminución de la cantidad de hijos nacidos vivos por mujer. Como indica el Cuadro 3.02, hace unas siete décadas,

---

[70] *http://www.cen7dias.es/contenido.php?bol=136&id=2449&sec=1*

entre 1950 y 1955, la mujer latinoamericana promedio alumbraba casi seis hijos, cantidad que tres décadas después, se redujo a sólo 4 y que en la actualidad apenas llega a 2.2 hijos. En pocas palabras, en 65 años la fecundidad se redujo en 3.7 hijos por familia, con una proyección de caer a menos de 2 dentro de otros 30 años. Vale la pena resaltar que, según el Centro Latinoamericano de Demografía (CELADE), a mediado de la década pasada la Región alcanzó el punto de equilibrio de 2.1 hijos por mujer, que es el equivalente a la tasa de reemplazo demográfico.

Al mismo tiempo se han logrado avances trascendentes hacia una mayor esperanza de vida. Como revela el citado Cuadro, mientras a mediados del siglo pasado (1950-1955), la esperanza de vida al nacer apenas llegaba a 52 años, desde luego, con grandes diferencias por género y condición socioeconómica, a mediados de la pasada década (2010-2020) los años de vida habían subido a 75, lo que indica una ganancia neta de 23 años en sólo seis décadas y media, *4 años de vida más por década* durante el período considerado. Y lo mejor es que este proceso no se detiene, ya que se estima una esperanza de vida de 81 años entre el 2040-2045, lo que supone 6 años más de vida en tres décadas. Y aunque para entonces se prevé un ritmo de crecimiento menor, ello no impide que las estimaciones lleguen a 85 años para mediado de la década del 70 en América Latina. En España, por ejemplo, "mientras que en 1919 (cuando se establecieron los 65 años como edad de jubilación) tan solo el 33% de cada generación alcanzaba esa edad, en la actualidad ese porcentaje alcanza el 90%. La edad que únicamente alcanza el 33% de cada generación se sitúa ahora en los 89 años. Es decir, los 65 años de edad de principios del siglo XX se corresponden ahora con los 89 años"[71], *24 años adicionales de pensión*. Una bendición para la humanidad, y al

---

[71] *José Ignacio Conde-Ruiz, Pensiones sostenibles y suficientes*

mismo tiempo, una maldición para la sostenibilidad de los planes de retiro tradicionales.

Cuadro 3.03

Crecimiento de la población de América Latina, 1950-2075

Año	*Población en millones*	*Tasa de crecimiento*	*Aumento porcentual*
1950	163	2.7%	-
1980	355	2.1%	118%
2015	619	1.0%	74%
2050	778	0.2%	26%
2100	759	-0.2%	-3%

Fuente: CELADE, División de Población, 2017

De acuerdo a los demógrafos, para el período 2050-2055 se proyecta que cada mujer latina tenga 1,85 hijos, lo que estará por debajo del mencionado "nivel de reemplazo generacional". Esos resultados ya se verifican en muchos países desarrollados como Japón, con una tasa de natalidad inferior al reemplazo generacional y una esperanza de vida promedio de 85 años. Y se visualizan en algunas naciones del Cono Sur. Según la última proyección demográfica del INE, en España en las próximas cuatro décadas habrán *7,1 millones menos de personas entre 16 y 66 años de edad y, al mismo tiempo, 6,8 millones más de personas mayores de 67 años*[72].

Como consecuencia de la continua reducción de la tasa de natalidad, el ritmo de crecimiento de la población también se reduce notablemente en la mayoría de las naciones: la tasa de crecimiento demográfico se situó en el 2.7% en los 50, descendió a 2.1% en los 80 y luego a 1.0% al inicio del 2020. En solo seis décadas y media se redujo en 1.7%, lo que constituye un cambio demográfico sin precedentes. Además, con una clara tendencia a la baja, que CELADE estima en sólo el 0.2% (la

---

[72] *José Ignacio Conde-Ruiz, Pensiones sostenibles y suficientes*

quinta parte del 1.0%!), convirtiéndose en negativa al final del presente siglo, siguiendo la tendencia del resto del mundo.

Lógicamente, la combinación de una reducción constante de la tasa de natalidad y de un aumento progresivo de la longevidad, da como resultado natural un notable envejecimiento de la población, con un cambio radical en la estructura de la pirámide poblacional en la cual, mientras se ensancha su cúspide, se achica su base, fenómeno registrado en todo el mundo a ritmos diferentes, pero siempre en la misma dirección. El Cuadro 3.03 condensa los estimados de CELADE sobre el crecimiento de la población de los adultos mayores, revelando que los grupos etarios de las edades más avanzadas son los que experimentarán el crecimiento más rápido en relación al conjunto, y en particular, a la población menor de edad.

La **tasa de dependencia** constituye un concepto esencial desde el punto de vista previsional, ya que mide la relación entre la población pasiva, constituida por los menores de edad (- de 14 años) y los adultos mayores (65 años y +), y la población activa (trabajadora y cotizante)[73]. Esta relación presenta características muy diferentes, dependiendo del nivel de desarrollo económico y social, y de su expresión demográfica en cada país. En pocas palabras, indica la proporción existente entre la población económicamente dependiente (no productiva) y la población económicamente activa (PEA).

$$\text{Tasa dependencia} = \frac{\text{Población inactiva (-14 años y + de 65 años)}}{\text{Población activa (+ de 14 años y - de 65 años)}}$$

En un estudio de la OCDE titulado Live longer, work longer ("Viva más, trabaje más") se estimó que, de no cambiar los patrones de empleo y jubilación, *la relación entre las personas*

---

[73] *La relación de dependencia no debe confundirse con la relación activos/pasivos, ya que ésta última no incluye a la población menor de 14 años.*

mayores inactivas por trabajador casi se duplicaría, de alrededor de 38% en la zona de la OCDE en 2000 a poco más del 70% en 2050. En Europa, la relación podría llegar a casi una persona inactiva por cada trabajador durante el mismo periodo[74]. En el reparto público, cuando la tasa de dependencia aumenta el costo de la protección social recae con mayor severidad sobre los trabajadores activos. *La longevidad impacta directamente sobre la tasa de dependencia, ya que los envejecientes crecen más rápidamente que el resto de la población, y cada vez viven más.*

Coeficiente de dependencia. El Cuadro 3.04 presenta la estrecha correlación entre la esperanza de vida, el porcentaje de la población con 65 años y más, y el coeficiente o tasa de dependencia. Por ejemplo, en Japón el 26.3% de la población tiene 65 años o más, posee el más alto coeficiente de dependencia (64.5) y la mayor esperanza de vida (de la mujer) en el mundo (86.8 años). En contraste, Brasil y México son países jóvenes, con sólo un 7.6% y 6.3% de mayores de 65 años respectivamente, con un coeficiente de dependencia bajo de 45.1 y 52.4, y una esperanza de vida de la mujer que todavía no llega a los 80 años.

En el Cuadro citado se observan tres grandes grupos de naciones de acuerdo a los indicadores señalados. Las europeas del viejo continente, con más de la quinta parte de la población en edad de retiro (65 años y más), con un coeficiente de dependencia promedio del 55% y una esperanza de vida de alrededor de 85 años para la mujer. Un segundo grupo, integrado por Estados Unidos y Canadá, con un 15% de envejecientes, un coeficiente cercano al 50% y una esperanza de vida menor que los europeos. Y un tercer grupo, integrado por China, la India

---

[74]*https://www.oecd-ilibrary.org/docserver/9789264288119-es.pdf?expires=1571856805&id=id&accname=guest&checksum=AB1365140135EC291C5C269550519875*

y América Latina y África, con una población más joven, con una baja tasa de dependencia y una esperanza de vida menor, a excepción de Chile y Uruguay. Estas informaciones ilustran claramente el curso natural de las transformaciones demográficas, permitiendo que los países jóvenes puedan verse en el espejo del viejo continente, para perfilar lo que será su situación antes de mediados del siglo. Y a partir de esta visión de futuro, definir y planificar con tiempo su política previsional, rediseñando sus respectivos planes de retiro, acorde con las transformaciones demográficas y los cambios en el mercado laboral que presentan las naciones más desarrolladas.

Cuadro 3.04
**Esperanza de vida y coeficiente de dependencia,
países seleccionados, 2018**

País	*Población Con 65 y + años*	*Coeficiente dependencia*	*Años esperanza de vida mujer*
Alemania	21.5	52.7	83.1
España	19.4	51.8	85.7
Francia	19.7	60.8	85.5
Italia	23.0	57.6	84.9
Reino Unido	18.5	56.8	82.8
Portugal	21.5	54.2	84.2
USA	14.4	50.3	81.3
Canadá	15.7	46.5	83.6
China	9.6	36.6	77.3
India	5.6	52.4	69.5
Japón	26.3	64.5	86.8
Argentina	10.8	56.6	79.9
Brasil	7.6	45.1	78.0
México	6.3	52.4	79.0
Chile	10.7	45.3	84.2
Colombia	6.8	45.9	77,.5

Fuente: AISS, 2019

Los envejecientes se triplican y viven más. *Mientras en la actualidad la población total apenas crece en un 1.1%, los mayores de 60 años lo hacen al 3.8%, y los envejecientes de 80 y más* *aumentan al 4.0% anual.* Durante las próximas tres décadas, los adultos mayores continuarán creciendo a un ritmo considerablemente mayor en comparación con la caída a sólo el 0.3% del resto de la población. Demás está señalar que estos dramáticos cambios demográficos, --esta especie de *explosión del envejecimiento*--, tendrán un impacto considerable sobre las políticas sociales, y muy en especial, sobre los sistemas públicos de reparto y de capitalización individual. "Las tendencias demográficas hacen inviables sistemas contributivos de jubilación con elevadas tasas de sustitución. Las tendencias tecnológicas pueden hacer reales escenarios en los que una buena parte de los trabajadores tengan dificultades para construir historiales laborales que les permitan acceder a prestaciones contributivas completas"[75].

Cuadro 3.05
Crecimiento de la población por edad de América Latina, 2010-2100

Año	*2010-2015*	*2045-2050*	*2095-2100*
Total	1.1%	0.3%	-0.2%
60 +	3.8%	2.1%	-0.1%
80 +	4.0%	3.8%	0.2%

Fuente: CELADE, División de Población, 2017

Los demógrafos consideran que la transformación demográfica conduce a una *economía envejecida*, en la que los adultos mayores superarán a los menores de edad y, por lo tanto, su demanda de bienes y servicios desbordará la que realizarán los niños. La CELADE considera que en la Región existe una clara tendencia hacia una estructura poblacional típica de una economía envejecida. La irrupción de las llamadas economías envejecidas es un resultado inevitable y necesario del desarrollo de las nuevas tecnologías, del avance de la ciencia de la sa-

---

[75] *https://Pensiones%20del%20futuro/Pensiones-del-Futuro-Capítulo-08.pdf*

lud, del incremento de los niveles de ingreso y de mejores condiciones de trabajo, medioambientales y de vida, así como de una mayor educación familiar. Desde luego, al hablar de transformaciones demográficas hay que considerar su impacto en la población femenina, con una esperanza de vida mucho mayor que la masculina. Estamos de acuerdo que "la perspectiva de género ha estado ausente del diseño de las principales reformas a los sistemas de pensiones en la región. No se han puesto sobre la mesa con claridad las discriminaciones y desigualdades entre mujeres y hombres en este ámbito de las políticas públicas"[76].

Aprovechar el bono demográfico. Los expertos consideran que existe un bono demográfico en la etapa del crecimiento poblacional, el cual se produce cuando disminuye el crecimiento de la población menor de edad y, al mismo tiempo, aumenta la población económicamente activa (PEA), es decir, cuando proporcionalmente se reducen los niños, pero todavía no se incrementan suficientemente los adultos mayores. Ante esta realidad, la CEPAL considera que la región debe prepararse para enfrentar un mundo con mayor cantidad de envejecientes. Mientras tanto, recomienda aprovechar en forma inteligente el llamado *bono demográfico*, capitalizando las ventajas de una cantidad relativamente mayor de personas en edad de trabajar, en relación a la población en edad de jubilación. Pero ello supone cambios importantes en la calidad y en el contenido de la educación para elevar la productividad general y adaptarse, con mayor facilidad, a los nuevos requerimientos del avance tecnológico, mediante inversiones estratégicas en el capital humano (educación y salud), para responder adecuadamente a las crecientes oportunidades económicas[77].

---

[76]*Alberto Arenas de Mesa, Los sistemas de pensiones en la encrucijada*
[77]*https://El%20Bono%20Demografico%20En%20America%20Latina.pdf*

Desde el punto de vista de la política previsional, y del desempeño de los sistemas de reparto público y de capitalización individual, cuando todavía existen mucho más activos que dependientes, es posible elevar el salario per cápita, siempre que exista una política económica más inclusiva y certera. Esa es la oportunidad de oro de los sistemas previsionales, tanto de reparto como de capitalización individual, ya que existen mucho más contribuyentes que pensionados y jubilados, lo que podría acelerar la capacidad de ahorro, de capitalización progresiva, y de acumulación para el retiro, antes del envejecimiento de las generaciones más numerosas. De no hacerlo, "entonces empieza a crearse la *factura demográfica*: independientemente de que se hayan aprovechado o no las ventajas del bono demográfico, cuando la población envejece, hay que pagar la cuenta. Es más, la población adulta mayor requiere de más servicios de salud e incluso de cuidados para realizar sus actividades cotidianas como comer y/o bañarse"[78].

Creciente costo del envejecimiento. Una sociedad cada vez más longeva requiere de grandes readecuaciones en cuanto al monto y a la estructura del gasto público, tomando en cuenta el costo creciente de la etapa pasiva. Una mayor presencia de los envejecientes en la sociedad requiere de un gasto mucho mayor en la cantidad y calidad de los servicios públicos, no sólo en el cuidado de la salud y la asistencia médica sino, además, en la vivienda, el transporte, la recreación, así como en mayores facilidades especiales para la circulación y el acceso de los adultos mayores con limitaciones, como ocurre en Europa, Asia y Norteamérica y en otros países socialmente avanzados.

No cabe dudas de que el mayor reto recaerá en el área previsional, al tener que enfrentar una triple demanda: *mejores pensiones, para más personas, durante un tiempo mayor.* Y todo

---

[78] *https://blogs.iadb.org/salud/es/factura-demografica/*

ese proceso, en medio de transformaciones económicas basadas en una creciente automatización y robotización de la actividad económica, como veremos más adelante. La CEPAL considera que "antes de 2070, el incremento de la dependencia de las personas mayores en las economías de Chile, Argentina, Brasil, Costa Rica, Cuba y Uruguay implicará la *triplicación o cuadruplicación* del gasto en pensiones. Por ello, los países deben reformar sus sistemas de pensiones en la actualidad, teniendo en mente –según un informe del 2014 de la Organización Internacional del Trabajo (OIT)– la relación entre el nivel promedio de pensiones recibidas con las ganancias promedio en la economía, y asegurando ajustes regulares para garantizar que los montos recibidos mantengan su poder de compra con el paso del tiempo"[79].

El reto es mucho mayor aun, ya que la seguridad social constituye un derecho humano, que trasciende el alcance laboral de los tradicionales seguros sociales, por lo que los Estados modernos están obligados a destinar crecientes recursos para garantizar la entrega de pensiones no contributivas a todas las familias de escasos recursos y/o que viven en condiciones vulnerables. Este reto implica un mayor esfuerzo hacia la racionalidad y sostenibilidad del sector formal, a fin de reducir el riesgo de dependencia permanente de subsidios gubernamentales, ya que como han señalado muchos especialistas, *en la medida en que se destinan cuantiosos recursos a subsidiar las pensiones contributivas, se reduce el presupuesto para garantizar pensiones solidarias a las familias más pobres y vulnerables.* En el transcurso del presente siglo, resulta previsible una lucha más intensa y sostenible contra la desigualdad social[80] en general, especialmente, contra la indigencia y la pobreza de los adultos mayores, con un enfoque más acentuado de género. En

---

[79] *<https://www.bcn.cl/observatorio/latinoamericano/contacto>*
[80] *Arismendi Díaz Santana, Economía política de la desigualdad social, el mayor reto del siglo XXI*

este renglón no contributivo se incluye a aquellos trabajadores por cuenta propia, así como a muchos asalariados de las pequeñas y medianas empresas, que no llegan a acumular suficientes ahorros para su retiro, y que reclaman su derecho al auxilio gubernamental para alcanzar al menos la pensión mínima.

Dado que el peso específico de los envejecientes será mayor, cada vez sobre los Estados modernos se ejercerá más presión por programas sociales que garanticen asistencia integral a toda la población, especialmente, a las familias más pobres y vulnerables. Lo más probable es que este reclamo social se una a los cambios demográficos y laborales, para forzar el rediseño total de las políticas previsionales, a fin de garantizar una pensión básica no contributiva, al menos suficiente para evitar el aumento de la miseria y de la pobreza extrema.

FMI: el alto y costoso riesgo financiero del avance de la longevidad. El tema de la longevidad se torna cada día más importante, no sólo porque la "inmortalidad" siempre ha sido una aspiración de muchos desde la antigüedad, sino también, por su impacto creciente en el costo de una vejez, por el derecho universal a la protección de los adultos mayores y por sus implicaciones para las finanzas públicas de las naciones. Mientras la gran mayoría de la población bendice estos avances de la ciencia y la tecnología médica, otros más financieros que humanistas, muestran una creciente preocupación por su impacto fiscal en las próximas décadas. En el informe anual del Fondo Monetario Internacional (FMI) del 2012 se incluye una advertencia sobre "las implicaciones financieras potencialmente muy grandes del riesgo de longevidad; es decir, el riesgo de que la gente viva más de lo esperado"[81]. Aunque el

---

[81] *https://maldita.es/malditobulo/2020/03/18/christine-lagarde-tenemos-que-hacer-algo-ya-ancianos-viven-demasiado-y-es-un-riesgo-para-la-economia-mundial/*

informe también señala que "vivir hoy más años es un hecho muy positivo que ha mejorado el bienestar individual", desde entonces han surgido diferentes lecturas sobre su contenido real. Algunos van más lejos implicando directamente a Cristina Lagarde, entonces directora del FMI, atribuyéndole expresiones que, si bien no han sido comprobadas, reflejan el contenido del referido informe.

Según el Fondo Monetario Internacional (FMI) "vivir hoy más años es un hecho muy positivo que ha mejorado el bienestar individual. Pero la prolongación de la esperanza de vida acarrea costos financieros, para los gobiernos a través de los planes de jubilación del personal y los sistemas de seguridad social, para las empresas con planes de prestaciones jubilatorias definidas, para las compañías de seguros que venden rentas vitalicias y para los particulares que carecen de prestaciones jubilatorias garantizadas. Las implicaciones financieras de que la gente viva más de lo esperado (el llamado riesgo de longevidad) son muy grandes. Si el promedio de vida aumentara para el año 2050 en tres años más de lo previsto, los costos del envejecimiento – que ya son enormes—aumentarían 50%".

José Viñals, a la sazón director del Departamento de Asuntos Monetarios del FMI, reforzó esas conclusiones al señalar: "Vivir más, conlleva un riesgo financiero importante principalmente para los Bancos. Nos va a costar más como individuos, a las corporaciones y a los Gobiernos. Por eso debemos preocuparnos ahora por los riesgos de la longevidad, para que los costes no nos atosiguen en el futuro". Aquí encontramos otra clara evidencia de la obsolescencia actuarial y financiera del diseño actual del sistema de beneficios definidos cuya brecha entre las aportaciones y las prestaciones tiende a ensancharse con el avance de la longevidad. Y, lo más preocupante es que, para muchos, en vez de cuestionar la naturaleza de los planes de retiro y favorecer su rediseño, se inclinan por una especie de eutanasia previsional, revelándose contra los métodos y procedimientos que extienden los años de vida.

En ese contexto, siempre se mencionan unas declaraciones del ex primer ministro japonés, Taro Aso, cuando siendo ministro de finanzas en una reunión para evaluar el sistema de protección social del Japón, señaló que el problema del sustancial aumento del gasto destinado a pensiones públicas "no se resolverá a menos que se den prisa a morirse a los ancianos". Se le atribuye haber preguntado *"¿por qué he de pagar yo impuestos por gente que no hace otra cosa que sentarse a ver pasar la vida, comer y beber?"*. Sus declaraciones han llamado poderosamente la atención, no sólo por su alta investidura sino, además, por ser católico y a pesar de que Japón tiene el más alto nivel de longevidad del mundo, del cual sus ciudadanos se sienten orgullosos. Se estima que para el 2050, dentro de tres décadas, el 40% de los japoneses superará los 65 años de edad.

c) *La automatización transforma el mercado laboral*

La alta tecnología elimina los trabajos menos productivos. La transformación del mercado laboral es el otro gran factor externo a considerar por su impacto en el ingreso y la sostenibilidad de los sistemas previsionales. Como veremos en detalle en el próximo capítulo, en su etapa de madurez, en particular el sistema público de reparto depende, en un grado cada vez mayor, de los ingresos de los trabajadores activos para pagar la creciente nómina de una creciente cantidad de pensionados y jubilados los cuales, gracias a las transformaciones demográficas y al desarrollo tecnológico, cada vez viven más años, encareciendo el costo del retiro.

En las últimas décadas, los mercados de trabajo experimentan transformaciones importantes, debido al rápido despliegue y aceptación de las tecnologías automatizadas, y a la aparición de las nuevas formas de empleo que éstas requieren, incluyendo la "tercerización" del mercado laboral, y del trabajo a distancia, entre otros. La "cuarta revolución industrial", favorece la creación de nuevas oportunidades de empleo, pero también plantea la cuestión de la interrupción y la fragmentación del trabajo, y suscita serias preocupaciones acerca de la cobertura, la adecuación y la sostenibilidad de los regímenes de seguridad social, especialmente de aquellos centrados en los empleados a tiempo completo, y con escasa capacidad para adaptarse a estas nuevas formas de empleo[82].

El objetivo de toda tecnología es elevar la productividad de la fuerza de trabajo, la cual siempre se expresa, en una mayor producción de bienes y servicios por unidad de trabajo empleada. Lógicamente, al elevar la productividad, los recursos humanos aumentan la capacidad para satisfacer las necesidades de grupos sociales cada vez más amplios, desvalorizando los métodos de trabajo menos productivos y desplazando la fuerza de trabajo menos especializada. Se trata de un proceso general, inevitable e irreversible, ampliamente documentado por la historia de los sistemas económicos; una clara expresión de la capitalización excluyente del desarrollo humano progresivo.

Incluso este fenómeno ya se registra en los países de menor desarrollo tecnológico. Como revela el BID en un reciente estudio: "El análisis de la recomposición del empleo (entre ocupaciones poco y muy susceptibles de ser automatizadas y entre ocupaciones manuales y del conocimiento) indica que el trabajo manual altamente automatizable ha sufrido una importante caída en América Latina y el Caribe". La evolución que está sufriendo el mercado laboral en todo el mundo, tanto por el cambio tecnológico acelerado, como por el rápido envejecimiento poblacional, requiere adaptar los conocimientos, habilidades y destrezas de los trabajadores para mejorar sus oportunidades laborales[83].

---

[82] *AISS, 10 desafíos mundiales para la seguridad social, evolución e innovación*
[83] *https:/BID%20El_futuro_del_trabajo_en_América_Latina_y_el_Caribe_.pdf*

En el pasado, y como norma general, una buena parte de la población desplazada encontró formas de sobrevivir, ya sea obteniendo nuevos empleos en otras actividades del sector formal, o desarrollando actividades productivas en la economía informal. Hasta hace poco el desplazamiento del trabajo menos calificado no fue absoluto ni generalizado, ya que casi siempre, surgieron otras oportunidades masivas de reconstruir sus vidas, aunque con frecuencia, realizando trabajos tan o más precarios, dada la demanda limitada del sistema económico, así como la carencia de recursos y la baja educación y productividad de los desplazados. Pero, además, y esto es muy importante, todavía los cambios del mercado laboral no habían sido tan impactantes, ni habían involucrado a tantos sectores simultáneamente, como para convertirse en un problema creciente y generalizado a nivel nacional, ni tampoco preocupante para las políticas sociales y para los planes de retiro.

En el caso de América Latina, la población desplazada y/o sin oportunidades de un empleo adecuado y seguro, tiende a emigrar, incluso por medios ilegales, hacia los países que ofrecen mayores fuentes de trabajo y mejores salarios. De lo anterior, queda claro que cuando la tecnología más avanzada elimina los trabajos menos calificados, la fuerza de trabajo desplazada trata de emigrar a aquellas zonas, actividades y países con mayores oportunidades de ingreso y superación. También, deja claro que, en los casos en que el avance tecnológico destruye más empleos que el que genera, sus efectos nocivos en el sistema económico tienden a reducirse, siempre que existan otras zonas, países y actividades que absorban la mayoría de la fuerza de trabajo desplazada.

La historia registra importantes ejemplos del impacto negativo, a causa de grandes desempleos en determinados sectores de la economía, con consecuencias muy dolorosas, pero focalizadas. Tales son los casos de la actividad minera, de la modernización del trabajo portuario, de la mecanización de muchas actividades agrícolas, y en especial, del corte de la caña en la industria azucarera en varios países del Caribe, incluida la República Dominicana. En esos casos, generalmente la miseria, la desolación y el abandono tuvieron un impacto económico y social focalizado, por lo que su repercusión no comprometió la gobernanza ni la institucionalidad del sistema, más allá de la zona o región afectada. Desde luego, ello no excluye, sino que supone, la ocurrencia de depresiones económicas, protestas y crisis económicas y sociales focalizadas, y una mayor pobreza, desigualdad e inseguridad social.

Pronósticos sobre el desempleo tecnológico. Sin embargo, los más recientes estudios, investigaciones e informes revelan la pérdida de millones de fuentes de empleos a consecuencia de la introducción de modalidades tecnológicas más avanzadas en términos de automatización, integralidad y articulación. Y cada vez son más frecuentes las informaciones de grandes empresas que retiran personal y reducen su nómina, de las cuales se hacen eco los medios de comunicación y el Internet. Estimaciones preliminares de instituciones, universidades y expertos señalan que dentro de unas décadas *habrán desaparecido la mitad de los actuales empleos con menos calificación.* Frente a estos pronósticos, surgen fuertes preocupaciones y grandes cuestionamientos sobre el impacto que tendrá la creciente automatización, robotización, la inteligencia artificial y la integración digital de los procesos, sobre el mercado laboral, y en particular, sobre los sistemas de seguridad social y los planes de retiro, generando encontradas corrientes de opinión.

Por ejemplo, Rita González, directora de RPO de Randstad, reconoce que "al parecer, el avance de las tecnologías y la creciente inversión de las empresas en la adopción de sistemas cada vez más complejos y sofisticados para agilizar todo tipo de procesos, está impactando la percepción de los trabajadores respecto a si sus funciones continuarán o no vigentes en el mediano plazo". Y pone de ejemplo el último Workmonitor, estudio trimestral de tendencias del mercado laboral de la consultora multinacional de Recursos Humanos Randstad, el cual señala que *más de la mitad de los chilenos* piensa que su actual trabajo será automatizado durante la próxima década, cifra que a nivel mundial solo es superada por la India (70%), China (68%), México (56%) y Turquía (54%)[84].

Este problema es tan importante que cada vez se publican más investigaciones, estudios y encuestas sobre el posible impacto en el empleo de las nuevas tecnologías, tanto en las naciones más desarrolladas como en el tercer mundo. Todas apuntan, dependiendo de la metodología y de los criterios utilizados, hacia una reducción de las oportunidades de empleo, especialmente de los trabajadores con baja calificación y productividad. Por ejemplo, un estudio de la OCDE lo sitúa en un 10%, llegando a un 20% entre los menos preparados, mientras la Universidad de Oxford lo estimó en el 49%. No obstante, existe bastante consenso de que el mayor daño recaerá sobre aquellos trabajadores del mundo que realizan actividades rutinarias en más del 70% del tiempo. Para darle una connotación más realista a este problema, sólo una reducción del 20% del empleo común, menos calificado, podría significar la pérdida de entre 500 y 700 millones de trabajadores de su fuente regular de sobrevivencia en todo el mundo. La pregunta obligada, ante estos resultados presentados por instituciones y firmas técnicamente solventes es ¿qué pasará con los planes de retiro de esos millones de trabajadores que serán víctimas del desempleo tecnológico? ¿De dónde saldrán en el futuro los recursos necesarios para sustentar la llamada solidaridad intergeneracional del reparto público? ¿Cuentan los actuales sistemas previsionales con la suficiente flexibilidad como para adaptarse a estos cambios inevitables?

------

[84] *Rita González, Tecnología e Innovación*

Moshe Vardi, informático de la Rice University, en Houston, señala que la mayoría de los trabajos menos calificados van a desaparecer, y a continuación se pregunta si el mundo está preparado para una economía en la que el 50% de la población esté en paro. Algunos estudiosos afirman que la tendencia al desempleo tecnológico se acentúa durante los períodos de contracción y crisis cíclicas de la economía, ya que durante los mismos las grandes empresas despiden a decenas de miles de trabajadores menos calificados a fin de reducir costos, y luego aprovechan los períodos de auge para contratar sólo a miles de profesionales jóvenes, mejor entrenados y con mayor potencial de desempeño. "Claro que, si las máquinas acaban con puestos de trabajo cualificados, la gente se empleará cada vez más en trabajos de servicios con salarios bajos. ¿Qué clase de sociedad se creará entonces?"[85]. ¿En qué medida este proceso generará más marginalidad e informalidad con empleos precarios, sin protección social y sin capacidad de ahorro previsional? Tal y como se señala en el libro *Pensiones del Futuro:* 1) estos desarrollos tecnológicos desplazan todo tipo de trabajadores, sin distinción de cualificaciones, y permiten producir bienes y servicios con máquinas autónomas sin intervención del trabajo humano, y 2) las cualificaciones necesarias para interaccionar con dichas máquinas serán muy complejas y, por tanto, siempre habrá un grupo importante de la población que no podrá formarse adecuadamente y cuyas oportunidades de empleo empeorarán significativamente.[86]

Si bien es cierto que la explosión de la industria 4.0 creará más fuentes de trabajo de mucha mayor calidad y remuneración, no es menos cierto que los especialistas vaticinan que también desplazará muchas plazas laborales, a un ritmo mayor que las que creará. En México, por ejemplo, esta revolución

---

[85]*http://www.eleconomista.es/empresas-finanzas/noticias/4560947/01/13/6/Traera-la-tecnologia-un-desempleo-masivo-en-los-paises-desarrollados.html*

[86] *htpps://Pensiones%20del%20futuro/Pensiones-del-Futuro-Capítulo-08.pdf*

"representa un potencial de 52% de empleos que pueden ser automatizados, es decir, reemplazados por robots o máquinas. En cifras reales, esto se traduce en 25.5 millones de los 49.3 millones de trabajos que, a decir de la investigación, existen en el país. De tal manera que uno de cada dos empleos puede ser sustituido"[87]. Desde luego, dado el impacto tecnológico desigual, inherente a un sistema económico excluyente, siempre existirán sectores y grupos económicos marginados del financiamiento y de la tecnología de punta, que estarán obligados a operar con tecnologías tradicionales y fuerza de trabajo menos calificada. Lo que sí es seguro es que, *en cualquiera de los posibles escenarios, el proceso tenderá a acentuar la marginalidad y la desigualdad social, así como los desequilibrios de los sistemas previsionales que no hayan sido rediseñados de acuerdo a las transformaciones demográficas y laborales.*

El desarrollo de la industria inteligente resulta un proceso tan complejo como prometedor para el impulso de la productividad; pero al mismo tiempo, constituye un gran reto para los sistemas de pensión de corte tradicional, especialmente de los que dependen de la llamada solidaridad intergeneracional, basados en una estructura piramidal. Utiliza maquinarias, equipos y plantas complejas e integradas mediante comandos digitales totalmente nuevos, sepultando la producción convencional y hasta la moderna. Por tal razón, si bien ya se trabaja en forma acelerada, utilizando todos los recursos informáticos y de diseño avanzados, los expertos consideran que esta nueva revolución entrará en su etapa de madurez dentro de dos o tres décadas. De hecho la consultora Mckinsey & Company, luego de una investigación sobre el panorama de la automatización en 54 países, que cubren el 78% del mercado laboral

---

[87] *http://www.manufactura.mx/industria/2017/03/22/52-del-empleo-en-mexico-puede-ser-suplido-por-robots*

global, estimó que para 2055 puede estar automatizada la mitad de las actividades que se utilizan con empleos, con un margen de 20 años, dependiendo de varios factores"[88].

Estos pronósticos de entidades técnicamente especializadas indican que, *al menos en términos relativos, la demanda de empleos tradicionales tenderá a decrecer con el avance de la automatización y de la robotización, en cuyo caso el monto de los salarios será relativamente menor, dentro del valor agregado general.* Algunos estudiosos, con más optimismo que evidencias, señalan que, si bien se reducirán los empleos, los nuevos trabajos que presupone esta alta tecnología recibirán altos salarios dada su mayor calificación. Ciertamente, pero ello no demuestra que *millones* de empleos mejor remunerados serán capaces de equiparar los salarios dejados de percibir por *decenas de millones* de trabajadores menos calificados. Y si ese fuese el caso, ello no mejoraría las oportunidades de los sistemas previsionales ya que, a mayor cotización, mayores pasivos, mejores pensiones y mayores desequilibrios.

Según una encuesta de finales de noviembre del 2017, a más de 20,000 personas de 18 países de América Latina, "4 de cada 5 latinoamericanos creen que la ciencia y la tecnología son una amenaza para el empleo. La inteligencia artificial y la robótica generan una marcada resistencia; sólo el 24% confía en que estas tecnologías permitirán crear más empleos del que destruirán. Guatemala es el país con mayor confianza (44%), y Uruguay el más escéptico (9%)"[89]. No obstante, esa misma proporción, 4 de 5 entrevistados, consideró que la globalización es una oportunidad para el crecimiento económico de la Región.

De acuerdo al INTAL/BID/Latino Barómetro, *el avance tecnológico es abrazado y al mismo tiempo temido en la región.* Las

---

[88] *http://www.manufactura.mx/industria/2017/03/22/52-del-empleo-en-mexico-puede-ser-suplido-por-robots*
[89] *BID, Ana Inés Basco, La Tecno-integración de América Latina, noviembre*

nuevas tecnologías de impresión 3D, los drones, la robótica, el internet de las cosas, la realidad virtual, la inteligencia artificial, y la big data, están desafiando la forma en que producimos, nos comunicamos, consumimos, intercambiamos opiniones, participamos en la democracia y accedemos a los programas de protección social. Sin embargo, es innegable que el avance tecnológico también genera tensiones y desafíos en materia de empleo, inclusión social, e impacto ambiental. Ana Inés Basco del BID, pregunta: "¿Estamos preparados los latinoamericanos para integrarnos en la nueva economía global? ¿Qué impacto creemos que tienen las nuevas tecnologías en el empleo? ¿Cuáles son las tecnologías más resistidas y cómo hemos integrado aquellas que en su momento fueron disruptivas?"[90].

Las consecuencias en el desempleo y en la desigualdad social derivadas de las olas sucesivas de los cambios tecnológicos, obligan a plantear preguntas tan simples, como preocupantes. ¿Cómo se garantizarán los niveles mínimos de ingresos para las personas expulsadas del mercado laboral?[91] En un mundo en el que predominen los robots que no cotizan a la seguridad social, ¿cómo se mantendrán las prestaciones sociales y las pensiones de reparto, que dependen del aporte de más trabajadores activos? ¿Es razonable seguir soñando con el pleno empleo, ante una automatización condicionada por un sistema económico concentrador y excluyente? *¿Cuáles son las posibilidades que tienen los sistemas previsionales tradicionales de garantizar pensiones dignas y sostenibles en sociedades que tienden a un crecimiento del empleo y de las cotizaciones a un ritmo menor que el avance de la esperanza de vida general y la cantidad de jubilados y pensionados?* En conclusión, de todo lo expuesto en este capítulo se colige que, los inevitables cambios

---

[90] *BID, Ana Inés Basco, La Tecno-integración de América Latina, noviembre*
[91] *http://www.mundiario.com/articulo/economia/desarrollo-tecnologico-transforma-sociedad-amenaza-empleo/20160125142008052841.html*

demográficos, laborales y sociales necesariamente requieren de una reingeniería previsional flexible, sostenible y compatible con un mundo en constante envejecimiento, gracias a los avances de la ciencia y la tecnología.

Advertencias del Banco Mundial sobre los cambios laborales[92]. El Banco Mundial reconoce claramente que "los tipos de contratos laborales y los términos de los mismos también están cambiando a nivel global: bajan los contratos estándar de largo plazo, mientras aumenta el trabajo de corto plazo, a menudo a través de plataformas de trabajo online". Y, aunque todavía al 2012 esos contratos cubrían sólo el 3% de la fuerza laboral global, afirma que el número y el porcentaje va en aumento, afectando principalmente a los jóvenes por estar mejor formados y más familiarizados con los avances tecnológicos, como se observa en Europa. Y, advierte sobre la existencia de un gran impacto para la seguridad social, y en particular, para los sistemas de pensiones, señalando el riesgo de que ese proceso reduzca, en las próximas décadas, la proporción de los empleos formales y fomente una mayor informalidad laboral.

Ante la realidad irreversible de estos grandes cambios, el Banco Mundial reconoce que el sistema actual de seguridad social tiene "algunas" limitaciones importantes, dado que *fue diseñado para un mundo laboral más estable y homogéneo*: 1) una protección social centrada en el trabajador del sector formal de la economía; 2) que prácticamente excluye a los pobres y a los asalariados con un historial laboral inestable; 3) con déficits que se financian con impuestos fiscales; 4) que dependen de impuestos indirectos regresivos, contribuyendo a que los pobres financien a los "no pobres"; 5) basado en un sistema de

---

92https://Pablo-Gottret%20reformas%20previsionales%20en%20el%20mundo.pdf

recaudo que depende de empleadores formales con un sistema administrativo organizado; 6) que la tasa de informalidad es alta y persistente, promediando el 64.7% en países de ingresos medios y bajos, por lo que, consecuentemente, resulta difícil las contribuciones sobre la base de salarios. Por tales razones, considera que "se necesita "una mirada fresca" para entender el manejo de los nuevos riesgos sociales y el tipo de seguridad social que se requiere.

En tal sentido, el informe concluye recomendando: 1) ofertar una pensión adecuada (tasa de reemplazo en la jubilación), evitando falsas expectativas; 2) asegurar que la población conoce las reglas para obtener esa jubilación y que dichas reglas se cumplen; 3) lograr que la población afiliada conozca plenamente cuál será su tasa de reemplazo, en caso de que se mantenga sin cambios, su comportamiento en términos de ahorro, densidad de cotizaciones y rendimiento; 4) asegurar la transparencia del sistema, mediante información sobre el cumplimiento de objetivos, elegibilidad y normas prudenciales; 5) evitar mayores subsidios a los sistemas contributivos[93], guardando los recursos fiscales para atender a la población pobre y vulnerable; 6) realizar cambios paramétricos a medida que cambien las circunstancias fundamentales de la población cubierta; 7) reconocer que el sistema de pensiones no es el mejor instrumento para resolver los problemas de desigualdad social de la nación; 8) aceptar que existe una contradicción al pretender que un instrumento de política económica cumpla más de un objetivo; 9) reconocer que el mundo laboral está cambiando y la informalidad no disminuirá en el mediano plazo, si disminuye algún día; y 10) diseñar mecanismos que incentiven el ahorro individual para la jubilación.

---

[93] *De acuerdo a Pablo Gottret, Gerente Regional de Protección Social y Trabajo para América Latina y el Caribe del Banco Mundial, "No existe el margen fiscal para mayores pensiones sociales o subsidios a los sistemas contributivos".*

¿Cuáles factores determinan el creciente desequilibrio actuarial y financiero de los actuales sistemas previsionales? En cualquier sistema de retiro, la garantía de pensiones dignas y sostenibles depende, fundamentalmente, de ocho factores claves: 1) la cantidad de cotizantes activos; 2) el porcentaje de aporte para el retiro; 3) el nivel del salario real promedio; 4) los años obligatorios de cotización; 5) la tasa real de rentabilidad promedio; 6) la cantidad de pensionados y jubilados; 7) la tasa de remplazo real; y 8) los años promedio de pensión. Los cálculos actuariales revelan un gran desequilibrio entre el monto acumulado por las aportaciones e intereses, y el costo creciente de las pensiones de los envejecientes. Mientras el ingreso viene determinado por tres factores fijos (el porcentaje y los años de cotización y la tasa de interés), y uno relativamente decreciente (los cotizantes); los egresos dependen de un factor fijo (la tasa de reemplazo) y de dos que crecen en forma sostenida (la cantidad de pensionados y los años promedio de pensión, debido a la extensión de la esperanza de vida).

La sostenibilidad de los sistemas previsionales descansa en la necesaria correspondencia: 1) entre el porcentaje de aporte y la tasa de reemplazo; 2) entre los años de cotización y los años promedio de pensión; 3) entre la cantidad de pensionados y jubilados y de trabajadores cotizantes (tasa de dependencia); y 4) entre la capacidad de ahorro e inversión y la tasa de rentabilidad. Los años promedios de pensión son una resultante de las transformaciones demográficas que se expresan en grandes avances en la esperanza de vida, factor que eleva el costo general del envejecimiento y desafía la sostenibilidad de los viejos sistemas de retiro.

Para comprender los nuevos retos y desafíos de los sistemas previsionales, y al mismo tiempo, garantizar pensiones dignas y sostenibles para todos, es necesario dar seguimiento permanente al proceso de transformación demográfica, así como al impacto del desarrollo tecnológico sobre el mercado laboral. Es importante reconocer que, aún en los escenarios más optimistas, durante al menos el presente siglo, estas transformaciones y cambios accionarán en la misma dirección, acentuando la tasa de dependencia demográfica y la relación entre los activos y pasivos, procesos que no pueden ser ignorados por las autoridades ni los expertos al redefinir las políticas previsionales de cada país.

El avance progresivo de la tecnología y de la productividad, gravita fuertemente sobre ambos sistemas previsionales, dependiendo de las características y de los objetivos de cada modelo en particular. Los dos siguientes capítulos están dedicados demostrar su obsolescencia actuarial, calculando su impacto en la sostenibilidad financiera a largo plazo, mediante modelos actuariales representativos y sencillos, al alcance de los lectores no especialistas.

Capítulo IV

REPARTO: PENSIONES SUFICIENTES, CON DÉFICIT Y COSTO FISCAL

¿Por qué el sistema público tradicional de reparto no garantiza pensiones sostenibles a largo plazo?

Desde la proletarización de la fuerza de trabajo, producto de su separación de la propiedad y del control de los medios de producción, la clase trabajadora ha sentido la necesidad de contar con los medios suficientes para vivir con dignidad sus años de retiro del mundo laboral. Ante la pérdida definitiva de la propiedad, muchas formas y modalidades de ayuda mutua fueron ensayadas, quedando finalmente, las pensiones y jubilaciones como la opción más viable planteada por los propios trabajadores, sentando las bases para los primeros seguros sociales en Alemania a finales del siglo XIX. Como resultado de la orfandad material y de las consistentes demandas sociales, esta solución pronto logró gran aceptación social y comenzó a extenderse por toda Europa y luego por los demás continentes.

Más adelante, luego de la Primera Guerra Mundial, con la formación de la Organización Internacional del Trabajo (OIT), los seguros sociales recibieron un mayor impulso, siendo institucionalizados mediante un acuerdo de la OIT en el 1944. Dos años después, en los finales de la Segunda Guerra Mundial, esta protección social fue consagrada como un derecho esencial en la Declaración Universal de los Derechos Humanos en el 1946. En 1952 la OIT adoptó la famosa resolución 102 que define los programas y reivindicaciones mínimas de la seguridad social, incluyendo al sistema de pensiones y jubilaciones.

Desde entonces, la gran mayoría de los países han establecido sistemas de reparto con la finalidad de proteger a los trabajadores durante los años de retiro. Este sistema de *beneficios definidos* funciona mediante los aportes regulares de los trabajadores y empleadores basado en un porcentaje del salario cotizable, con el cual se forma un *fondo común.* El reparto ofrece el pago de una pensión *previamente definida* en términos porcentuales (tasa de reemplazo), una vez el trabajador haya cotizado durante una cantidad determinada de meses (o años), y cumplido con la edad mínima para el retiro. Su principal ventaja es que los afiliados conocen de antemano los beneficios a recibir al final de su vida laboral, al menos como un porcentaje del salario base. Y la principal debilidad es que el monto de la pensión no guarda relación con el fondo de retiro acumulado, generando un desequilibrio financiero y actuarial que hace crisis en el largo plazo.

En este capítulo explicaremos, mediante modelos actuariales sencillos, porque el monto de las pensiones otorgadas no necesariamente se corresponde con las cotizaciones e intereses acumulados durante la vida laboral del afiliado, generando un desequilibrio actuarial que erosiona su sostenibilidad financiera[94], y limitando la solidaridad y la equidad social. Además, caracterizaremos las cinco etapas por las que atraviesa el sistema público de reparto, y sus consecuencias financieras para el propio sistema, para los trabajadores activos y pasivos, así como para las finanzas públicas, los demás programas sociales y los contribuyentes.

---

[94] *Arismendi Diaz Santana, Como se diseñó y concertó la ley de Seguridad Social.*

a) *Premisas técnicas para un análisis comparativo*

Como ya señalamos, el presente y el próximo capítulo estarán dedicados a realizar un análisis comparativo de los resultados financieros, tanto del sistema público de reparto como del sistema de capitalización individual, en interés de calcular la capacidad de cada uno para garantizar pensiones dignas y al mismo tiempo sostenibles en el tiempo. En interés de realizar de manera objetiva esta simulación, partimos de su diseño actuarial, así como de las normas principales que rigen su funcionamiento. Para construir un modelo abstracto que refleje las características esenciales de ambos sistemas, hemos tomado en consideración los principales factores que determinan los resultados previsionales descritos en el Capítulo anterior, por lo que consideramos importante definir su alcance y sus limitaciones. El interés esencial de este ejercicio evaluativo es la simplicidad dentro de los límites que nos permite un análisis objetivo, sin mayores pretensiones teóricas ni técnicas, sólo en interés de que los lectores no especializados puedan entender y seguir el proceso y evaluar sus resultados.

Cuadro 4.01	
Reparto: supuestos financieros	
Salario mensual	1,000
Salario anual	12,000
Aporte mensual	10%
Aporte fondo de retiro	90%
Gasto administrativo	10%
Tasa rentabilidad anual	4.0%
Tasa rentabilidad mes	0.33%
Años cotización	30
Pensión anual	70%
% real de pensión	75.83%
Años pensionado	15
Años sobrevivencia	3
Pensión sobrevivencia	70%
Cotizantes activos	1

En primer lugar, realizamos todos los cálculos tomando como referencia un *trabajador típico*, es decir, un resumen o síntesis de la totalidad de los afiliados, que bautizamos como Juana Promedio, para humanizar el proceso. Juana tiene un salario mensual medio de 1,000, expresado en valores reales; en todo momento asumimos inflación cero, en interés de evitar cualquier ruido y distracción proveniente de los procesos inflacionarios, un factor real, pero absolutamente innecesario e intrascendente para nuestro análisis; además, el hecho de que se le asigne un salario fijo real de 1,000 unidades y sin aumentos durante el período, permite apreciar mejor los resultados esenciales. En segundo lugar, consideramos que el aporte mensual equivale al 10% del salario mensual cotizable; no se considera un límite de aporte porque partimos de un trabajador típico con el salario promedio real. En tercer lugar, asumimos que el 90% del aporte es destinado al fondo de ahorro para el retiro, reservando el 10% restante para cubrir el gasto administrativo mensual del sistema de reparto, un margen muy modesto.

Además, en cuarto lugar, se estima en un 4.0% la tasa de rentabilidad real promedio del fondo de ahorro para el retiro, calculada y acumulada al final de cada mes; es importante resaltar que se trata de una rentabilidad real, es decir, la tasa de interés que resulta después de descontar cualquier impacto inflacionario y, además, que debe considerarse como una tasa promedio, ya que es una variable exógena al sistema de seguridad social, cuyas fluctuaciones están totalmente fuera del control de la administración de ambos sistemas previsionales.

En quinto lugar, asumimos un período de cotización de 30 años, es decir, 360 aportes mensuales sucesivos e iguales ya que, según nuestra premisa, el salario cotizable es real y no sufre alteraciones durante el período. En sexto lugar, se garantiza una pensión basada en una tasa de reemplazo del 70% del salario promedio, el cual, al incluir el pago de un mes adicional asciende al 75.83%[95]. En séptimo lugar, se asume el disfrute del titular de una pensión durante un promedio de 15 años, más una pensión de sobrevivencia de 3 años, equivalente al 70% de la pensión del titular fallecido. En octavo lugar, el fondo de ahorro para el retiro continúa invertido durante el

---

[95] *70% por 13 pagos iguales, dividido por 12 meses, igual al 75.83%.*

período de pensión, con la misma tasa de interés y demás condiciones, hasta agotarse. En noveno lugar, no se consideran las pensiones por discapacidad, ni por retiro adelantado, siempre en interés de simplificar el análisis; y en décimo lugar, se asumen constantes todas las demás variables e indicadores macroeconómicos que inciden en el proceso, pero que están fuera del control de cualquier sistema de seguridad social y del modelo previsional.

En el mundo real, estos indicadores son los determinantes de los principales resultados de ambos sistemas previsionales, como explicamos en el capítulo anterior. Y aunque sus parámetros suelen presentar importantes variaciones, de sistema en sistema y de país en país, en cada uno hemos utilizado los más comunes y representativos, en interés de reflejar, con la mayor fidelidad posible, el funcionamiento real y los resultados de los dos sistemas tradicionales. Es comprensible que el lector, o algunos expertos difieran de algunos de estos parámetros, pero ello en nada invalida la tendencia de los resultados comparativos que vamos a presentar en este y el siguiente capítulo, ni mucho menos, que alteren significativamente las conclusiones arribadas, ya que cualquier variación de estos indicadores tendría que aplicarse por igual a ambos sistemas, por lo que los nuevos resultados terminarían describiendo las mismas tendencias, que es en esencia, el objetivo de estos ejercicios.

b) *Un modelo con desequilibrio actuarial y financiero*

Al analizar el funcionamiento y los resultados financieros del sistema público de reparto, utilizando los indicadores y parámetros descritos precedentemente, llegamos a la conclusión de que en la medida en que va alcanzando su madurez financiera e institucional, dicho sistema pasa por cinco grandes etapas, las cuales se cuantifican y describen a continuación.

Primera etapa: ahorro y equilibrio financiero con limitada longevidad. De acuerdo a los cálculos realizados, al cabo de 30 años de cotización, Juana Promedio como trabajadora tipo de la primera etapa habrá aportado al fondo de retiro un total de 32,400 (90x360), los cuales, al ser invertidos mensualmente durante el período al 4% anual, generan intereses por un total de 30,273 para un acumulado de 62,673, de acuerdo a las condiciones más favorables señaladas. Es importante recalcar que, durante la primera etapa del sistema de beneficios definidos, todas las aportaciones se ahorran, capitalizan y acumulan, lo que permite obtener crecientes intereses, ya que no existen pensionados.

Cuadro 4.02

Fondo de retiro acumulado durante 30 años de cotización

1,000 salario real; 9% de aporte neto; 4% de interés anual real

Valores reales acumulados al término de cada año

Años	*Aporte acumulado*	*Administración pública*	*Intereses 30 años*	*Saldo final*
1	1,080	10	24	1,104
5	5,400	600	587	5,987
10	10,800	1,200	2,497	13,297
15	16,200	1,800	6,022	22,222
20	21,600	2,400	11,520	33,120
25	27,000	3,000	19,426	46,426
30	32,400	3,600	30,273	62,673
35	37,800	4,200	44,710	82,510
40	43,200	4,800	63,531	106,731
45	48,600	5,400	87,162	135,762

Fuente: Cálculos del Autor

Esta característica reporta una gran ventaja, debido a que como indica el Cuadro 4.02, los intereses acumulados (30,273) prácticamente igualan las cotizaciones realizadas (32,400), contribuyendo de manera decisiva al rápido incremento del patrimonio del trabajador, tema que comentaremos en detalle más adelante. En adición, el citado cuadro incluye los estimados para los años 35, 40 y 45 en los cuales se observa como los intereses crecen más rápidamente que las aportaciones. Al concluir el año 30, surge la siguiente pregunta: ¿este nivel de acumulación resulta suficiente para garantizar una pensión digna del 70%, con una duración promedio de 15 años, más 3 años de pensión de sobrevivencia? ¿Cuántos años de pensión garantiza este patrimonio de manera *autónoma y sostenible*, es decir, sin comprometer los aportes de los demás trabajadores, y sin recurrir a subsidios gubernamentales?

Aunque la tasa de reemplazo es del 70%, se trata de un porcentaje nominal ya que al mismo habría que agregarle el pago adicional (13) de Navidad, totalizando el 75.83% del salario anual, por lo que la pensión anual equivale a 9,100 (758.33x12), bajo la premisa de que en todo momento se trata de un salario real, es decir, libre de inflación. Como vemos en el Cuadro 4.03, el saldo final del año 30 ascendió a 62,673, monto con el que se inicia el período de retiro de Juana Promedio, nuestra personificación del trabajador típico del sistema. En el año 31, el primero de su pensión, a este monto se le adicionan unos intereses por 2,398 y se le deducen los 9,100 de la pensión anual, quedando 55,970. En el segundo año, al nuevo balance habría que sumarle intereses por 2,125 y descontarle otros 9,100 por el pago de la nómina, quedando un saldo favorable de 48,995[96]. El Cuadro 4.03 muestra el proceso año tras año.

Cinco años después, al 31 de diciembre del año 5 de pensión, el fondo disponible totaliza 26,317 luego de deducirle los 9,100 de pensión, y agregarle 1,237 del interés devengado por el fondo disponible. Pero, al finalizar el octavo año de retiro el saldo se reduce a sólo 752, monto insuficiente para cubrir un mes del noveno año. A partir de ese punto de inflexión, se registra un saldo negativo mensual recurrente, debido al agotamiento total del fondo de retiro de Juana Promedio. Como

---

[96] Aunque por simplicidad presentamos los resultados anualmente, todos los cálculos son mensuales, para mayor precisión.

muestra el citado Cuadro, al llegar al año 15 y completar la edad promedio de la jubilada titular el déficit se habrá elevado a 62,945, pero como asumimos unos tres años más para la pensión de sobrevivencia a razón de 6,370 anual (758.33x0.7x12), al concluir el año18 el saldo desfavorable para el sistema ascenderá a 82,055. Desde luego, estos resultados serán más o menos adversos en la medida del avance de la longevidad, y más favorables si aumenta la tasa de interés.

Cuadro 4.03
primera etapa: saldo acumulado durante el período de retiro,
70% pensión del 70%, 15 años de pensión y 3 años de sobrevivencia con el 70%

Acumulado	*Saldo inicial*	*Intereses*	*Pensión*	*Saldo final*
Saldo al año 30			0.0	62,673
Pensión año 1	62,673	2,398	9,100	55,970
Pensión año 2	55,970	2,125	9,100	48,995
Pensión año 3	48,995	1,840	9,100	41,735
Pensión año 4	41,735	1,545	9,100	34,180
Pensión año 5	34,180	1,237	9,100	26,317
Pensión año 6	26,317	916	9,100	18,133
Pensión año 7	18,133	583	9,100	9,616
Pensión año 8	9,616	236	9,100	752
Pensión año 9	752	3	9,100	(8,345)
Pensión año 10	(8,345)	0	9,100	(17,445)
Pensión año 11	(17,445)	0	9,100	(26,545)
Pensión año 12	(26,545)	0	9,100	(35,645)
Pensión año 13	(35,645)	0	9,100	(44,745)
Pensión año 14	(44,745)	0	9,100	(53,845)
Pensión año 15	(53,845)	0	9,100	(62,945)
Sobrevivencia año 1	(62,945)	0	6,370	(69,315)
Sobrevivencia año 2	(69,315)	0	6,370	(75,685)
Sobrevivencia año 3	(75,685)	0	6,370	(82,055)

Fuente: Cálculos del Autor

A partir de estas premisas, de estos resultados se desprende que, en su primera etapa, *el sistema público de reparto apenas está en capacidad de garantizar unos 8 años de pensión digna y sostenible*, es decir, sin utilizar las cotizaciones de los demás trabajadores, ni acudir a subsidios gubernamentales. Ello explica porque este sistema fue capaz de garantizar pensiones dignas y sostenibles en aquella etapa de la humanidad donde la expectativa de vida de los pensionados y jubilados fue, en promedio, menor a 8 años, un período que consideramos como *la etapa dorada del sistema público de reparto.*

De acuerdo a los cálculos realizados, nuestra pensionada prototipo habrá recibido un total de 155,610 (758.33x12x15) + (758.33x70%x12x3); en cambio, acumulará sólo 62,673 más 10,882 de intereses durante el retiro, para un total de 73,555, lo que arroja un saldo negativo o subsidio de 82,055, equivalente a un 52.9% adicional, aun suponiendo el mejor de los escenarios para la administración del sistema público de reparto. *Ello explica porque es tan beneficioso para los jubilados y pensionados y, al mismo tiempo, tan insostenible y perjudicial para el sistema, para el país y para el resto de los contribuyentes.* En aquellos casos particulares, cada vez más comunes, de un jubilado que sobreviva hasta los 20 años, el saldo negativo para el sistema de reparto ascendería a unos 108,445, resultado que ofrece una idea de lo que pasará dentro de unas dos décadas cuando la esperanza de vida general se acerque a los 85 años.

El altísimo costo recurrente del aumento de la longevidad. Todo sistema previsional engendra una contabilidad de doble partida: 1) los activos financieros acumulados (aportaciones + intereses de por vida), 73,553 en nuestro ejemplo; y 2) los pasivos o compromisos financieros estimados (monto promedio de la pensión de por vida), 155,610, para un déficit de 82,058, en nuestro ejemplo, el cual se convierte en una deuda pública. En este orden, el Banco Mundial acuñó el concepto de "deuda implícita de las pensiones", como resultado del balance entre los activos y pasivos. El mismo equivale al valor presente del saldo entre las prestaciones comprometidas y el patrimonio acumulado. Obviamente, a mayor deuda, mayor desequilibrio y menor sostenibilidad a largo plazo.

El Cuadro 4.04 ilustra lo que sería el saldo financiero del plan de retiro y el porcentaje de subsidio que recibiría Juana Promedio, dependiendo de los años promedio de disfrute de su pensión, asumiendo el salario real y la tasa y los años de cotización señalados. Durante décadas atrás, cuando la esperanza de vida era muy baja, un jubilado típico con 5 años de vida le dejaba al Plan un *saldo positivo* de unos 28,052, equivalente al 38.1% de lo acumulado de por vida en las condiciones señaladas. Sin embargo, en la medida en que la longevidad se ha extendido, el cuadro financiero ha ido cambiando de positivo a negativo, y a muy negativo. Por ejemplo, con 16 años de jubilación el déficit prácticamente iguala al patrimonio acumulado, con una pérdida del plan del 98.0%. Y si llegase a 20 años, la sangría ascendería a 108,448, recibiendo el beneficiario el 147.4% más de lo aportado. *Estos resultados explican porque ningún trabajador quiere que les reduzcan sus "derechos adquiridos",* y porque los políticos, ante la resistencia al cambio, deciden no enfrentar el desequilibrio de fondo, solo introduciendo ajustes paramétricos coyunturales.

Cuadro 4.04

Primera etapa: saldo financiero según años promedio de pensión,
1,000 salario, 30 años, 4% interés real, 9% aporte neto, 75.83% reemplazo

Años promedio de pensión	Acumulado de por vida	Pensión anual	Monto pensión de por vida	Saldo financiero	Porcentaje del subsidio
5 años	73,552	9,100	45,500	28,052	(38.1)%
10 años	73,552	9,100	91,000	-17,448	23.7%
12 años	73,552	9,100	109,200	-35,648	48.5%
14 años	73,552	9,100	127,400	-53,848	73.2%
16 años	73,552	9,100	145,600	-72,048	98.0%
18 años	73,552	9,100	163,800	-90,248	122.7%
20 años	73,552	9,100	182,000	-108,448	147.4%

Fuente: Cálculos del Autor

Para apreciar en su justa dimensión este impacto en la sostenibilidad del sistema público, habría que tener en cuenta que esos cálculos asumen que el sistema todavía ahorra e invierte a favor del trabajador cotizante, por lo que, al utilizar los aportes para pagar a los pensionados, matando la gallina de los huevos de oro, los resultados se tornan notablemente más negativos e insostenibles a largo plazo, como demostraremos más adelante.

¿Cuál es la tasa de reemplazo propia, libre de subsidio? De no utilizarse los aportes ajenos, ni recurrir a los subsidios gubernamentales, la tasa de reemplazo propia de este modelo típico de reparto público sería de apenas el 35.8%, resultado de dividir el fondo acumulado más los intereses durante los períodos activos y pasivos (73,555), entre los 17.1[97] años promedio de pensión. Ello indica que este jubilado recibiría una mensualidad de 358.44, de un salario promedio de 1,000. Y que conste, que se asume una pensión basada en el salario de por vida, premisa ajena al reparto (Cuadro 4.05).

Cuadro 4.05
Primera etapa: estimado de la tasa de reemplazo del reparto público,
30 años, 10% aporte; 4% tasa de interés y 17.1 años de pensión

Conceptos	*Acumulado real*
Aporte acumulado durante 30 años	32,400
Intereses etapa activa	30,273
Intereses etapa pasiva	10,882
Total acumulado	**73,555**
Dividido entre 17.1 años promedio de pensión	4,285
Salario mensual promedio	357.06
Tasa de reemplazo sin aportes ajenos ni subsidios	**35.7%**

Fuente: Cálculos del Autor

---

[97] *Estos 17.1 años de pensión son el resultado del cálculo ponderado de 15 años de pensión plena del titular, más 3 años del 70% de la pensión plena, a favor de la pensión de sobrevivencia del cónyuge.*

Es este desbalance el que explica, no sólo la tendencia hacia los déficits financieros y la dependencia creciente de subsidios gubernamentales sino, además, porque la agudización del desequilibrio actuarial está obligando a reducir el monto de las pensiones y a elevar el porcentaje de las cotizaciones, como vimos en el Capítulo II. De lo anterior se desprende que, en realidad, *la tasa de reemplazo relativamente mayor que ofrece el sistema público no se sustenta en méritos propios e inherentes al reparto*, sino en la capacidad de endeudamiento permanente con los trabajadores activos, y luego, en la dependencia de subsidios estatales.

El gráfico 4.01 ofrece una panorámica de la evolución del fondo de retiro acumulado durante el período activo y pasivo de Juana Promedio. Por tratarse de una afiliada de la primera etapa, es decir, que ahorra, capitaliza y acumula, la curva nuestra un proceso ascendente, de *ahorro acumulativo*, durante los

30 años reglamentarios de cotización. A partir de ese momento, se inicia el *consumo progresivo* del fondo de retiro, durante el cual se obtienen intereses decrecientes en la medida en que el mismo se va agotando. A los ocho años, a mitad del período de retiro, se genera un punto de inflexión, una situación deficitaria recurrente, que obliga a tomar los aportes ajenos para cubrir el monto mensual de la nómina de los pensionados y jubilados.

¿Cuántos cotizantes se necesitan para pagar la pensión de Juana Promedio? El desequilibrio actuarial inherente al sistema público de reparto, limita su capacidad para garantizar pensiones autónomas y sostenibles, es decir, sin necesidad de tocar los aportes ajenos, ni de recurrir al subsidio fiscal. Este límite está definido por el momento en que las prestaciones comienzan a superar, los ingresos acumulados por cada trabajador y, por ende, por el sistema en su conjunto; el mismo se acelera en la medida en que la cantidad de pensionados y jubilados crece en mayor proporción que el número de cotizantes regulares, manteniendo constante el aporte mensual, la tasa de reemplazo definida y la tasa de rentabilidad anual real.

Cuadro 4.06
Impacto del subsidio general del sistema de reparto
(En millones de $ constantes)

Conceptos	*Escenarios basados en la relación activos/pasivos*				
Activos/pasivos	**10 a 1**	**8.4 a 1**	**6.7 a 1**	**5 a 1**	**4 a 1**
Pensionados	100,000	118,681	150,000	200,000	250,000
Ingreso total	1,080.0	1,080.0	1,080.0	1,080.0	1,080.0
Nómina jubilados	910.0	1,080.0	1,365.0	1,820.0	2,275.0
Saldo/subsidio	**170.0**	**0.0**	**(285.0)**	**(740.0)**	**(1,195.0)**
Porciento ingreso			**26.4%**	**68.5%**	**110.6%**

Fuente: Cálculos del autor

Por ejemplo, un salario mensual de 1,000 con una cotización neta real al fondo de retiro del 9%, representa un aporte mensual de 90 y de 1,080 anual. Un millón de afiliados generarían ingresos anuales por 1,080.0 millones, en tanto que una tasa de reemplazo neta del 75.83% implicaría un costo anual de 9,100 per cápita, por lo que el equilibrio del sistema, libre de subsidio fiscal, equivaldría a 118,681.3 pensionados, es decir, *8.43 activos por cada pasivo*. Obviamente, si los activos aumentan más rápidamente, el sistema obtendría un ahorro, y en caso contrario, que es la tendencia real, el resultado sería un desahorro, requiriendo del auxilio fiscal de todos los contribuyentes.

El Cuadro 4.06, muestra el impacto en el subsidio general[98] en diversos escenarios construidos a partir de las variaciones en la relación cotizantes/pensionados. En el caso de una relación de 10 a 1, el saldo final resulta favorable en 170.0 millones, debido a que los 100,000 pensionados y jubilados están por debajo del límite de tolerancia del sistema. El segundo escenario equivale al punto de equilibrio para la primera etapa, explicado en el párrafo anterior, con una relación de 8.43 cotizantes por cada jubilado. Pero, a partir de esta relación los resultados se tornan cada vez más negativos. En una proporción de 6.7 a 1, el subsidio equivaldría a 285.0 millones anuales, alrededor del 26.4% del ingreso anual. En una relación de 4 a 1, ascendería a 1,195.0 millones, superando el ingreso total del año, con un 110.6% de subsidio general. Es importante tener en cuenta que estos cambios se toman décadas, por lo que su impacto negativo resulta imperceptible a corto plazo para los no especialistas y para el trabajador común.

Pero por supuesto, aun así, estos niveles de subsidios resultan insostenibles, por lo que más adelante las autoridades se verán obligadas a enfrentar la situación, introduciendo cambios paramétricos para evitar un colapso fiscal mayor que afecte la estabilidad macroeconómica. Como ya hemos señalado, la estrategia más común es esperar que la agudización

---

[98] El subsidio general puede provenir de los cotizantes activos o del Estado, o ambas modalidades a la vez.

del problema genere crisis e incertidumbres entre los pensionados y jubilados, para presentar los ajustes como una solución salvadora, forzando a los pensionados a aceptarlos para recuperar la tranquilidad perdida. Pero como estos cambios paramétricos no tocan el problema de fondo, sólo generan un equilibrio coyuntural aplazando, una vez más, las necesarias soluciones estructurales.

Segunda etapa: mayor desequilibrio por el aumento de la longevidad. La historia de la seguridad social relata que, durante un largo período, casi un siglo, predominaron tasas de morbilidad y mortalidad muy elevadas, debido al predominio de salarios insuficientes, a la mala alimentación, a los accidentes laborales, a la producción basada en el esfuerzo muscular y a la intensificación de una larga jornada de trabajo. En la mayoría de los países, incluso en los más industrializados y avanzados en materia sanitaria, la esperanza de vida se mantuvo baja durante siglos, registrando un crecimiento relativamente lento. *Paradójicamente, este atraso relativo de la humanidad se tradujo en una gran ventaja del sistema previsional de beneficios definidos al asegurar una sostenibilidad financiera y actuarial, basada en cotizaciones y en períodos de aportes relativamente bajos.* Pero varias décadas después, el desarrollo tecnológico comenzó a transformar este panorama primitivo en la realidad social y demográfica que hoy conocemos, la cual se propaga por el mundo a diferentes ritmos, pero siempre hacia adelante.

¿Cómo afectaron estas transformaciones a los sistemas previsionales? En múltiples dimensiones, pero, sobre todo, *en el crecimiento de la esperanza de vida a un ritmo no contemplado por los diseñadores de los viejos planes de retiro.* Este avance de la humanidad se ha generalizado, sin el consecuente rediseño actuarial para garantizar el equilibrio financiero del sistema de reparto, llegando a un punto de inflexión que define, de manera irreversible, la segunda etapa del sistema público tradicional de retiro. A partir del crecimiento de la esperanza de vida más allá de los años de sustentación de las pensiones originales por méritos propios, los responsables del sistema, compelidos a continuar garantizando la pensión prometida, se enfrentaron a la disyuntiva de rediseñar el sistema para asegurar su autonomía y sostenibilidad, o utilizar las cotizaciones de los trabajadores activos para pagar la nómina de los pensionados y jubilados, y la decisión fue obvia.

Cuadro 4.07
Primera etapa: porcentaje de los intereses y aportes
Salario 1,000; 9% de aporte, 30 años de aporte, tasa interés 4% anual

Año	Aportado	Administración	Intereses	Acumulado	Aportes	Intereses
1	1,080.00	10.00	24	1,104	97.9%	2.1%
5	5,400.00	600.00	587	5,987	90.2%	9.8%
10	10,800.00	1,200.00	2,497	13,297	81.2%	18.8%
15	16,200.00	1,800.00	6,022	22,222	72.9%	27.1%
20	21,600.00	2,400.00	11,520	33,120	65.2%	34.8%
25	27,000.00	3,000.00	19,426	46,426	58.2%	41.8%
30	32,400.00	3,600.00	30,273	62,673	51.7%	48.3%
35	37,800.00	4,200.00	44,710	82,510	45.8%	54.2%
40	43,200.00	4,800.00	63,531	106,731	40.5%	59.5%

Fuente: Cálculos del Autor

El rasgo fundamental de la segunda etapa del sistema es el *descenso creciente de la capacidad de ahorro e inversión*, erosionando la extraordinaria influencia del interés compuesto, "la fuerza más poderosa de la humanidad", según se le atribuye a Albert Einstein. No olvidemos que la capitalización le dio vida y dinamismo al sistema de beneficios definidos durante la primera etapa, la era dorada de su crecimiento. El Cuadro 4.07 muestra cómo en la primera etapa el ahorro previsional y su capitalización se convierten en el principal recurso para asegurar una pensión digna y sostenible, ya que los intereses devengados elevan progresivamente su participación relativa y absoluta dentro del fondo de retiro acumulado. Por ejemplo, mientras en el año 10 los intereses apenas representan el 18.8% del total y los aportes el 81.2%, en los períodos subsiguientes esta relación se va invirtiendo llegando, al final del año 30 a prácticamente la mitad, un 51.7%/48.3%, sin contar con los intereses del período pasivo. A partir de ese año, los intereses acumulados pasan a ocupar una proporción mayor que las aportaciones acumuladas: el 45.8% por los aportes, versus el 54.2% por los intereses activos y de 40.5% y 59.5% respectivamente de cotizar 40 años al 4% de rentabilidad. Desde luego, esta brecha será mayor dependiendo de los años de aporte y acumulación, así como de la tasa de interés real promedio, como veremos más adelante.

¿Cuál es el activo y el pasivo financiero del sistema de beneficios definidos? En esencia, los sistemas previsionales generan un activo y un pasivo, ambos acumulados en el largo plazo. En la etapa avanzada del sistema, el activo del trabajador equivale a la sumatoria del aporte durante su etapa activa, con menos ahorros e inversión, dado que el sistema de beneficios definidos utiliza una parte creciente de los aportes corrientes para pagar las pensiones regulares. En nuestro ejemplo, el activo acumulado equivaldría a 32,400, resultado de una cotización mensual de 90 durante 360 meses, sin ahorro. En cambio, el pasivo viene predefinido por la tasa de reemplazo prometida multiplicada por los años de vida del pensionado o jubilado el cual, en nuestro ejemplo, ascendería a 155,610, asumiendo una pensión promedio de 15 años del titular y 3 años del cónyuge sobreviviente, como ya hemos explicado. Ello indica, que cada trabajador promedio recibirá un subsidio de (32,400-155,610) 123,210, superando 3.8 veces el activo acumulado, lo cual ofrece una idea precisa del desequilibrio en la medida en que el sistema de reparto envejece y agota su capacidad de ahorro y acumulación. En pocas palabras, el activo acumulado (32,400), apenas representa el

20.8% del pasivo (155,610), lo cual confirma la ausencia absoluta de sostenibilidad.

Es importante tener presente que la relación activos financieros/pasivos financieros presenta una tendencia natural a acentuarse por la rigidez de los factores que determinan el monto de por vida de los activos, debido a la resistencia de los trabajadores a la extensión de los años activos, y mucho más, al incremento de las cotizaciones. En cambio, *continuamente los pasivos se incrementan con el aumento de la esperanza de vida de los pensionados y jubilados*. Esta diferencia acentúa el desequilibrio original ya que los ingresos acumulados tienen un tiempo de cotización preestablecido, en tanto que el costo de por vida de la pensión crece y crece, gracias al aumento de la esperanza de vida.

Dependencia recurrente del aporte de los trabajadores activos. ¿A cuántos trabajadores activos habrá que privarlos del privilegio del ahorro previsional, para pagarle a Juana Promedio su pensión mensual? Como vimos, y a pesar de que estos cálculos se realizan en condiciones excepcionalmente favorables, el fondo acumulado apenas alcanzaría para cubrir la nómina de Juana durante los primeros 8 años. Para responder a esta interesante pregunta tenemos que volver a examinar el Cuadro 4.03. De acuerdo al mismo, y dado que en nuestro ejemplo el monto anual de la pensión es de 9,100, en esas condiciones es necesario tomar el aporte de 8.43 trabajadores activos *con el mismo salario promedio* (9,100/1,080=8.43) para pagar la pensión de Juana, de acuerdo a los resultados de la primera etapa. Por lo tanto, el futuro de estos 8.43 trabajadores activos se torna más incierto, ya que una buena parte de sus aportes no serán acumulados, ni mucho menos invertidos, *haciendo cada vez más costoso y difícil, asegurar el pago autónomo de sus futuras pensiones a lo largo de su retiro*. Vamos a mostrar los resultados mediante un ejemplo.

Asumimos idénticas condiciones: salario real de 1,000, aporte mensual al plan del 9%, inversión del aporte a una tasa de interés del 4.0% anual, 75.83% tasa real de reemplazo, 15 años promedio de pensión, más otros 3 años de pensión de sobrevivencia igual al 70% de la pensión del titular. Como ya dijimos, la particularidad de los trabajadores cotizantes de la segunda etapa es que *su proceso de acumulación es inconsultamente interrumpido* al tomar sus aportes para cubrir el déficit del sistema frente a los pensionados y jubilados de la primera etapa.

Asumamos que en esta segunda etapa por cada jubilado o pensionado todavía existen 13 trabajadores cotizando, y que cada uno devenga un salario promedio de 1,000. En nuestro ejemplo, vimos que el fondo acumulado por nuestro trabajador típico de la primera etapa apenas alcanzó a cubrir 8 años de pensión, sin déficit ni subsidio fiscal, y que a partir del año 9 el sistema continuó pagando una pensión anual de 9,100 con recursos ajenos. En esas condiciones, para honrar regularmente este sagrado compromiso, el sistema público se vio obligado a utilizar parte de la cotización de 13 trabajadores activos. En consecuencia, a cada uno se le descontarán unos 700 (9,100/13), por lo que al restárselo de los 1,080 que aportan regularmente, sólo les quedan 380 por año, es decir, sólo unos 31.67 mensual que serán acumulados en su cuenta de ahorro. Eso quiere decir que, a partir de ese momento crítico, *los trabajadores cotizantes de la segunda etapa jamás verán un depósito del total de su aporte,* sino solamente un remanente, luego de cubrir el déficit para pagar a los viejos jubilados. Para simplificar el proceso, sólo analizamos el caso de uno de los 13 trabajadores típicos de la segunda etapa, consciente de que los 12 restantes obtendrán idénticos resultados.

A diferencia del trabajador de la primera etapa, al cabo de los 30 años el fondo acumulado por Juana Promedio II apenas ascenderá a 42,644 (38,943+3,701), con una merma de

30,911, equivalente al 42.0%, a pesar de haber cotizado durante los 30 años completo, en igualdad de condiciones y en la misma proporción que todos sus antecesores. Como vimos, este descenso se debe a que, a partir del año 9, la administración del sistema comenzó a utilizar de inmediato (pay as to go) parte de sus aportaciones para cubrir el déficit y completar la pensión de los jubilados de la primera etapa.

Cuadro 4.08
Segunda etapa: fondo de retiro estimado en valores reales
Salario 1,000; aporte neto 9%, tasa interés 4% anual, 13 cotizantes/pensionado

Acumulado	*Saldo inicial*	*Interés anual*	*Pensión anual*	*Saldo final*
Saldo al año 30			0	38,943
Pensión año 1	30,254	1,391	9,100	31,234
Pensión año 2	22,231	1,077	9,100	23,211
Pensión año 3	13,881	750	9,100	14,861
Pensión año 4	5,191	410	9,100	6,171
Pensión año 5	(3,836)	73	9,100	(2,856)
Pensión año 6	(12,936)	0	9,100	(12,936)
Pensión año 7	(22,036)	0	9,100	(22,036)
Pensión año 8	(31,136)	0	9,100	(31,136)
Pensión año 9	(40,236)	0	9,100	(40,236)
Pensión año 10	(49,336)	0	9,100	(49,336)
Pensión año 11	(58,436)	0	9,100	(58,436)
Pensión año 12	(67,536)	0	9,100	(67,536)
Pensión año 13	(76,636)	0	9,100	(76,636)
Pensión año 14	(85,736)	0	9,100	(85,736)
Pensión año 15	(94,836)	0	9,100	(94,836)
Sobrevivencia año 1	(101,206)	0	6,370	(101,206)
Sobrevivencia año 2	(107,576)	0	6,370	(107,576)
Sobrevivencia año 3	(112,966)	0	6,370	(112,966)

Fuente: Cálculos del autor

El proceso es similar al descrito en la sección anterior sobre nuestro jubilado de la primera etapa, pero difiere sustancialmente en los resultados financieros por la reducción del

117

ahorro y la acumulación. De acuerdo al ejemplo del Cuadro 4.08, al concluir la etapa activa de cotización al final del año 30, este trabajador sólo habrá acumulado 38,943 los cuales, invertidos al 4% anual, generan 1,391 para un total de 40,334, a los que al pagar los 9,100 de la pensión anual, termina arrojando un saldo de 31,234. A su vez, en el segundo año de pensión, este monto reporta 1,077 de rentabilidad, pero al pagar la pensión queda reducido a 23,211. Este proceso continúa de manera ininterrumpida año tras año durante los años de vida del pensionado.

No obstante, al completar los primeros 4 años de jubilación el saldo disponible se reduce a sólo 6,171, apenas suficiente para pagar la nómina de algo más del primer semestre del quinto año. En consecuencia, a partir de ese mes el saldo se torna negativo, por lo que ahora mucho más temprano que en la primera etapa, el sistema tiene que tomar prestado los aportes de los trabajadores de la tercera etapa para honrar el compromiso con los viejos jubilados y pensionados de las dos etapas anteriores. Ya al año 15 el déficit asciende a 94,836, todavía sin incluir los tres años promedio de la pensión de sobrevivencia. Como era de esperarse, los resultados acusan el agravamiento de la situación financiera del sistema público de reparto. En efecto, al finalizar la pensión promedio el desbalance asciende a 112,966, un monto que supera al déficit anterior en 30,911. Este ejemplo demuestra que el desequilibrio actuarial tiende a acentuarse como consecuencia directa de la falta de correspondencia entre los años de aporte y de retiro, y de la recurrencia a la llamada solidaridad intergeneracional.

Resultados financieros estimados en la segunda etapa. En esa situación al final de su vida activa el aporte acumulado sólo llega a 17,000, poco más de la mitad de los 32,400 del trabajador de la primera etapa. Este monto comprende el aporte completo durante los primeros ocho años, más 22 años en los cuales sólo se asentó 31.67 al mes, que es la diferencia entre la "solidaridad intergeneracional" y el aporte total. Esta reducción tan importante en el fondo de retiro acumulado, explica la baja inversión y, desde luego, la reducción sensible de los intereses devengados a sólo 21,943 durante los años activos más otros 3,701 en los pasivos, para un acumulado total de sólo 42,644. Recordemos que el costo total de los 15 años de pensión del titular a razón de 9,100 anual, más 3 años del cónyuge sobreviviente por 6,340, suman 155,610. En consecuencia, el saldo negativo de este jubilado promedio de la segunda etapa ahora asciende a 112,966, superando en 31,856 el déficit per cápita de la primera etapa. Estos saldos confirman el creciente desequilibrio del sistema ya que ahora los años cubiertos autónomamente bajan a 4.7, a diferencia de la primera etapa que llegó a 8 años.

Cuadro 4.09
Segunda etapa: resultados financieros estimados
13 cotizantes por jubilado

Conceptos	*Acumulado real*
Acumulado total	**42,644**
Aportes	17,000
Intereses activos	21,943
Intereses pasivos	3,701
Pensión (15+3)	**155,610**
Saldo	**(112,966)**
Años cubiertos	**4.7 años**
Años subsidiados	**12.4 años**
Tasa autónoma de reemplazo	**19.2%**

Fuente: Cálculos del Autor

El Cuadro 4.09 resume los resultados financieros típicos de la segunda etapa del sistema, mostrando una sensible reducción de la tasa autónoma de reemplazo al descender a sólo el 19.2% (42,644/17.1/13), debido a la utilización de los aportes ajenos y a la reducción progresiva de la capacidad de ahorro e inversión. Al final del proceso, los años autónomamente cubiertos descienden de 8 en la primera etapa, a menos de cinco en esta segunda, de acuerdo al ejemplo. Se podría argumentar que el flujo financiero varía en cada caso, sin seguir necesariamente el proceso descrito, pero ello no niega que, en esencia, el mismo está condicionado por la existencia de una brecha creciente entre los ingresos y los compromisos del sistema.

Con frecuencia, las autoridades le ocultan a la población el carácter permanente y creciente del déficit, y la utilización inconsulta de las aportaciones de los trabajadores activos de las presentes y futuras generaciones, y más adelante, tampoco transparentan ante la población y los propios afiliados la necesidad de depender de cuantiosos subsidios pagados por todos los contribuyentes, la gran mayoría no beneficiarios del sistema. *No conviene que la población tome consciencia de que la utilización inconsulta de las cotizaciones ajenas obedece a la necesidad de mantener en cuidados intensivos a modelos públicos intrínsecamente desequilibrados.* Generalmente, en las propuestas públicas de los sistemas previsionales se destacan la baja cotización, los pocos años de aportes y los cuantiosos beneficios ofrecidos, sin explicar cuál será realmente el costo financiero y social para el sistema, para los trabajadores activos y para los contribuyentes y la sociedad. Como veremos más adelante, ocurre lo mismo en el sistema de capitalización individual.

c) *Eliminación de la capacidad de ahorro e inversión*

Una tercera etapa del sistema con trabajadores sin ahorro ni acumulación. No hay que ser un experto en la materia para entender que, mientras no se corrija el desequilibrio actuarial, y se reduzca la cantidad de cotizantes por jubilado, este proceso regresivo seguirá agudizándose al continuar utilizando prematuramente las cotizaciones de la tercera, de la cuarta y de la quinta etapa, generación tras generación, llegando a su nivel más crítico en el momento en que se elimine totalmente la capacidad de ahorro, inversión y acumulación, como mostraremos a continuación.

El Cuadro 4.10 revela claramente que el trabajador de la tercera etapa (Juana Promedio III) apenas acumula un fondo suficiente para cubrir algo más de dos años y medio de pensión, momento en el cual se agotan sus reservas, debiendo la administración del sistema, como en los casos anteriores, utilizar las cotizaciones de los trabajadores de la cuarta etapa y de las subsiguientes. Lógicamente, esta dependencia tan prematura de los aportes ajenos, termina agudizando la situación financiera del sistema público de beneficios definidos.

Cuadro 4.10
Tercera etapa: resultados financieros estimados
10 cotizantes por jubilado

Conceptos	*Acumulado real*
Acumulado total	**20,376**
Aportes	8,053
Intereses activos	11,241
Intereses pasivos	1,082
Pensión (15+3)	**155,610**
Saldo	**(135,234)**
Años cubiertos	**2.24**
Años subsidiados	**-14.86**
Tasa autónoma de reemplazo	**9.17%**
Fuente: Cálculos del Autor	

La particularidad de esta tercera etapa es que, *mientras el fondo de retiro individual se achica, también se reduce la cantidad de cotizantes por cada pensionado o jubilado*. De acuerdo a estos resultados generales, el fondo acumulado de por vida de la trabajadora típica de esta tercera etapa apenas llega a 20,376, con el agravante de que ahora depende de una relación de sólo 10 trabajadores activos por cada jubilado o pensionado, con igual salario real promedio mensual. Al final del proceso, el desbalance alcanza un nuevo récord al llegar a

135,234, equivalente al 86.9% del costo de una pensión promedio de 15 años del titular, más 3 años del cónyuge sobreviviente, dentro de los parámetros anteriormente descritos.

En efecto, mientras en la primera etapa el déficit se estimó en 82,055, y en la segunda en 112,966, el saldo negativo de esta tercera ya asciende a 135,234, por cada pensionado o jubilado. Este proceso negativo y ascendente es una consecuencia inevitable de que, al desequilibrio actuarial inicial, se le agrega la reducción progresiva de la capacidad de ahorro, inversión, utilidad y acumulación para el retiro de las sucesivas etapas, más el aumento de la cantidad de retirados en relación a los cotizantes. A partir de la cuarta etapa, el saldo financiero resulta más crítico que en la tercera, por la sencilla razón de que las cotizaciones mensuales de estos trabajadores son utilizadas íntegra e inmediatamente para pagar la nómina de los jubilados y pensionados (pay as to go), matando definitivamente la gallina de los huevos de oro. *El hecho de que estos cambios sean lentos y requieran décadas de maduración, en nada justifica que se ignoren o subestimen.*

Estos resultados se parecen mucho al de una comunidad, donde los granjeros satisfacen sus necesidades y logran acumular reservas. Pero con el tiempo, una parte envejece y consume lo que acumuló y ahora depende de las reservas de los demás. Con los años, las familias procrean menos hijos y los envejecientes crecen más rápidamente que los grajeros activos, y viven más años. Mientras éstos últimos producen relativamente menos, los primeros consumen más y más (mas envejecientes, más longevos), con lo cual la disponibilidad de alimentos se torna más y más limitada. Ante esta realidad, o los granjeros activos producen más (aportan más) o los granjeros viejos tendrán que comer menos (pensiones reducidas), con el agravante de que cada vez la situación será más crítica. Un subsidio del Estado no resuelve el problema macro social, porque la entrega de más alimentos a esta comunidad implica recortes alimenticios a otros grupos sociales, lo que tiende a concentrar el consumo y a agudizar la pobreza. En la práctica, equivale a desvestir un santo, para vestir a otro.

Cuarta etapa: dependencia creciente de subsidios gubernamentales. En la etapa de plena madurez del sistema público, cuando se han consumido todas las reservas y se están pagando las pensiones con los aportes de los trabajadores activos, la situación se torna más negativa: 1) el aporte total continúa siendo de sólo 32,400 real, por cada trabajador promedio; 2) pero ese monto nunca se acumula, ya que es utilizado de inmediato para pagar las viejas pensiones; y 3) obviamente, tampoco se realizan inversiones, ni se obtienen intereses bancarios o rentabilidad que alivien la carga del sistema y de los trabajadores activos. En esas condiciones absolutamente críticas, y asumiendo 15 años de pensión del titular más 3 años de pensión del sobreviviente, el déficit real y neto de la cuenta de Juana Promedio IV sería de 155,610 equivalente al 459.8% del aporte *no acumulado*, con resultados tan catastróficos que confirman las predicciones del Foro Económico Mundial (FEM) de que al 2050 la deuda equivaldrá a cinco veces el PIB mundial, desatando inestabilidad social y política de consecuencias impredecibles, una verdadera bomba previsional.

Cuadro 4.11

Cuarta etapa: resultados financieros sin acumulación

30 años aporte, 9% cotización, 4% tasa de interés, 75.83% de pensión y 17.1 años de pensión, 7 cotizantes por pensionado

Conceptos	*Acumulado real*
Aporte acumulado durante 30 años	0.00
Intereses devengados período activo	0.00
Intereses devengados período pasivo	0.00
Total acumulado de por vida	**0.00**
Total desembolsado de por vida	**(155,610)**
Saldo final	**(155,610)**
Años cubiertos	**0 años**

123

Años subsidiados	17.1 años
Tasa autónoma de reemplazo	0.0%

Fuente: Cálculos del Autor

De estos resultados se desprende que, la solvencia y la sostenibilidad del sistema de reparto dependen del equilibrio entre los años de aporte y de pensión; entre la tasa de cotización y de reemplazo, así como de la existencia de *una alta relación entre los trabajadores activos y los pasivos* premisas que, si bien están presentes en la etapa juvenil de cualquier modelo previsional, resultan cada vez más difícil, ante los grandes avances tecnológicos, las inexorables transformaciones demográficas y los cambios en el mercado laboral, como señalan las estadísticas y las proyecciones, tanto en las naciones más industrializadas, como en los países en vías de desarrollo, aunque a ritmos diferentes.

¿Cuándo surge la necesidad del subsidio ajeno y fiscal? El desequilibrio actuarial del reparto se transforma en *subsidio ajeno* cuando el aporte de los afiliados activos deja de cubrir la totalidad de la nómina de los pensionados y jubilados. Y se convierte en un *subsidio fiscal* cuando, además, se ha agotado el fondo de retiro. Esta realidad suele subestimarse porque ocurre en una etapa muy avanzada del sistema público de reparto y la gran mayoría de los dirigentes, técnicos y políticos prefieren que los trabajadores y los contribuyentes concentren su atención en el corto plazo.

Asumiendo una tasa de reemplazo real del 75.83% y una cotización neta del 9.0%, tenemos una relación de 8.43 afiliados cotizantes promedio por cada pensionado. Ello indica que, siempre de acuerdo con el ejemplo, el sistema tiene capacidad para cubrir la nómina de cada pensionado con cualquier cantidad igual o mayor de 8.43 cotizante promedio. Por ejemplo, 10 cotizantes por cada jubilado dejaría un saldo positivo de 1,700 anual que engrosaría el fondo de retiro. En cambio, cuando los cotizantes descienden a 7.0 por jubilado, su aporte sólo llegaría a 630, quedando una diferencia de 128.33 que tendría que ser cubierta con cargo a la reserva financiera y más adelante, mediante un subsidio estatal mensual recurrente. Y, desde luego, esta brecha tenderá a ensancharse al aumentar la cantidad de jubilados y pensionados en relación a los cotizantes. Cuando haya 4 cotizantes activos por cada pensionado, como ya ocurre en la mayoría de las naciones europeas, los ingresos ordinarios apenas totalizarán unos 360, arrojando un déficit anual de 398.33 per jubilado, un nivel absolutamente inmanejable, a partir del agotamiento de la reserva. En esas condiciones, a las autoridades no les queda otra alternativa que recortar los beneficios, ya sea extendiendo los años de aporte y de retiro, y/o revisando la fórmula del cálculo de las pensiones y de su indexación anual, enfrentando crecientes protestas de los envejecientes, como vimos en el Capítulo II. Aun así, sólo se trata de calmantes que en nada eliminan el tumor subyacente del sistema.

Esta realidad nos obliga a reflexionar sobre la viabilidad a largo plazo de un sistema de retiro intrínsecamente deficitario, cuyo costo se transfiere de generación en generación y en proporción cada vez mayor. ¿Qué otro proyecto social o económico se sustenta en un desequilibrio actuarial y financiero permanente y creciente? ¿Cuál es la capacidad de una nación para asumir una deuda *eterna y creciente*? En materia financiera no existen milagros, ni varitas mágicas. Pero sí existen autoridades que, por razones políticas, lo menos que quieren es que los pensionados y jubilados se amotinen, ocupando las calles y las plazas públicas, en demanda de sus legítimos derechos. Entonces, "por el bien de todos" y para "evitar más desasosiegos", surge la mano amiga del Estado todopoderoso acentuando así la cuarta etapa del reparto, de dependencia recurrente de los subsidios públicos.

Grandes distorsiones y privilegios que generan más subsidios estatales. La seguridad de la intervención ilimitada del

Estado estimula la ineficiencia, la demagogia y la politiquería, primero, ofreciendo planes con beneficios fáciles y desproporcionados, y luego, permitiendo manejos espurios para obtener pensiones privilegiadas que aumentan la carga fiscal a costa de todos los contribuyentes, acentuando las desigualdades sociales. Los subsidios fiscales de las pensiones contributivas hacen innecesario fomentar una cultura previsional en la población, que contribuya a crear conciencia sobre las limitaciones existentes, frente al costo y a los riesgos de una vejez cada vez más prolongada. Tampoco fomentan el ahorro individual para el retiro como un recurso complementario. Al igual que como ocurre con las grandes corporaciones bancarias, --donde la seguridad de los altos ejecutivos de los rescates por parte de los Estados, estimula las burbujas hipotecarias y financieras--, los sistemas de beneficios definidos terminan siendo tan importantes, en términos sociales, que es imposible negarles el subsidio fiscal necesario para evitar su bancarrota. En el primer caso, se arruinan a millones de familias que pierden ahorros y propiedades, mientras en el segundo, se concentra el ingreso y se acentúa la desigualdad social.

Desde luego, estos resultados tan desequilibrados podrían ser mayores con sólo el cambio de algunas de las variables de la fórmula general. Hemos supuesto, 30 años de cotización, pero muchos planes de retiro entregan pensiones con sólo 20 o 25 años de aporte. Otros, mantienen el requisito de los 30 años, pero en cambio, ofrecen hasta un 100% de tasa de reemplazo. Y otros, resultan más dañinos aún ya que, por ejemplo, otorgan una pensión con 30 años de aporte, sin tomar en cuenta la edad del beneficiario y su larga expectativa de vida. En el reparto, todas estas modalidades son perfectamente posibles debido a la falta de correspondencia entre el fondo acumulado y el costo final del período pasivo. Un plan de retiro que otorga jubilaciones a los 20 años de cotización, sólo asegura 4.2 años de pensión, obligando al plan a depender del aporte de los demás para llegar a cubrir los 17.1 años estimados de pensión promedio[99]. En cambio, con sólo 5 años más de aporte, se agregarían 1.9 años, y con 10 más de cotización, unos 8.6 años en total. El impacto acumulativo se observa al tomar en cuenta que mientras hacen falta 20 años de aporte para alcanzar 4.2 años de pensión, con sólo 10 años más, se logra duplicar los años de pensión, sin déficit ni subsidios, y así sucesivamente.

Sin ánimo de alarmar, pero en interés de que los lectores queden debidamente edificados, presentamos el costo de algunas distorsiones. Por ejemplo, *una pensión del 100% del último salario resultaría deficitaria a partir de mediado del sexto año, acumulando un déficit de 151,888, es decir, 4.7 veces mayor que el aporte total, lo cual sin dudas constituye un gran regalo para el beneficiario, pero también una gran tragedia para el sistema y, mayor aún, para la sociedad que tendrá que cubrir ese déficit de por vida.* Pero estos cálculos son para los trabajadores de la primera etapa del sistema. En los casos de la tercera y cuarta etapa, donde ni se ahorra ni se acumula, el saldo negativo resultaría mucho más preocupante ya que sólo acumularía para cubrir 2 años de pensión. Sólo aportaría unos 32,400 y en cambio en 18 años (15 titular + 3 sobreviviente) recibiría 155,610, con una diferencia a su favor de 123,210 per cápita, a expensas del equilibrio financiero del sistema.

Veamos ahora el caso de aquellas personas que se pensionan a los 55 años, habiendo cumplido el tiempo reglamentario de 30 años de aporte. Su fondo acumulado de por vida sigue siendo el mismo: 32,400. Sin embargo, si este jubilado vive sólo 25 años (muere a los 80) y tiene sobreviviente, el costo

---

[99] *Cuando terminaba este libro, se me acercó un ex alumno de la universidad, todavía relativamente joven, y me dijo que estaba pensionado del Instituto Dominicano de Seguros Sociales (IDSS) desde los 41 años porque comenzó a trabajar a los 21 y cuando cumplió los 20 años reglamentarios recibió su pensión. Lo más probable es que ese exalumno disfrute por lo menos 40 años de pensión habiendo aportado sólo durante 20 años.*

final para el sistema de reparto sería como sigue: 260,000 como pensionado más 24,960 para su sobreviviente, totalizando 284,960, arrojando un faltante de 252,560 por trabajador, asumiendo una pensión del 80% del salario. Estos casos confirman que, en las condiciones señaladas, a partir del octavo año, aún los jubilados o pensionados de la primera etapa reciben mucho más que lo que aportaron, dejando una deuda al plan de retiro y al país, tal y como se señaló en el caso de España, entre otros.

En todos los casos examinados hemos supuesto un salario real fijo, sobre el cual se calcula el monto de la pensión prometida. Pero si eliminamos ese supuesto comprobamos que las distorsiones y desequilibrios resultan mucho mayores, ya que el sistema permite que una persona influyente eleve su salario de forma desproporcionada en los últimos años, e incluso, al momento de su retiro, como ocurre con muchos ejecutivos, legisladores y altos militares. Supongamos que esta persona aportó los 32,400 del ejemplo, pero que mediante el tráfico de influencia logró pensionarse no sobre la base de los 1,000 que devengó, sino de 1,200, sus 18 años de pensión (15+3) implicarán un costo de 172,368, con una pérdida de 139,968 para el sistema y posiblemente para el erario público.

Una deuda *eterna* que recae sobre toda la sociedad, incluyendo a los más pobres. Ya hemos explicado que, con el diseño actual, el sistema público de reparto es incapaz de garantizar pensiones dignas y sostenibles para todos. Sus teóricos y sus autoridades señalan que la llamada solidaridad intergeneracional permite pagar a los pensionados y jubilados actuales con los ingresos regulares de los trabajadores cotizantes quienes, a su vez, serán financiados por las nuevas generaciones de aportantes al sistema público. La pregunta es ¿cuáles son los límites y los resultados de este apalancamiento piramidal interminable? La respuesta tradicional es que el mismo se retroalimenta mediante recortes a las pensiones y/o "financiamientos escalonados", con lo que se quiere señalar que cuando el déficit se torna inmanejable se reducen las prestaciones y/o se aumenta el porcentaje de cotización. Pero como este proceso genera fuertes rechazos y protestas de parte de los trabajadores activos y pasivos, en el mejor de los casos, cuando se logran algunos ajustes, estos apenas representan un paliativo, sin poder extirpar el tumor lacerante. Todas las experiencias indican que esta cura resulta coyuntural y que es cuestión de tiempo para que se presente una nueva crisis, generalmente más profunda. Mientras tanto, los políticos ganan tiempo, traspasándole a las futuras autoridades y generaciones el reto de rediseñar el sistema mediante soluciones actuarialmente viables y sostenibles.

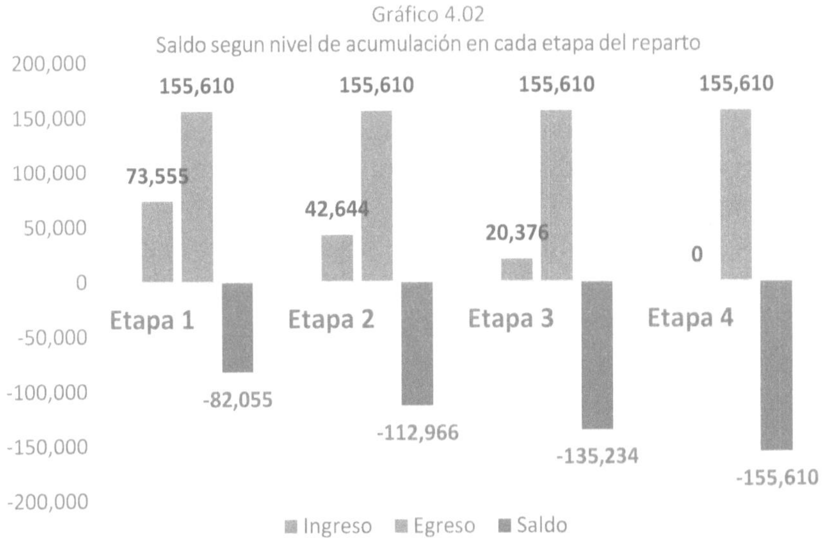

Cuando se les presenta la magnitud de la brecha entre aportaciones y prestaciones del sistema público de reparto y se les pregunta ¿cómo será financiado el déficit actuarial?, la respuesta es siempre la misma: el Estado la cubrirá con subsidios fiscales. Pero de inmediato surge una segunda pregunta: ¿quién pagará esos subsidios? Aquí llegamos al punto central del problema. Si en el sistema público de reparto *todos* los pensionados terminan recibiendo más del doble de lo aportado, ¿quién paga esa diferencia, que se amplía continuamente cuando el sistema deja de ahorrar, invertir y acumular? ¿Los trabajadores activos?, no, porque ellos también recibirán la pensión prometida. Entonces, si no son los pensionados y jubilados, ni tampoco los trabajadores activos, ¿sobre quiénes recae el costo de ese agujero negro? Si el déficit no puede ser cubierto por el propio sistema, entonces queda claro que, más tarde o más temprano, lo pagarán los contribuyentes a través de subsidios gubernamentales, a un costo cada vez mayor ya que el proceso se agudiza y resulta infinito. Es que se trata de un ciclo regresivo recurrente; estamos hablando de la única deuda *eterna* conocida por la humanidad. Por eso es que el Foro Económico Mundial (FEM) pronostica una bomba previsional en la década del 50, con un impacto generalizado, pero con mayor severidad sobre las familias más pobres y vulnerables, como siempre.

De este razonamiento surgen tres grandes preguntas: 1) ¿cuál es el límite del Estado para cubrir esta deuda interminable?, 2) ¿no sería mejor y más justo eliminar el desequilibrio para que esos recursos sean destinados a pagar las pensiones no contributivas a los envejecientes más vulnerables y en estado de necesidad?, y 3) ¿cómo explicar, a la luz de la justicia social y de la equidad, el pago de millonarios subsidios a los trabajadores formales, a expensas de las pensiones solidarias a los más necesitados del sector informal?

El otorgamiento de subsidios recurrentes a los pensionados del sector formal de la economía, generalmente reduce los recursos destinados a los demás programas sociales, o aumenta los impuestos a toda la población. Recordemos aquí que estos subsidios terminan acentuando las desigualdades sociales, entre los pensionados y entre éstos y los demás contribuyentes, en mayor grado en las naciones donde predominen sistemas fiscales regresivos. *La justificación del subsidio fiscal de los planes de retiro contributivos responde a un enfoque intrínsecamente excluyente, propio de la época en la que las pensiones eran sólo un derecho laboral*, etapa superada con la Declaración Universal de los Derechos Humanos, según la cual todos los seres humanos nacen libres y con iguales derechos. A partir de ese momento histórico, la responsabilidad de los Estados modernos y democráticos es universal, independientemente de los ingresos y de la condición social de los ciudadanos. *El nuevo enfoque universal de las políticas previsionales y de los respectivos sistemas de retiro, obliga a un profundo cuestionamiento del subsidio a los regímenes contributivos.*

¿Qué tan solidarios resultan los subsidios? Cuando se agota el fondo para el retiro y los aportes no cubren la nómina de los retirados, ¿cómo se distribuye el subsidio fiscal entre los pensionados y jubilados? ¿Existe solidaridad social en la asignación de los subsidios que mantienen con vida al reparto público que conocemos? Veamos un ejemplo. Representamos el colectivo en 1,000 cotizantes, con un salario mensual real de 1,000, lo que implica una masa salarial anual de 12,000.0 millones, con un 9% neto de aporte, arrojando una cotización de 1,080,000 anual. Asumamos que el 72% de los cotizantes tiene un salario promedio de 556, que el 25% intermedio gana 1,800, y el restante 3% percibe 5,000. Además, que el fondo acumulado por cada grupo de trabajadores apenas cubre 8 años de pensión del promedio de 17.1 años que asumimos como pensión media, teniendo que subsidiar durante 9.1 años a todos estos pensionados y jubilados.

Cuadro 4.13
Ejemplo de la distribución del subsidio en el sistema público de reparto

	Bajo	Medio	Alto	Total
Cantidad de afiliados	720	250	30	1,000
Afiliados/total	**72%**	**25%**	**3%**	**100.0%**
Salario promedio	556	1,800	5,000	
Pensión anual media	390	1,260	3,500	
Pensión 8 años	29,203,200	32,760,000	10,920,000	72,883,200
Pensión 17.1 años	62,421,840	70,024,500	23,341,500	155,787,840
Subsidio total	33,218,640	37,264,500	12,421,500	82,904,640
% del subsidio	**40.0%**	**45.0%**	**15.0%**	**100.0%**

Fuente: Cálculos del autor

En igualdad de tiempo de cotización, *la distribución del subsidio a los pensionados y jubilados, lejos de promover la solidaridad social, acentúa las desigualdades de la distribución de la masa salarial y de los niveles de las pensiones y las jubilaciones.* En efecto, de acuerdo al Cuadro 4.13, aunque los jubilados con bajas pensiones representan el 72%, apenas recibirían el 40.0% del subsidio total; en cambio, los jubilados con pensiones intermedias, siendo sólo el 25%, percibirían el 45.0%, mientras quienes disfrutan de altas pensiones se beneficiarían del 15.0% del subsidio total siendo apenas el 3% del colectivo. En pocas palabras, sea por la vía de la solidaridad intergeneracional y/o proveniente del aporte estatal, mientras los pensionados medios y altos, siendo poco más de la cuarta parte (28%) recibirían mucho más del doble del subsidio (60.0%), los pensionados más pobres que representan el 72% del total, deberán conformarse con poco apenas el 40.0%.

En sentido general, estos resultados van en la misma dirección de los obtenidos por el estudio del Banco Mundial sobre Brasil, según el cual los jubilados del quintil más elevado perciben el 35% del subsidio, mientras el 20% más pobre apenas llega al 4%. Y es que, al final del día, *el sistema de beneficios definidos está diseñado para asignar los subsidios con arreglo a los respectivos niveles salariales y pensionales del sistema económico vigente.*

No exageramos cuando afirmamos que, paradójicamente, *son los trabajadores de bajos ingresos quienes resultan más solidarios con quienes disfrutan de empleos bien remunerados y estables.* Mientras los grupos superiores cumplen con gran facilidad con la cantidad de cotizaciones mínimas necesarias para una pensión plena, una proporción mucho mayor de los primeros no llega nunca a alcanzar esta meta, víctima de la inestabilidad laboral con que vive. Lo más doloroso del caso es que el sistema de reparto no les devuelve los aportes a los trabajadores que no califican para una pensión, quedando estos recursos en el fondo común para pagar las pensiones más holgadas de aquellos que completaron el ciclo de cotización. De modo que, es así como los trabajadores más pobres terminan transfiriendo sus limitados recursos para que los grupos medios y altos disfruten de una pensión plena y digna, durante más tiempo, dado que su esperanza de vida promedio suele ser mayor. La única excepción es cuando el sistema garantiza la pensión mínima con las aportaciones de los cotizantes medios y altos. Pero todavía existe otra distorsión en el reparto del sistema público tradicional: los cotizantes de mayores ingresos disfrutan, en general, de una larga esperanza de vida, recibiendo del fondo de retiro común, una proporción superior que los trabajadores de bajos salarios con una menor expectativa de vida.

Esta distorsión ha sido reconocida en una reciente publicación del BID. "En ausencia de cambios en el diseño de beneficios, las presiones demográficas harán que los sistemas sean cada vez *más generosos con el individuo y más costosos para el Estado.* Esto, unido a los cambios en el mercado de trabajo, también puede hacerlos cada vez más costosos (si más trabajadores consiguen pensionarse), o bien, más injustos y regresivos (si la tecnología erosiona las relaciones laborales)"[100]. Lo

---

[100] BID, *Presente y futuro de las pensiones en América Latina y el Caribe*

cierto es que por ningún lado aparece la varita mágica capaz de controlar, ni mucho menos disminuir, el desequilibrio financiero y actuarial, inherente al sistema de beneficios definidos.

La quinta etapa: ajustes inevitables para paliar las crisis. Y finalmente, llegamos a la quinta etapa del sistema, la cual consiste en la imposición de ajustes paramétricos orientados a reducir el daño financiero y actuarial. Como vimos en el Capítulo II, existen tres posibilidades: 1) reducir el monto de las pensiones; 2) aumentar las cotizaciones de los trabajadores; y 3) lograr una combinación de ambas. Resulta más que obvio, que cualquiera de estos caminos representa un alto costo social y político, luego de escuchar por décadas a los políticos y a sus dirigentes gremiales exaltar las bondades de su sistema de reparto y la solidez de un plan de retiro con cuatro o cinco décadas de funcionamiento "exitoso". ¿Cuál será la reacción de Juana Promedio V, cuando, de repente le digan, que el mismo atraviesa por una grave crisis, porque ya los aportes de los trabajadores no alcanzan para cubrir una nómina creciente de pensionados y jubilados, y que tampoco el Estado puede seguir cargando con subsidios que generan mayores desequilibrios fiscales, porque reducen los presupuestos de los demás programas sociales?

Lógicamente, cualquier propuesta tendente a *pagar más para recibir menos,* genera una oposición inmediata y enérgica. Su reacción natural será exigir "que los políticos busquen la forma de resolver el problema" sin reducir los requisitos, ni el monto de sus pensiones, y sin aumentar las cotizaciones, propuesta generalmente secundada por líderes que pretenden tapar el sol con un dedo, anteponiendo sus intereses particulares y grupales al interés nacional. Ante esta fuerte resistencia, las autoridades de turno, urgidas por quitarse de encima, o al menos reducir, la creciente presión social y la carga fiscal de los subsidios, optarán por introducir cambios por el lado de la menor resistencia y costo político.

Resistencia al aumento del tiempo y del porcentaje de las cotizaciones. Como se mostró en el Capítulo II, generalmente estos reajustes comienzan por contener el gasto. Una de las primeras medidas es la congelación de las pensiones, desde luego, dependiendo de la correlación de las fuerzas políticas y sociales involucradas. Las opciones son: 1) cambiar la fórmula de indexación de las pensiones; 2) extender los años para determinar el salario base para calcular la pensión; y 3) aumentar gradualmente los requisitos mínimos para optar por una pensión plena, cuya medida principal consiste en la extensión gradual del tiempo de cotización necesario. Pero, aun logrando reducir el gasto mensual, difícilmente el mismo resulte suficiente para contener la hemorragia, ya que con estas medidas sólo se alivia la situación, dejando en pie el problema de raíz.

La resistencia es mayor cuando se intenta incrementar los ingresos, ya que ello sólo es posible de tres maneras: 1) elevando el porcentaje de la cotización mensual; 2) extendiendo los años obligatorios de aportes para obtener una pensión plena; y 3) mediante una combinación de ambas. Lo más natural es que los trabajadores se resistan a estos cambios por considerarlos atentatorios contra sus "legítimos derechos".

Obviamente, el ajuste más difícil de implementar es el aumento de la cotización mensual, ya que el trabajador típico suele percibir este aporte como una reducción del ingreso familiar destinado a cubrir todas las demás necesidades perentorias. En los sistemas de seguridad social cofinanciados por los trabajadores y los empleadores, también éstos últimos se unen a la resistencia, alegando que cualquier aumento en la cotización eleva el costo de producción y reduce la competitividad. No obstante, muchos países han logrado progresos en esta dirección estableciendo un aumento gradual del aporte, como forma de moderar su impacto inmediato y reducir la resistencia. La extensión de los años de aporte también se enfrenta con grandes resistencias, aunque en menor grado debido a la evidencia estadística del incremento progresivo de los años de pensión. Para reducir la resistencia, se libera de la misma a los trabajadores de mayor edad, y se recurre a la gradualidad, con una aplicación más acentuada para las nuevas generaciones de trabajadores.

Cuadro 4.14
Resumen de los saldos financieros de las cuatro etapas del reparto
Salario 1,000; aporte 9%, 30 años aporte, tasa interés 4% anual, 75.83% de pensión

Conceptos	*Cuatro etapas del Sistema Público de Reparto*			
	Primera	*Segunda*	*Tercera*	*Cuarta*
Patrimonio acumulado	**73,555**	**42,644**	**20,376**	**0.00**
Aporte 30 años	32,400	17,000	8,053	0.00
Intereses 30 años	30,273	21,943	11,241	0.00
Intereses años pensión	10,882	3,701	1,082	0.00
Costo de la pensión	**155,610**	**155,610**	**155,610**	**155,610**
15 años titular	136,500	136,500	136,500	136,500
3 años sobrevivencia	19,110	19,110	19,110	19,110
Saldo financiero	**(82,055)**	**(112,966)**	**(135,234)**	**(155,610)**
Déficit subsidiado	**52.7%**	**73.8%**	**84.7%**	**100.0%**
Años cubiertos	**8.1**	**4.7**	**2.24**	**0**
Años subsidiados	**9.0**	**12.4**	**14.86**	**17.1**
Tasa de reemplazo	**35.8%**	*20.7%*	**9.9%**	**0.0%**

Fuente: Cálculos del Autor

Salvo algunos casos excepcionales, en general estas reformas suelen ser superficiales, ya que las transformaciones más profundas, requieren de líderes y autoridades con una clara visión de futuro, gran coraje y voluntad política que pocos están en condiciones de asumir. Desde luego, mientras sea posible disfrutar de una pensión jugosa con sólo aportar 20 años de cotización, y existan autoridades dispuestas a justificarlo, ocultándole su alto costo a los demás trabajadores y a los contribuyentes, nadie va a aceptar que le eleven los aportes y que le agreguen más años de cotización para recibir igual, o menor prestación. Mientras tanto *el "equilibrio" del sistema de reparto termina siendo un fuerte "desequilibrio" para el resto de la sociedad.* Y esta conclusión no sólo es válida y pertinente para el sistema público, sino también, para cualquier otro que no garantice su sostenibilidad a largo plazo.

Estimados de los resultados financieros de las cinco etapas. El Cuadro 4.14 presenta un resumen del estimado de saldo financiero y del porcentaje del déficit subsidiado en cada etapa del sistema público, calculado sobre la base de los indicadores y parámetros más comunes y beneficiosos. Como puede observarse, la primera etapa es la de mayor acumulación debido, básicamente, a que los aportes no son tocados, por lo que se acumulan e invierten, logrando cuantiosos rendimientos que, incluso, superan con creces el total de los aportes de por vida del trabajador. A pesar de estas ventajas excepcionales, el fondo de retiro no alcanza para cubrir el costo de una pensión promedio de 17.1 años, dejando un balance per cápita desfavorable para el sistema. A consecuencia de este déficit, los saldos de la segunda etapa para nada resultan auspiciosos, ya que parte de sus aportaciones son utilizadas para pagar las pensiones de la primera, limitando así, de manera sensible, la capacidad de ahorrar, capitalizar y acumular del fondo de retiro durante las siguientes etapas.

Durante la tercera etapa, el desequilibrio continúa agudizándose porque a esta altura el ahorro individual disminuye notablemente, por lo que se obtienen bajos intereses, tanto en el período activo como en el pasivo. La cuarta etapa comienza cuando los ahorros desaparecen totalmente, ya que son utilizados íntegramente para pagar una parte de la nómina, por lo que ni se ahorra, ni se invierte, ni se obtienen dividendos, primero consumiendo las reservas financieras y luego requiriendo de un subsidio gubernamental para cubrir los compromisos mensuales de una cantidad creciente de jubilados y pensionados cada vez más longevos. Como resultado inevitable del desequilibrio actuarial y financiero, el plan de retiro se va degradando, generación tras generación, etapa tras etapa, alejando cada vez más la oportunidad de *acumulación autónoma* en la cuenta personal de los afiliados.

¿Por qué el sistema público de reparto tradicional no garantiza pensiones sostenibles a largo plazo? La disociación entre las aportaciones y las prestaciones inherente al sistema público de reparto genera un desequilibrio actuarial y financiero incontenible, inmanejable e insostenible. Esta falta de solvencia se inicia comprometiendo los ahorros y la capacidad de acumulación de los trabajadores activos, y termina dependiendo de cuantiosos subsidios gubernamentales pagados por todos los contribuyentes. Esta brecha entre los ingresos y los egresos se acentúa con las transformaciones demográficas, los cambios en la estructura del mercado laboral, y la reducción de los cotizantes en relación a los jubilados, procesos crecientes e inevitables.

Como resultado del pecado original, la falta de correspondencia entre las aportaciones y las prestaciones garantizadas, origina una profunda brecha que con el tiempo determina la evolución del sistema en cinco grandes etapas, definidas por la reducción progresiva de la capacidad para ahorrar, invertir y acumular, proceso que se acentúa con el envejecimiento de la población y del propio sistema. En la primera etapa, la tasa de reemplazo propia, garantizada sin aportes ajenos, ni subsidios fiscales apenas equivale al 35% del salario promedio, la cual se contrae en las subsiguientes etapas. No obstante, el reparto puede entregar tasas mayores de reemplazo, primero utilizando las aportaciones de los cotizantes activos y luego recurriendo a subsidios fiscales.

Resulta cuestionable el aporte del reparto público a la solidaridad social, habida cuenta de que sus prestaciones reproducen las diferencias y desigualdades sociales y económicas del mercado laboral. A mayores ingresos, mayores cotizaciones, mayores pensiones, mayores aportes de los trabajadores activos para cubrir la "solidaridad intergeneracional", y mayores subsidios, y viceversa. La principal excepción se registra en aquellos modelos que garantizan, *con recursos internos,* la pensión mínima cuando el fondo de retiro no alcanza lo suficiente.

Ante la fuente resistencia popular a reducir las prestaciones y/o a aumentar la cotización, las autoridades sólo se deciden a introducir ajustes para contener el déficit creciente, cuando se han agotado las reservas del plan de retiro y crecen rápidamente los subsidios gubernamentales, logrando algunos ajustes paramétricos que no tocan el problema de raíz, y sólo alivian al enfermo. Si bien todas las generaciones de trabajadores tienen igual derecho a la compensación previsional prometida, cada nueva generación hereda una pesada deuda financiera y trabaja con una menor capacidad para ahorrar, invertir y acumular, convirtiéndose, independientemente de su conocimiento y voluntad, en una creciente carga social y financiera, tanto para el sistema como para la sociedad en su conjunto.

El desequilibrio actuarial y financiero se expresa en un proceso involutivo y recurrente que explica los crecientes saldos financieros negativos presentados por la mayoría de los países, cuyas principales evidencias fueron descritas en el Capítulo II. Un proceso cuyo desequilibrio no se limita al sistema público de reparto, sino que también abarca, con igual severidad, al sistema de capitalización individual, como veremos a continuación.

Capítulo V

CAPITALIZACIÓN INDIVIDUAL: EQUILIBRIO CON BAJAS PENSIONES

¿Por qué el sistema de capitalización individual no ha alcanzado el objetivo de una pensión digna y duradera?

El sistema de la capitalización individual (SCI) surgió como una alternativa ante el creciente desequilibrio financiero y actuarial del sistema público de reparto, que no sólo utiliza los aportes ajenos, erosionando la capacidad de ahorro y capitalización de los trabajadores activos sino, además, que depende de crecientes subsidios gubernamentales. Se conoce como un sistema de *aportes definidos* (AD), y fue promovido como capaz de superar las debilidades actuariales, financieras y los privilegios que se anidan en el sistema público de reparto.

Este sistema es de capitalización, por considerar que sólo mediante el ahorro y la inversión a lo largo de toda la vida laboral, es posible acelerar el proceso de acumulación para garantizar pensiones dignas y sostenibles, sin generar déficits ni subsidios. Y es individual, en interés de acentuar su estrecha vinculación con el esfuerzo propio, y porque esos fondos son intocables, ya que constituyen una propiedad exclusiva de cada trabajador, por lo que sólo pueden invertirse a favor y a nombre de su real propietario, y no pueden utilizarse para pagar pensiones ajenas.

El presente capítulo parte de las principales características del sistema de capitalización individual para demostrar, me-

140

diante cálculos actuariales sencillos, que dicho sistema tampoco garantiza pensiones dignas y sostenibles, dejando en la orfandad a los pensionados y jubilados al agotarse su fondo de retiro. Se presentan los principales resultados de cuatro décadas de funcionamiento, poniendo un énfasis especial, tanto en lo relativo al carácter privado de la administración, como a la ausencia de solidaridad social. Y, finalmente, se analizan las principales críticas y objeciones formuladas al sistema.

a) Pensiones bajas y altas comisiones de las AFP

Diferencia en el cálculo del monto de la pensión. Hasta donde sea posible, y en interés de realizar comparaciones similares entre los resultados financieros y la cobertura social del sistema de capitalización individual y del sistema público de reparto, en principio partimos de los mismos supuestos, en cuanto a las aportaciones e inversiones, años de cotización y de retiro; y tasa de interés y de reemplazo y años de pensión. Como indica el Cuadro 5.01, continuamos asumiendo un salario mensual de 1,000, para un total anual de 12,000, con una cotización mensual neta del 10% (incluyendo la comisión de la AFP), lo que arroja un aporte anual per cápita de 1,200, invertidos a la misma tasa de interés anual del 4%. Al igual que en el reparto público, la pensión

Cuadro 5.01	
Capitalización supuestos financieros	
Salario mensual	1,000
Salario anual	12,000
% aporte mensual	10.0%
Aporte anual	1,200
Interés mensual	0.542%
Comisión anual AFP	1.25%
Comisión mensual AFP	0.104%
Años cotización	30
% pensión anual	70%
% real de pensión	75.83%
Pensión anual	9,100
Años pensionado	15
Años sobrevivencia	3
Pensión sobrevivencia	70%
Cotizantes activos	1
Años total pensión	17.1
Pensión promedio	8,645
Pensión mensual	700
Pensión sobrevivencia	490
Fuente: Cálculos del Autor	

se otorga al concluir los 30 años de cotización, asumiendo una pensión promedio del 70% durante 15 años, más una de sobrevivencia de tres años igual al 70% de la pensión del titular, en ambos casos, incluyendo una mensualidad adicional al final del año. La comisión total de las AFP promedia el 1.25% anual, calculada y deducida a final de cada mes. Es importante tener presente que todos los cálculos se realizan en valores reales, descartando cualquier inflación, tanto en la tasa de interés como en el salario mensual y en la pensión real, a fin de evitar distracciones innecesarias que desvíen la atención del punto central del análisis.

Como revela el Cuadro 5.02, al concluir el ciclo contributivo de 30 años (360 meses de cotizaciones regulares e ininterrumpidas), el patrimonio de Juana Promedio asciende a 55,931, como resultado de aportes por 36,000, intereses acumulados de 29,034, menos unos 9,104 cobrados por la AFP por la administración del fondo. Dado que el monto de las pensiones en el sistema de capitalización individual depende del fondo acumulado, sin una edad límite obligatoria de retiro, en adición, el cuadro incluye la proyección del aporte, los intereses, la comisión y el saldo acumulado para una cotización de 35 y 40 años respectivamente. Desde luego, en este ejercicio, la gran diferencia reside en el monto de la pensión mensual ya que, tanto el objetivo como la lógica del sistema, resultan diametralmente opuestos al reparto. El fondo acumulado al final del período activo, constituye el punto de partida para determinar la pensión y, debido a que se trata de un fondo individual, el sistema sólo dispone del mismo para asignar la pensión, excluyendo de antemano cualquier endeudamiento y subsidio gubernamental directo. Como vimos, la asignación de la pensión del reparto, lejos de considerar los aportes y beneficios acumulados, simplemente aplica la tasa de reemplazo previamente definida y la multiplica por el salario de referencia, el cual suele ser el último, o el promedio de los últimos años. Como ya hemos señalado, esta modalidad genera un desequilibrio adicional, equivalente a la diferencia entre el salario promedio de por vida y el salario promedio de los últimos años. Y, en adición, con frecuencia permite aumentos elevados en la etapa final, para lograr pensiones por un monto muy superior al salario promedio que sirvió de base para la cotización de por vida.

Fórmula del cálculo del fondo de retiro individual. Como ya hemos señalado, en el sistema de capitalización individual la pensión mensual depende del monto del fondo de retiro acumulado durante la etapa activa de cada trabajador cotizante. En consecuencia, la fórmula de su cálculo difiere sustancialmente de la aplicada en el caso del sistema público de reparto, así como también el concepto de equilibrio financiero resulta diferente. A pesar de que se trata de un proceso más complejo en el que intervienen diversas variables a lo largo de toda la historia laboral, a fin de simplificar su cálculo, partimos de un aporte mensual fijo y real (sin inflación), asumiendo una cotización mensual regular (valor real), durante todos los meses del período activo, recurso que es invertido y reinvertido íntegramente a una tasa de interés o rentabilidad fija también real. En términos financieros, se trata del cálculo del interés compuesto de un valor inicial fijo, el cual se reinvierte en forma recurrente, hasta el final del periodo. Por razones de simplicidad, hemos dividido el cálculo en cuatro pasos. Así las cosas, la fórmula del primer paso es la siguiente:

$$FRAC = \%COT * SAPM (1 + \%INT)^{CMC}$$

Donde:

FRAC= fondo de retiro acumulado
%COT= porcentaje de cotización mensual
SAPM = salario promedio mensual
%INT = tasa de interés real mensual

CMC = cantidad de meses de cotización

El segundo paso, consiste en estimar el monto de la comisión que cobra la Administradora de Fondo de Pensión (AFP), la cual, de acuerdo a nuestros supuestos, consiste en un porcentaje del fondo total acumulado, deducible mensualmente, mediante la siguiente fórmula:

CAFP = %COM * FRAC

Donde:

CAFP = comisión mensual de la AFP
%COM = porcentaje mensual de la comisión
FRAC = fondo de retiro acumulado

El procedimiento aplicado consiste en calcular el fondo de retiro acumulado mensual y luego deducirle el monto de la comisión mensual de la AFP, para obtener el saldo mensual del fondo de retiro. El tercer paso consiste en estimar el monto mensual de la pensión:

$$PENM = \frac{FRAC}{MPEN}$$

Donde:

PENM = pensión mensual real
FRAC = fondo de retiro acumulado
MPEN = meses estimados de pensión

El cuarto paso corresponde a la etapa pasiva, en la cual el saldo mensual del fondo de retiro es el resultado de sumarle el interés mensual obtenido por el remanente del patrimonio, y luego deducirle la comisión mensual de la AFP y el monto mensual de la pensión, proceso recurrente hasta el agotamiento del fondo de retiro, momento en que concluye la administración de la AFP.

En el Cuadro 5.02 se observa la rapidez del crecimiento de la rentabilidad en la medida en que aumentan los años de cotización. Como ya ocurre en muchos países de Europa, donde el período de aporte se ha extendido de 30 a 40 años y más, el fondo acumulado aumenta en 31,473 al elevarse de 55,931 a 87,404 en 10 años, con sólo un aporte adicional de 12,000. Pero este crecimiento no resulta mucho mayor debido al costo creciente de la comisión de la AFP: al año 30 la misma asciende a 9,104, un 16.3% del fondo, mientras en el año 40, la misma casi se duplica al llegar a 17,998, representando el 20.6% del nuevo saldo.

Cuadro 5.02
Sistema de Capitalización Individual resultados financieros
1,000 salario real; 10% aporte; 4% interés anual; 1.25% comisión

Años	Aporte Acumulado	Intereses Acumulados	Comisión acumulada	Pensión anual	Fondo acumulado
5	6,000	638	200	0.00	6,438
10	12,000	2,655	833	0.00	13,828
15	18,000	6,253	1,961	0.00	22,293
20	24,000	11,665	3,657	0.00	32,008
25	30,000	19,157	6,006	0.00	43,150
30	36,000	29,034	9,104	0.00	55,931
35	42,000	41,648	13,059	0.00	70,590
40	48,000	57,400	17,998	0.00	87,404

Fuente: Cálculos del Autor

Para realizar una comparación objetiva entre los resultados financieros de ambos sistemas, aplicados al mismo trabajador promedio, en este momento debemos apartarnos de la práctica real del sistema de capitalización individual en cuanto al cálculo de la pensión mensual. Estimamos el saldo financiero asumiendo la entrega de una pensión anual de 9,100, que es el resultado de multiplicar el 75.83% del salario anual de

12,000, más el pago adicional de Navidad, tal y como hicimos en el análisis del sistema de reparto.

De acuerdo a los supuestos señalados, los jubilados sólo acumularían en sus cuentas individuales unos 61,522, fruto de los 36,000 como aporte, más 37,086 como intereses (29,034 en la etapa activa, más 8,052 en la pasiva), menos 11,564 por concepto de comisión de la AFP. Al igual que en el capítulo anterior, el costo total del pensionado o jubilado asciende a 155,610, al multiplicar los 9,100 de la pensión anual por los 17.1 años promedio como pensionado. En consecuencia, al final del día tenemos un faltante de 94,087, equivalente al 60.5% del costo de la vejez. Veamos ahora un poco más de cerca el proceso.

Cuadro 5.03
SCI: Proceso del pago de las pensiones y jubilaciones
1,000 salario real; 10% de aporte, 75.83% reemplazo neto; 17.1 años pensión;
1.25% comisión anual; 4% anual interés

Pensión	*Saldo inicial*	*Inte reses*	*Comi sión*	*Pensión anual*	*Saldo final*
Fondo año 30	36,000	29,034	9,104	-	55,931
Pensión año 1	55,931	2,111	652	9,100	48,289
Pensión año 2	48,289	1,801	555	9,100	40,435
Pensión año 3	40,435	1,483	455	9,100	32,362
Pensión año 4	32,362	1,156	354	9,100	24,065
Pensión año 5	24,065	848	256	9,100	15,556
Pensión año 6	15,556	503	148	9,100	6,811
Pensión año 7	6,811	149	37	9,100	(2,177)
Pensión año 8	(2,177)	0	0	9,100	(11,277)
Pensión año 9	(11,277)	0	0	9,100	(20,377)
Pensión año 10	(20,377)	0	0	9,100	(29,477)
Pensión año 11	(29,477)	0	0	9,100	(38,577)
Pensión año 12	(38,577)	0	0	9,100	(47,677)
Pensión año 13	(47,677)	0	0	9,100	(56,777)
Pensión año 14	(56,777)	0	0	9,100	(65,877)
Pensión año 15	(65,877)	0	0	9,100	(74,977)
Sobrevivencia año 1	(74,977)	0	0	6,370	(81,547)
Sobrevivencia año 2	(81,547)	0	0	6,370	(87,717)
Sobrevivencia año 3	(87,717)	0	0	6,370	(94,087)

Fuente: Cálculos del Autor

Como indica el Cuadro 5.03, el primer año de pensión se inicia con el balance final de los 30 años de cotización, mientras los años del 1 al 18, ilustran los resultados financieros anual durante el período promedio de retiro. Asumiendo los demás factores constantes, el primer año de pensión parte con un fondo acumulado de 55,931, a los cuales se le adicionan 2,111 por intereses, y luego se les restan 652 de comisión de la AFP más los primeros 9,100 de la nómina anual del jubilado, concluyendo el año con un saldo de 48,289, proceso que, como ya hemos explicado, se repite año tras año, según indica el referido Cuadro[101]. Al concluir el sexto año la cuenta individual contará con 6,811 la cual, al agregarle 149 por intereses y descontarle los 9,100 de la pensión más 37 de comisión, un saldo que apenas alcanzará para cubrir unos 8 meses de pensión del séptimo año, arrojando un déficit de 2,177, momento en el cual la AFP terminará su relación con Juana Promedio, al agotarse el fondo de retiro administrado.

Es importante tener presente que la utilidad de este cálculo es comparar los resultados financieros entre ambos sistemas previsionales. Recordemos que el sistema de capitalización individual no garantiza beneficios definidos, ya que determina el monto de la pensión dividiendo el saldo de la cuenta individual entre la esperanza de vida estimada del pensionado o jubilado. Por lo tanto, asumiendo los 17.1 años promedio de jubilación, e incluyendo los intereses durante el período pasivo, la pensión mensual llega a 276.75 (61,522/17.1/13), equivalente a *una tasa de reemplazo del 27.7%*. En esas condiciones críticas, el jubilado tendrá que buscar, por sus propios medios, y posiblemente, con la ayuda gubernamental otros 94,000 en 12 años para acercarse a una pensión digna de por vida, o en su defecto, resignarse a un nivel de vida muy inferior. Queda claro que, dentro de los límites

---

[101] *En todos estos casos se trata de resúmenes anuales de los cálculos mensuales, por lo que es posible que existan algunas diferencias sin importancia real.*

señalados, el sistema de capitalización individual, tal y como lo conocemos, *tampoco es capaz de asegurar una pensión digna*, debido a la falta de correspondencia entre los años de cotización y de retiro, y la tasa de aporte y de reemplazo, salvo en los casos excepcionales en que la tasa de rentabilidad sea mucho mayor durante todo el período.

¿Por qué las pensiones resultan insuficientes? Aquí llegamos a un punto crucial del análisis comparativo. La baja tasa de reemplazo del 27.7%, y/o los pocos años de pensión garantizados (6.8 años), no se explican porque el sistema de capitalización individual sea esencialmente malo, sino por el hecho de que, en el caso chileno y en muchos otros, depende de una cotización muy baja (10%) en relación a la tasa de reemplazo ofrecida (75.83%). Reiteramos la imposibilidad de que cualquier sistema, de capitalización o de reparto público, pueda garantizar una pensión digna y sostenible con un 10% de aporte, durante 360 meses y una tasa de interés de sólo el 4% anual, con una longevidad creciente. Ya lo demostramos en el capítulo anterior, y ahora se confirma en la capitalización individual.

Es un error que en nada ayuda a mejorar la suerte de los trabajadores y de la población en general, esgrimir las bajas pensiones para justificar el rechazo absoluto del sistema de capitalización individual. El hecho comprobado de que, bajo las condiciones señaladas, tanto la capitalización individual como el reparto público, arrojen pensiones insuficientes y/o insostenibles, confirma nuestra tesis de que ambos sistemas adolecen de la falta de correspondencia entre el porcentaje de aporte y la tasa de reemplazo, así como entre los años de cotización y los años promedio de pensión. En pocas palabras, se trata de un virus maligno que afecta por igual a ambos sistemas, y del cual sólo podrán librarse mediante sendas reformas estructurales, como mostraremos en los capítulos finales de esta obra. No se le puede pedir peras al olmo.

Aunque las consecuencias financieras del desequilibrio actuarial suelen ser bastantes similares e independientes en los dos viejos sistemas previsionales, su impacto se expresa en diferentes resultados, de acuerdo a la naturaleza de cada uno. El reparto, al contar con la "solidaridad intergeneracional" y con subsidios fiscales, entrega pensiones suficientes, pero a costa de un déficit creciente que consume el fondo de retiro general, elimina la capacidad de ahorro e inversión, y termina dependiendo ayuda fiscal. En cambio, la capitalización individual, al no depender del endeudamiento ni de subsidios fiscales, entrega pensiones insuficientes, generando desamparo social en la mayoría de los pensionados y jubilados.

¿Qué condiciones serían necesarias para garantizar pensiones dignas y sostenibles con un aporte de sólo el 10% en un período de 30 años? Existen cuatro posibilidades. Primera, si se redujera la comisión del 1.25% a sólo el 0.5% anual, manteniendo constante los demás factores, sólo se agregaría un año más de pensión. Segunda opción, de extender la cotización a 40 años, sin alterar las demás condiciones, el sistema llegaría a 12 años y tres meses de pensión garantizada, todavía insuficiente. Tercera, el reducir al 60% la tasa de reemplazo apenas agregaría un año de pensión. Y cuarta opción, si se elevara la tasa de interés anual del 4% al 6%, el fondo alcanzaría para 12 años de pensión, con un déficit de 5 años; en cambio, de lograr un 7% de interés anual promedio, entonces el sistema garantizaría una pensión digna y sostenible, pero lamentablemente estas condiciones están fuera del control del sistema y son muy difíciles de lograr y sostener a lo largo de 30 años de vida activa, más los 18 años promedio de la etapa pasiva.

De estos resultados se desprende que ninguno de estos ajustes paramétricos, *por sí sólo*, puede garantizar pensiones dignas y sostenibles para todos, confirmando la necesidad impostergable de una reforma basada en un rediseño integral. Huelga señalar que, al aplicar estos cambios al sistema público de reparto, los resultados serían más o menos similares, con la única diferencia del costo de la comisión de la AFP. Adelantándonos un poco a nuestra tesis de que ambos sistemas podrían llenar el objetivo deseado mediante un rediseño actuarial, señalamos los resultados preliminares de un cambio simultáneo de las principales variables. *Combinando un 13 % de aporte durante 40 años, con un 0.8% de comisión, es posible garantizar unos 20 años de pensión real del 75.83%, sin endeudamientos ni subsidios.* No se toca el 4% de rentabilidad por tratarse de una variable muy importante, pero fuera del alcance del sistema previsional, cualquiera que sea su naturaleza pública o privada. Estos cambios revitalizarían tanto al sistema de capitalización individual, como al sistema público de reparto, siempre que, en adición, éste último recupere su capacidad de ahorro e inversión.

Diferencia inicial en el fondo acumulado debido al costo de la comisión. El costo de la comisión que cobran las AFP por la administración del patrimonio, es sin dudas, uno de los temas más polémicos. Sus defensores minimizan su impacto, resaltando su aporte al crecimiento del patrimonio, mientras sus cuestionadores indican que la relación costo/beneficio es muy elevada, lo que reduce el crecimiento del fondo para el retiro. Los cálculos indican que el fondo de retiro acumulado resulta menor que el obtenido en la primera etapa del sistema público de reparto, cuando todavía existe ahorro e inversión. A pesar de que los estimados han sido realizados en condiciones prácticamente iguales, existe una variable que marca la diferencia: el monto de la comisión cobrada por la Administradora de Fondos de Pensión (AFP), el cual es deducido mensualmente luego de capitalizar el patrimonio de los trabajadores, tal y como ocurre en la realidad y, además, se cobra durante los años de pensión. De los cálculos se desprende que la comisión total cobrada por la AFP (11,564), es igual al 31.3% de los intereses acumulados, mientras el costo de administración del reparto equivale al 4.9%[102], en el caso de la capitalización individual llega al 18.8%.

Cuadro 5.04
Saldo financiero aportes a reparto y capitalización individual

Sistema	*Aporte total*	*Interés total*	*Costo Admist*	*Fondo total*	*Admist, fondo*
Reparto Público	32,400	40,868	3,600	73,268	4.9%
Capitalización	36,000	37,086	11,564	61,522	18.8%
Diferencia	**3,600**	**(3,782)**	**(7,964)**	**(11,746)**	**13.9%**

Fuente: Cálculos del Autor

Como indica el Cuadro 5.04, al comparar los resultados financieros de ambos sistemas, la capitalización individual presenta una reducción de 11,746 en el patrimonio del trabajador promedio, fruto de la acumulación de 73,268 en el sistema de reparto, frente a sólo 61,522 en la capitalización individual, en ambos casos incluyendo la etapa pasiva. La principal diferencia reside en que, bajo los supuestos señalados, mientras el costo administrativo del reparto se estima en 3,600 per cápita, calculado como un estimado del 10% del aporte mensual, en la capitalización individual se asume una comisión del 1.25% del fondo total administrado, incluyendo la administración durante los años pasivos. Desde luego, estos resultados tendrán un peso mayor o menor en el saldo patrimonial del trabajador, dependiendo de cuál sea la diferencia real en el costo de administración de ambos sistemas. También influye el hecho de que la comisión de la AFP es calculada y descontada mensualmente luego de capitalizar el fondo total de retiro, práctica que incrementa la comisión en relación al patrimonio acumulado.

Sin embargo, esta ventaja *sólo se registra* durante la primera etapa del sistema público de reparto, porque todavía no

---

[102] *En realidad, se trata de un estimado, ya que no ha sido posible obtener, de fuente directa y confiable, el costo administrativo real de los modelos de reparto público. No se incluye el costo administrativo en la etapa pasiva.*

se han tocado las cotizaciones, logrando un ahorro capitalizable que acelera el proceso de acumulación del fondo para el retiro. Como ya se señaló en el capítulo anterior, en las subsiguientes etapas el fondo acumulado tiende a reducirse con el agotamiento progresivo de la capacidad de ahorro e inversión, como resultado de la utilización inmediata de los aportes para pagar la nómina corriente de los viejos pensionados y jubilados. En ese nuevo proceso, la tasa de reemplazo sostenible se reduce junto con el ahorro, hasta extinguirse totalmente.

Alta comisión con muy poco esfuerzo. El hecho de que la comisión sea un porcentaje del fondo acumulado, les asegura a las AFP una mayor participación relativa, en la medida en que el patrimonio crece y se acumula. Por ejemplo, el primer aporte de Juana Promedio de 100, le generará un saldo final de 331.35 invertido al 4% anual, lo que arroja unos 231.35 de utilidad al final de los 360 meses de ahorro. Sin embargo, el 1.25% anual sobre ese fondo, le asegura a la AFP una comisión de 145.47 por administrar los 100 durante 30 años, monto que representa el 62.9% de la utilidad, y el 43.9% del fondo acumulado. Claro, es importante señalar que por los sucesivos 100 de aporte mensual la comisión acumulada será menor porque los meses de administración también lo serán. Y es que, en cualquiera de las modalidades de comisión, la AFP asegura una posición de privilegio, ya que se da la paradoja de que, *a pesar de que en la capitalización individual las pensiones son indefinidas, en todo momento la AFP tiene sus beneficios mucho mejor definidos.*

Conviene ofrecer una idea simplificada de la función de la administración del fondo de pensión y de las principales actividades que la misma presupone, a fin de que nuestro lector no especializado pueda relacionar su complejidad con su costo. El objetivo de la administración del fondo de pensión es invertir el ahorro previsional para obtener la mayor rentabilidad posible a favor de los trabajadores. Dado que se trata de una inversión de largo plazo, la misma suele estar limitada y restringida a aquellas áreas que ofrezcan la mayor seguridad y que impacten en el crecimiento de las actividades productivas. Tratándose de una cotización obligatoria, el proceso de recaudo y pago está a cargo de los empleadores, los cuales realizan el descuento a sus trabajadores y agregan el aporte de la empresa, utilizando una plantilla con la información básica, remitida por medios electrónicos, junto a los recursos correspondientes. En el Sistema Dominicano de Seguridad Social (SDSS), esta función está centralizada en la Tesorería de la Seguridad Social (TSS), lo que reduce significativamente el costo administrativo de las AFP.

Una vez transferido el aporte individual, la AFP los registra en las cuentas personales de sus afiliados. Mientras tanto, previo estudio de la situación económica general y de las características de las diferentes fuentes de inversión, la AFP decide la proporción del fondo general a ser invertido en los diferentes instrumentos financieros, con el objetivo de maximizar la rentabilidad. A fin el mes, deduce la comisión y prorratea las utilidades de acuerdo a la cantidad invertida por cada trabajador, enviando los reportes requeridos a la Superintendencia de Pensión. Este proceso se repite mes tras mes año tras año, resultando más o menos complejo, dependiendo del desarrollo del mercado financiero, notificando estos resultados a los afiliados con la periodicidad establecida.

Comisiones de la AFP elevadas que erosionan el fondo acumulado. El Cuadro 5.05 muestra el saldo del patrimonio, así como los intereses y la comisión acumulados, de acuerdo al porcentaje de la comisión cobrada sobre el saldo mensual del fondo de retiro, siempre basado en los supuestos señalados. Obviamente, los resultados indican una *relación inversa entre el saldo acumulado para cada nivel de la comisión y la cantidad de meses de pensión garantizada*. Por ejemplo, para una comisión del 1.5% anual deducida mensualmente de la cuenta individual de cada trabajador, el fondo acumulado ascendería a 53,603, monto que apenas garantizaría unos 5.9 años de la pensión promedio. En ese escenario, los intereses acumulados serían de 28,221, en tanto que la comisión llegaría a 10,618, equivalente al 27.3% del total de los dividendos, y al 19.8% del fondo acumulado, lo que revela el grado de distorsión del objetivo fundamental del sistema de seguridad social.

Una situación intermedia sería una comisión de sólo el 1.0% anual, en cuyo caso el saldo final del fondo ascendería a 58,386, sólo suficiente para cubrir 6.4 años de pensión, 5 meses más por trabajador que en el caso anterior. En el extremo inferior, el más favorable para los pensionados y jubilados, una tasa del 0.50% anual permitiría acumular 63,708, llegando a solventar 7.0 años de pensión, con una comisión de sólo 3,973, casi similar a la estimada para el reparto, equivalente al 11.1% del total de los intereses, y al 6.2% del fondo acumulado. Como puede observarse, *el nivel de la comisión administrativa de la AFP incide en forma inversa, tanto en el saldo final acumulado como en los meses asegurados de pensión sostenible.*

Cuadro 5.05

Impacto de la comisión de la AFP en los años garantizados de pensión

1,000 salario; 10% aporte; 4% interés, 30 años, 75.83% reemplazo

% comisión	Fondo acumulado	Interés total	Comisión AFP	Años de pensión	Comisión/ total	Comisión/ fondo
1.50%	53,603	28,221	10,618	5.9 años	27.3%	19.8%
1.25%	55,931	29,034	9,104	6.1 años	23.9%	16.3%
1.00%	58,386	29,881	7,495	6.4 años	20.1%	12.8%
0.90%	59,405	30,229	6,824	6.5 años	18.4%	11.5%
0.80%	60,446	30,584	6,137	6.6 años	16.7%	10.2%
0.70%	61,510	30.943	5,433	6.8 años	14.9%	8.8%
0.50%	63,708	31,681	3,973	7.0 años	11.1%	6.2%

Fuente: Cálculos del Autor

Conviene resaltar que, si bien una limitación razonable de la comisión indudablemente mejoraría las pensiones y jubilaciones, ésta medida, por sí sola, *no constituye un factor determinante* para alcanzar la meta de asegurar una pensión digna y sostenible para todos. Recordemos que, en el sistema de reparto, donde el costo administrativo es menor, los resultados tampoco son satisfactorios. De ello se desprende que un cambio en un sólo factor no resulta suficiente por lo que, en adición, el sistema necesita un rediseño integral, que garantice la necesaria correspondencia entre los diversos factores que determinan el equilibrio actuarial y financiero, como se expondrá en el Capítulo IX.

Para apreciar la verdadera magnitud del alto costo de las comisiones, ahora debemos abandonar el enfoque individual para estimar el costo social. Por ejemplo, la comisión individual basada en el 1.25% del fondo administrado, asciende a 11,564 (etapa activa + pasiva), monto equivalente a un año y tres meses de pensión del titular en las condiciones señaladas, lo cual es mucho sacrificio para cualquier trabajador. Si pensamos ahora en un sistema con 10 millones de afiliados tendríamos una idea más realista de los resultados, ya que estaríamos hablando de una comisión global de 115,640,000,000, extraída de las cuentas individuales de los trabajadores lo cual, sin dudas, aseguraría una gran ganancia a las AFP y al mismo tiempo reduciría la posibilidad de lograr pensiones dignas y sostenibles para esos 10 millones de trabajadores.

Observando más en detalle el Cuadro 5.05, tenemos que una comisión del 1.25% le garantiza a las AFP el 23.9% del rendimiento de los aportes de Juana Promedio, equivalente al 16.3% del fondo acumulado. En el caso de la existencia de una comisión del 1.5% para las AFP que luego se reduzca a sólo el 0.50%, obtendríamos los siguientes beneficios para los trabajadores: 1) el fondo de retiro aumentaría en 10,105 al pasar de 53,603 a 63,708, una ganancia de 1.11 años; 2) la comisión se reduciría en 6,645, el equivalente al 62.6%; y 3) el porcentaje de la comisión sobre el fondo acumulado bajaría del 19.8% a sólo el 6.2%.

Una comisión muy superior y desproporcionada. Una contradicción muy importante del actual sistema de pensiones chileno de capitalización individual es que "mientras el sistema paga, en promedio, modestas pensiones a sus afiliados, las tasas de ganancia de los administradores de estas cuentas son muy altas". En Chile las AFP lograron imponer *comisiones implícitas*, las cuales han llegado a un nivel tal, que un estudio de la Subsecretaría de Previsión Social, estimó que en dos o tres décadas "un afiliado puede ver disminuida entre 20% a 30% su pensión, sólo por concepto de la pensión implícita mencionada"[103].

La Comisión Bravo, instituida por encargo presidencial, determinó que, aún dentro del sistema financiero chileno, "las rentabilidades que obtienen las AFP son muy superiores al rendimiento que obtienen distintas ramas del sector financiero como la banca, la rentabilidad de la industria de los seguros de vida y la de los seguros generales"[104]. En Chile, los costos administrativos totales aumentaron del 2,44% de los salarios de los regímenes contributivos en 1981 al 3,6% en 1984, y solo disminuyeron al 2,26% en 2003, veintidós años después de la reforma[105]. Aunque durante los primeros años del sistema la tasa de rentabilidad del fondo de retiro registró una media anual cercana al 13.7%, "se lee de algunos autores que en el largo plazo las tasas promedio de rentabilidad se ubicarán alrededor del 6%, mientras otros estiman que en menos, dependiendo de factores macroeconómicos globales fuera del dominio de la economía chilena y desde luego, del sistema de capitalización individual[106]. Estos resultados, a todas luces,

---

[103] *Andrés Solimano, Pensiones a la chilena.*
[104] *Andrés Solimano, Pensiones a la chilena.*
[105] *OIT Protección social, 2017-2019*
[106] *Carlos Rivadeneira Martínez, Aquí se fabrican pobres*

contrastan con el alto nivel de las comisiones que cobran las AFP. "La rentabilidad promedio de las AFP fue del 27.03% entre el 2004 y el 2007, subiendo al 28.45% entre el 2009 y el 2014".

Esta desproporción conspira abiertamente con el objetivo de garantizar la mayor acumulación posible del fondo de retiro, a fin de asegurar una pensión digna y sostenible a todos los afiliados. Aunque hemos demostrado que no es el único factor, las altas comisiones reducen la posibilidad de elevar la tasa de reemplazo. Y esto es más grave aún en el caso chileno, ya que durante varias décadas se les permitió a las AFP establecer el monto y la modalidad de las comisiones, bajo el supuesto de que una competencia entre éstas contribuiría a reducir su costo a favor de los trabajadores chilenos, con resultados para nada promisorios.

La comisión de la AFP y los resultados financieros. Basado en nuestro modelo, el saldo financiero de la cuenta de capitalización individual de Juana Promedio, arroja los resultados condensados en el Cuadro 5.06. El ingreso total, de por vida, asciende a 73,086, con 36,000 por las aportaciones durante 360 cotizaciones, más intereses por 37,086 (unos 29,034 generados durante los 30 años de cotización, más otros 8,052 en los años de entrega de la pensión mensual, hasta la extinción del fondo de retiro).

Por el lado de los egresos, tenemos un total de 155,610, equivalente a 136,500 estimado como el pago mensual de una pensión de 758.33 durante 180 meses, o sea, 15 años a favor del jubilado titular; más otros 19,110 que recibiría el o la cónyuge sobreviviente durante tres años, a razón de 6,370 anual. Desde luego, esta no es la lógica del funcionamiento del sistema de capitalización individual, por lo que, en este caso, sólo se trata de una simulación para compararlo con los resultados del sistema de beneficios definidos.

En función de estos cálculos, nuestro modelo totaliza un ingreso bruto de 73,086, el cual queda en 61,522 neto, al restarle los 11,564 que corresponden a la comisión total de la AFP, con un saldo negativo de 94,088, para poder cubrir el costo promedio de la pensión de 155,610. *Este déficit o faltante representa el 60.5% del costo estimado de los años promedio de retiro de este jubilado típico.* Es importante recalcar que, en el caso del sistema de contribución definida, *el sistema no asume ninguna responsabilidad* frente a Juana Promedio, nuestra jubilada tipo, terminando el contrato al momento de agotarse su fondo de retiro. Y vale la pena añadir, que ello se debe, fundamentalmente, a que el diseño de este sistema descarta de antemano cualquier posibilidad de utilizar los aportes o contribuciones ajenas, y/o de subsidios gubernamentales, fuentes de financiamiento a las que recurre el modelo de beneficios definidos en su etapa superior.

Cuadro 5.06
Relación entre la comisión AFP y los resultados financieros
1,000 salario, 4% tasa de interés, 1.25% de comisión, 75.83% pensión, 70%, 15 años pensión y 3 años sobrevivencia

Concepto	*Monto*
Ingreso bruto	**73,086**
Aporte 30 años	36,000
Intereses 30 años activos	29,034
Intereses años pasivos	8,052
Menos Comisión AFP	**11,564**
Comisión 30 años activos	9,104
Comisión años pasivos	2,460
Ingreso neto	**61,522**
Subsidio o faltante	**94,088**
Pensión mensual estimada	**276.75**
Tasa real de reemplazo	**27.7%**
Años pensión cubiertos	**6.8 años**
Años pensión sin cobertura	**10.3 años**

Fuente: Cálculos del Autor

Dado el papel central que juega la comisión de la AFP en el funcionamiento del sistema, tal y como lo conocemos, vale la pena concentrar la atención en algunas relaciones que se derivan de nuestro modelo. Recordemos que la comisión total se situó en 11,564, dividida en dos etapas del proceso: la primera, durante la vida activa del trabajador con un monto de 9,104, más la segunda, durante la administración del fondo de retiro del jubilado, con un valor de 2,460. Por razones de simplicidad obviamos el costo del seguro de vida, cuyo financiamiento asumimos como un aporte adicional.

La comisión total, comparada con el total de los intereses obtenidos representa el 31.2% (11,564/37,086), un monto excesivo, especialmente en aquellos países donde la recaudación está centralizada y a cargo del Estado, sin costo para la AFP y donde el mercado de valores es incipiente y poco diversificado para las inversiones. En este ejemplo, la comisión de la AFP equivale al 32.1% (11,564/36,000) del aporte total realizado por el trabajador, lo que contribuye a reducir el crecimiento de su patrimonio. Y finalmente, dicho monto equivale al 15.8% del ingreso bruto y al 7.4% del costo de la pensión de por vida del jubilado, en las condiciones descritas en este libro.

Del análisis precedente se derivan las siguientes conclusiones: 1) existe una relación inversa entre el nivel de la comisión que reciben las AFP y el fondo acumulado para financiar los años de pensión garantizados y sostenibles; 2) en cualquiera de los sistemas previsionales, lo más conveniente es establecer un límite porcentual del gasto administrativo, independientemente de la naturaleza pública o privada de su gestión; y 3) el déficit sobre los años de pensión del sistema de capitalización individual, se explica fundamentalmente, al igual que en los modelos de reparto, por la creciente desproporción entre los años activos como cotizante, y los años pasivos como jubilado.

En este momento, debemos reiterar que, si bien el sistema de reparto continuaría otorgando la pensión, y la capitalización no podría, ello no se debe a que sea un sistema mejor ya que, insistimos, en su diseño actual, ambos son intrínsecamente deficitarios. A pesar del déficit actuarial que le es inherente, el reparto público puede garantizar la continuidad de la pensión, *no por méritos propios, sino porque, primero consume las reservas financieras, luego, utiliza los aportes de los trabajadores activos, más adelante, requiere de crecientes subsidios del Estado, y finalmente introduce ajustes que reducen las pensiones y jubilaciones.* En el caso hipotético de que el Estado subsidiara de igual forma y magnitud al sistema de capitalización individual, *de inmediato la ventaja del reparto se reduciría a la diferencia en el costo de la comisión privada lucrativa.*

b) Capitalización individual: resultados limitados e insatisfactorios

Un tema tan matizado por profundas diferencias ideológicas concita, necesariamente, diferentes enfoques e interpretaciones, incluso en la medición de sus resultados. Como era de esperarse, mientras unos proclaman el fracaso total del sistema de capitalización individual, otros resaltan lo que consideran sus mayores logros, asumiendo una defensa igualmente cerrada. Ni siquiera la precisión de las estadísticas reduce estas posiciones tan encontradas y radicales. Para evaluar los resultados del sistema de capitalización individual, ningún modelo resulta más adecuado que el chileno, por ser el original, el más maduro y el más estudiado.

¿Una capitalización individual necesariamente privada?
Muchos cuestionadores de la capitalización individual realizan grandes esfuerzos por dejar sentado que la capitalización tiene que ser necesariamente privada y lucrativa. Sin mayores análisis, simplemente se apoyan en los planteamientos de José

Piñera y sus seguidores, empeñados en encerrar a la fuerza a este nuevo sistema en el marco excluyente de las políticas neoliberales de la época, como veremos más adelante. La aceptación de esta especie de axioma no les permite ver, ni analizar, con mayor claridad las diferentes opciones. *En este punto resulta pertinente insistir en la necesidad de distinguir entre un sistema y su administración,* una confusión propia de prejuicios ideológicos y/o de quienes no quieren profundizar en el tema. Nadie puede demostrar la imposibilidad de que la capitalización individual pueda funcionar perfectamente con una administración única, incluso pública, sin alterar su esencia, siempre que sea eficiente y transparente. Por ejemplo, la mayoría de la gente critica a los partidos y a los políticos tradicionales porque no cree en ellos, porque no los representa, pero eso no significa que por ello rechacen el sistema democrático. Como veremos más adelante, lo que está en juego es la desnaturalización del sistema mediante una administración grosera y costosa, y no necesariamente el sistema de capitalización individual en su misma esencia.

La ***Federación Internacional de Administradoras de Pensiones (FIAP)*** resalta los logros del sistema chileno[107] señalando: 1) alta cobertura poblacional con el 66,3% de los empleados cotizando, y el 77% de los mayores de 60 años; 2) baja significativa en la pobreza de los adultos mayores: desde el 23% en el 2006, al 4,5% al 2017; 3) alta rentabilidad de los fondos de pensiones, con un 8,1% promedio real anual desde 1981, y su integridad bien protegida; 4) gran parte del déficit del antiguo sistema de pensiones ya pagado; y 5) un aporte significativo al desarrollo económico del país, estimado entre el 8,6% y el 14,4% del crecimiento económico de Chile desde 1981 al 2011[108].

---

[107] *http://Chile%20proyecto%20de%20reforma%20de%20pensiones.pdf*
[108] *http://www.fiapinternacional.org/wp-content/uploads/2016/01/Nota-de-Pensiones-Crisis-Sistemas-Reparto.pdf*

En cambio, la ***Fundación Sol***[109], y varios estudios e informes de fuentes similares, concluyen que el sistema de cuentas individuales administrado por las AFP fracasó, ya que después de casi cuarenta años de funcionamiento, no logró cumplir con el objetivo fundamental de pagar pensiones suficientes. Y, porque debido a la caída en la tasa de rentabilidad registrada en los últimos 20 años, tampoco podrá cumplir con este objetivo en el futuro, aunque se realicen cambios paramétricos, como aumentar la tasa de cotización. Para respaldar sus conclusiones, utilizan las siguientes estadísticas oficiales: 1) a diciembre de 2018, el 50% de los 684 mil jubilados que recibieron una pensión de vejez obtuvo menos de $135 mil pesos chilenos; 2) aquellas personas que cotizaron entre 30 y 35 años, el 50% recibió una pensión menor a $296.332, valor inferior al Salario Mínimo actual; y 3) 8 de cada 10 nuevos pensionados ni siquiera lograron autofinanciar una pensión superior a la línea de la pobreza.

Si bien es cierto que el sistema ya tiene más de 40 años de iniciado, no es menos cierto que, por tratarse de un seguro de largo plazo, aún dentro de ese período se registran muchas pensiones incompletas, especialmente de los trabajadores con edades intermedias y avanzadas al momento del cambio del sistema previsional. Esos factores, ocultos en las estadísticas basadas en promedios, deben ser tomados en cuenta para una evaluación más objetiva de los resultados del sistema. Aun así, no caben dudas de que la mayoría de las pensiones resultantes están lejos de satisfacer las necesidades de los trabajadores chilenos, luego de más de 30 años de cotización.

En el libro *Las AFP en 100 preguntas* se presenta una interpretación diferente, acentuando las diferencias de las pensiones entre las personas con igual salario, pero que difieren no-

---

[109]*http://www.fundacionsol.cl/wp-content/uploads/2019/07/Pensiones-bajo-el-mi-nimo-2019-1.pdf*

tablemente en la cantidad de años de cotización. Estas diferencias son importantes especialmente para los trabajadores jóvenes y para aquellos que registran un historial de contribución muy inestable. "A junio del 2018, según los datos de la Superintendencia de Pensiones, la pensión total de vejez promedio en Chile era de $223,584, este promedio baja a $201 mil al excluir el Aporte Previsional Solidario (APS) que realiza el Estado chileno"[110]. "Si se considera que según el INE el sueldo promedio de los chilenos en 2017 fue de $554,493, las pensiones están representando alrededor del 40% del sueldo que reciben los chilenos. Si se excluyera del análisis a quienes cotizaron menos de 20 años, la pensión de vejez promedio autofinanciada sube a $315 mil, es decir, el equivalente al 57% del sueldo promedio actualmente pagado en Chile. Quienes logran contribuir durante 30 o más años el promedio brinca a $445 mil (el 80% del sueldo promedio)"[111].

Un resultado muy importante, y lógicamente, muy polémico, es determinar el grado de contribución del sistema de ahorro individual al crecimiento de la economía chilena. Mientras el sector que favorece y defiende al sistema resalta un aporte significativo al desarrollo, situándolo entre el 8,6% y el 14,4% del producto interno bruto (PIB) de Chile desde 1981 a 2011, el otro sector trata de restarle importancia, aun reconociendo que el ingreso per cápita de los chilenos se ha elevado más de cinco veces en menos de tres décadas. "Si bien Chile aumentó su nivel de ingreso per cápita de US$4,500 hacia fines de la década de los 80 a US$24,000 en la actualidad (2016), no es fácil aislar la contribución precisa del sistema de cuentas individuales al crecimiento en forma metodológicamente convincente". Así, una simple correlación entre sistema de pensio-

---

[110] *Marisa Cominetti y Manuel Fernández, Las AFP en 100 preguntas*
[111] *Marisa Cominetti y Manuel Fernández, Las AFP en 100 preguntas*

nes y aumento del nivel del PIB por habitante no implica, necesariamente, una relación de causalidad desde el primero (sistema de pensiones) al segundo (PIB per cápita)[112].

Se comprende que se trata de una correlación muy compleja entre el aumento sostenido del patrimonio de los trabajadores y el crecimiento también sostenido del ingreso per cápita, durante las últimas décadas. Sin embargo, mientras en todos los demás aspectos se presentan informaciones lo más precisas posibles, en este punto tan crucial se deja una estela de dudas y de cuestiones por resolver. No hay que ser un economista para aceptar que debe haber más que una simple coincidencia entre estos dos formidables crecimientos registrados en el mismo período de tiempo. El simple hecho de que un país disponga de una fuente de financiamiento de largo plazo que supera el 85% de su producto interno bruto (PIB) constituye una razón suficiente para reconocer que su sola existencia contribuye a acelerar el crecimiento sano de la economía nacional. Ello así porque no resulta coherente asociar la inversión de capital al crecimiento de la actividad económica y al mismo tiempo, tratar de restarle importancia al impacto de recursos previsionales de inversión de largo plazo casi similares al PIB del país. No podemos pasar por alto el hecho de que, en esencia, este cuestionamiento no se limita a la capitalización individual, sino, además, al sistema de ahorro para el retiro, una forma de menospreciar el impacto del ahorro previsional en el desarrollo económico y social, por el simple hecho de que el reparto lo excluye en la medida en que envejece.

La manipulación mercantil de las rentas vitalicias. El retiro mediante la modalidad de renta vitalicia es uno de los factores que determina las bajas pensiones. El sistema de capitalización individual contempla un retiro del trabajador mediante

---

[112] *Andrés Solimano, Pensiones a la chilena.*

un esquema de renta garantizada de por vida. Dado que no se trata de una pensión de "beneficios definidos", sino de una resultante directa y exclusiva del fondo acumulado, en principio la renta vitalicia persigue asegurar una pensión "definida" al pensionado, para darle más tranquilidad, estabilidad y sosiego.

En teoría, consiste en un contrato mediante el cual el trabajador traspasa la propiedad de su fondo a una compañía de seguro de vida, a cambio de la garantía de una renta fija (posiblemente actualizada anualmente para mantener su poder adquisitivo real), hasta la muerte del titular y de su cónyuge. Esta pensión se determina dividiendo el fondo acumulado entre la cantidad de años (expresada en meses) que la compañía de seguros estima vivirán el nuevo jubilado más su cónyuge. Dado que a la firma del contrato el monto del fondo está definido, mientras mayor sea la longevidad de ambos (titular y cónyuge), estimada por la compañía, menor será la pensión mensual garantizada, y viceversa.

Sin embargo, dado que no sólo se trata de un traspaso a la compañía de seguros de vida del patrimonio del jubilado sino, además, del riesgo previsional, y que el objetivo de ésta es el mayor lucro posible, en la práctica estas empresas elaboran y aplican una tabla de edad con la suficiente holgura como para asegurarse de que muy pocos jubilados, o ninguno, alcance el límite establecido, excluyendo así cualquier riesgo de pérdida y ampliando el margen de beneficio. Ello explica que dichas tablas incluyan una esperanza de vida de hasta 110 años, un nivel de longevidad que no alcanza ni el uno por cien mil jubilados o pensionados. En pocas palabras, a un jubilado promedio a los 65 años se le presupone una vida de otros 35 o 40 años como pensionado. Así las cosas, la compañía de seguros se asegura una amplísima brecha entre este límite y los años realmente pagados como jubilado. Esta manipulación contribuye a explicar las bajas pensiones que se registran en los modelos de capitalización individual y los elevados beneficios que obtienen estas compañías de seguro a costa de los envejecientes.

Desde luego, estos cálculos y manejos pertenecen a las letras pequeñas de los contratos, redactados con tecnicismos fuera de la comprensión del afiliado común, y mantenidos con el mayor secreto posible. "Solamente se sabe que las aseguradoras de rentas vitalicias usan sus propias tablas de mortalidad y sus propios factores de ponderación a la hora de ofrecer la renta mensual que alguien recibirá al jubilar por esa vía, asegurándose, sin lugar a dudas, de que la mayoría de su clientela muera antes de las edades máximas calculadas"[113]. Esta crítica al sistema es totalmente válida. Algunos llegan más lejos, señalando cómo estas compañías se lucran aún más al aplicar tasas de longevidad de los grupos sociales más ricos, con una esperanza de vida mucho mayor que las de los jubilados de bajos ingresos. Con razón los críticos señalan que esta manipulación induce a un mayor costo fiscal ya que, al reducir artificialmente la pensión de los trabajadores de menores ingresos, el Estado tiene que venir en su auxilio mediante subsidios para garantizar la pensión mínima. Existen otras prácticas y trucos que erosionan los derechos y las prestaciones de los afiliados, sin que las autoridades actúen diligentemente para evitarlos.

Un alto subsidio del Estado. No debemos perder de vista el daño colateral implícito en el sistema de capitalización individual como lo conocemos. Aunque en principio se señala que el mismo excluye la dependencia de subsidios oficiales, en la práctica esta premisa tampoco se cumple a cabalidad. Ello así porque en la medida en que el sistema lanza a miles o millones de personas al desamparo social al agotarse su fondo de retiro, y/o al entregar bajas pensiones, aumenta la presión social demandando pensiones, ayudas y asistencia social a esos envejecientes desamparados. Esta es una realidad mucho mayor en

---

[113] *Alexandra Matus, Mitos y Verdades de las AFP*

aquellos países cuyos modelos no contemplan un fondo propio de solidaridad social para complementar la pensión mínima cuando el saldo final de su cuenta individual no resulte suficiente. De modo que, a la corta o a la larga, los desequilibrios financieros y/o las bajas pensiones terminan siendo una carga fiscal que nadie puede ignorar ni subestimar.

En el sistema de capitalización individual chileno, el Estado es el responsable de garantizar la pensión mínima a aquellos trabajadores que, habiendo cumplido con los años de aporte, no logran acumular lo suficiente para "autofinanciarse" una pensión igual o mayor que la mínima. En Chile este subsidio se denomina Aporte Previsional Solidario (APS), cuya cobertura actual llega prácticamente al 50% del total de los pensionados del nuevo sistema. En principio, es previsible asumir un porcentaje relativamente alto habida cuenta de que, al momento del cambio de sistema, una parte importante de los asalariados chilenos tenía más de 35 años de vida, lo que reduce su posibilidad de cotizar los años previstos en la Ley para acumular lo suficiente para una pensión "plena". Por tales razones, se presume que esta cohorte continúe decreciendo hasta desaparecer en algo más de una década.

Sin embargo, persisten otros segmentos sociales con el riesgo de no alcanzar la pensión mínima y requerir el subsidio gubernamental. Por ejemplo, los trabajadores de bajos ingresos y que, además, laboran en pequeñas y medianas empresas, en su mayoría caracterizadas por una gran movilidad laboral, e incluso, por un alto nivel de evasión a la seguridad social. Una parte de estos trabajadores están obligados a trabajar, alternativamente, tanto en el sector formal, como en el informal. Otro contingente importante lo constituye la población femenina, discriminada tanto en términos laborales como salariales, más propensa a las actividades informales. Los trabajadores independientes o por cuenta propia constituyen el otro núcleo que genera una demanda importante del Aporte Previsional Solidario (APS). En su condición de marginados y excluidos sociales del sector formal de la economía, no les queda otra alternativa que realizar actividades productivas consideradas "informales". Y si bien, muchas legislaciones plantean su afiliación obligatoria a los sistemas de protección social, la misma resulta poco atractiva debido a que tendrían que aportar el 100% de la cotización, a la baja productividad y a una mayor inestabilidad económica y laboral, agravada por una contribución cercana a la mínima, lo cual los hace candidatos naturales al aporte previsional solidario.

Dado que los subsidios gubernamentales provienen de impuestos pagados por todos los contribuyentes, lo más probable es que el subsidio a los pensionados y jubilados contributivos reduzca el presupuesto familiar del resto de la población, especialmente allí donde predominan políticas fiscales regresivas que acentúan las desigualdades sociales. Es importante recordar que, de acuerdo a un informe del Banco Mundial, en Brasil "*la distribución de las pensiones es muy desigual*: *un 35 por ciento de los subsidios para pensiones* —la parte de la pensión no devengada de las contribuciones de los trabajadores— *se paga al 20 por ciento de los más ricos. El 20 por ciento de los más pobres recibe solo el cuatro por ciento de los subsidios a las pensiones*"[114].

Insatisfacción generalizada sobre los sistemas de pensiones[115]. Lo cierto es que la población expresa un alto grado de insatisfacción porque el nivel de las pensiones otorgadas, ni se corresponde con lo prometido, ni con sus necesidades. En este punto coinciden ambos sectores y prácticamente todos los expertos, ya que las evidencias no dejan lugar a dudas. A pesar de que la Organización Internacional del Trabajo (OIT) en el Convenio 102 sobre la seguridad social y en el Convenio 128

---

[114]*http://www.fiapinternacional.org/wp-content/uploads/2016/01/Nota-de-Pensiones-Crisis-Sistemas-Reparto.pdf*
[115]*http://FIAP%20Principios-para-reformas-de-segunda-generacion.pdf*

sobre las prestaciones de invalidez, vejez y sobrevivencia, indica que una pensión adecuada debiese alcanzar como mínimo el 40% de los ingresos del trabajador después de un período contributivo de 30 años, lo cierto es que la sociedad aspira a un nivel de jubilación que evite un descenso brusco en el nivel de vida de los envejecientes.

Obviamente, la alta proporción de trabajadores pensionados con tasas de reemplazo del 40% y 50%, más la cantidad de jubilados a los que el Estado debe auxiliar mediante el Aporte Previsional Solidario (APS), explican y justifican las crecientes críticas al sistema chileno de capitalización individual administrado por las AFP, expresadas en las masivas protestas organizadas por líderes sindicales y populares. El movimiento NO + AFP constituye una genuina expresión de la insatisfacción e inconformidad de amplios sectores de la sociedad. Este movimiento tomó un nuevo impulso a finales del año pasado cuando la gran mayoría de los chilenos llenó las calles, avenidas y plazas de las principales ciudades, reclamando cambios en el modelo económico, en la constitución y en el "sistema de las AFP". De igual forma, las iniciativas de los últimos gobiernos por introducir cambios, si bien no resultan suficientes, al menos se orientan en la dirección correcta. Volveremos al tema en el Capítulo IX.

Desde finales del siglo pasado, los estudios indicaban una tasa de reemplazo muy baja, estimada en un 44%, frente a una promesa oficial de alrededor del 70%. "De hecho, la tasa de sustitución del 44% es de poco monto, la mayoría querría tasas del 70%. Para estos efectos, deberían incrementar sus fondos de pensión con cotizaciones voluntarias o sus propios ahorros, lo que demuestra que la cotización obligatoria del 10% resulta insuficiente en un sistema financiado solamente por los afiliados, y la mayoría con bajos ingresos, sin capacidad de ahorro"[116]. Con esta contribución la mitad de los trabajadores

____

[116] *Carlos Rivadeneira Martínez, Aquí se fabrican pobres.*

sólo podría acceder a la pensión mínima, si cumplen con los requisitos para ello.

c) *Críticas y objeciones de todos los calibres*

Enfoques ideológicos que enturbian el análisis. Tiene mucha razón Andras Uthoff al señalar que "hay mucha ideología en la porfiada idea de mantener el sistema de AFP tal cual como está, y que muchos e importantes economistas y dirigentes políticos están "capturados" por sus recursos, y por eso continúan repitiendo añejos mantras sin prestar atención a la evidencia"[117]. Pero es lamentable que limite esa crítica sólo quienes defienden a ultranza al sistema de capitalización individual, porque eso es, exactamente, lo que también hacen muchos economistas, políticos, sindicalistas y altos funcionarios en su defensa cerrada del sistema de reparto, "a pesar de las evidencias". En este caso en particular, en los últimos años, *más que a reconocer los problemas y falencias del reparto tradicional, se dedican a resaltar las ineficiencias e insuficiencias del sistema de capitalización individual, como si ello fuese suficiente para justificar al sistema de reparto.* Esta polarización ideológica, lejos de reconocer la incapacidad actuarial de ambos sistemas para garantizar una pensión digna y sostenible para todos, contribuye a generar más confusión en la clase trabajadora y en la población en general, alejando la posibilidad de presentar opciones para un rediseño profundo de ambos sistemas, de acuerdo a las transformaciones demográficas y a los cambios laborales.

Por ejemplo, muchos rechazan el sistema de capitalización individual señalando que es el producto de una dictadura sangrienta, que no tomó en cuenta para nada la opinión de los trabajadores y de los sectores populares como corresponde en democracia. Que se trata de una reforma unilateral y arbitraria

---

[117] *Alexandra Matus, Mitos y Verdades de las AFP.*

impuesta por un régimen dominado por una lógica abiertamente antisindical y neoliberal, señalamiento que genera una polvareda que impide un análisis más profundo y sosegado. Obviamente, estos reparos son ciertos, pero ellos no invalidan, necesariamente, la esencia del sistema, de paso ignorando la experiencia histórica del nacimiento de los seguros sociales.

Recordemos que el seguro social fue aprobado e impuesto por el régimen dictatorial y represivo del Káiser Otto Von Bismark, durante un período de anti sindicalismo y anti socialismo abierto, en medio de una lucha ideológica y política sangrienta que incluyó la persecución y muerte de muchos líderes obreros. Y a pesar de esas condiciones, hoy el movimiento sindical reivindica los seguros sociales y la subsecuente seguridad social, como una de sus principales conquistas. Vale la pena refrescar un poco la memoria,[118] con la ayuda de la propia OIT. "En Alemania hacia 1879 los socialistas, que habían obtenido algunas bancas en el Parlamento, conscientes de la importancia de la solidaridad dentro de la incipiente clase obrera, presentaron un proyecto de ley de seguros sociales obligatorios"[119].

Al arribar a la década de los ochenta del Siglo XIX los trabajadores lograron constituirse en una fuerza coherente e importante, como resultado de más de medio siglo de organización en asociaciones de auto-ayuda solidaria, de mutuales de socorro, de cooperativas de consumo y de sindicatos[120]. "En 1880 prevalecía un clima de agitación social, el Canciller Otto Von Bismark disolvió el Parlamento y encarceló a los diputados socialistas, pero rescató su proyecto que sirvió de base para aprobar las leyes de Enfermedad y Maternidad en 1883, de Accidentes de Trabajo en 1884 y de Envejecimiento, Invali-

---

[118] *Segmento del libro Economía Política de la desigualdad social, del autor de este libro.*
[119] *OIT, Seguridad Social, Presentación en Power Point*
[120] *Monografías.com*

dez y Muerte en el 1889, con un aporte de dos tercios del empleador y un tercio del trabajador". "El modelo bismarkiano, *que fue creado con el objeto de frenar los progresos del socialismo,* dio origen al primer sistema estatal de políticas sociales de los tiempos modernos"[121].

Cálculos financieros erróneos que confunden. Regresando a la realidad concreta del siglo XXI, Manuel Riesco, economista del Centro de Estudios Nacionales de Desarrollo Alternativo, llega al extremo de señalar que "es una mentira absoluta cuando dicen que el fondo crece gracias a la rentabilidad que ellos te dan"[122]. De acuerdo a los cálculos presentados precedentemente, alrededor del 60% del fondo de retiro acumulado es el producto directo de la rentabilidad mensual acumulada que generan los ahorros previsionales, con un aporte directo del trabajador de sólo el restante 40% del patrimonio total[123]. Y esta situación se extiende durante el período de retiro en la medida, y hasta el momento en que se consume el fondo de pensión programado. Como se señala en el libro *Las AFP en 100 preguntas,* "en general, se estima que en el caso ideal en que una persona ahorre durante 40 años por un monto mensual fijo de $40,000, sin lagunas previsionales, y el sistema alcance un retorno real de 5% anual, la rentabilidad equivaldría al 68% del fondo que el haya logrado construir, mientras que el 32% restante correspondería a su aporte personal. Esto es en el actual modelo de inversión de las AFP"[124].

No en pocas ocasiones los prejuicios conducen a cálculos erróneos y a conclusiones más erróneas aún. Carlos Rivadeneira Martínez, empeñado en demostrar que el sistema de capitalización individual "fabrica pobres", señala en su libro *Aquí se fabrican pobres,* lo siguiente: "Si consideramos un ingreso

---

[121] *OIT, Seguridad Social, Presentación en Power Point*
[122] *Citado por Alexandra Matus, Mitos y Verdades de las AFP*
[123] *Dependiendo de la tasa de interés real y de la densidad de cotización*
[124] *Marisa Cominetti y Manuel Fernández, Las AFP en 100 preguntas*

de $300,000[125], esto es, 30,000 de cotización mensual, y 45 años (540 meses) de vida laboral y de cotizaciones, se acumulan fondos por $16,200,000 que llegan a 17,172,000 si aplicamos una rentabilidad de un 6%. Si esos 17,172,000 lo distribuimos en el tiempo de sobrevivencia se obtiene una pensión de $95,400 (que es un 32% de $300,000, si la sobrevida es de 15 años o 180 meses, desde los 65 a los 80 años) o de $71,550 (correspondiente a un 24% de $300,000, si la sobrevida es de 20 años o 240 meses, desde los 65 a los 85 años"[126].

Utilizando sus propias expresiones, "hasta un niño de 5to. año básico" es capaz de sospechar que no es posible que un aporte de $30,000 durante 540 meses continuos reciba sólo una rentabilidad de $972,000 a una tasa de interés anual del 6%. Obviamente, se trata de un error mayúsculo que solo se explica cuando los prejuicios ideológicos bloquean la capacidad analítica. A partir de este error el autor determina una pensión muy baja para justificar sus conclusiones condenatorias del sistema de capitalización individual. Solo para que el lector tenga una idea del tamaño de este error y de las conclusiones erróneas que del mismo se derivan, nuestros cálculos indican que un aporte mensual de $30,000, durante 540 meses ininterrumpidos, a una tasa de interés del 6% mensual, arroja los siguientes resultados:

a) $83,093,177 acumulados como fondo de retiro, fruto de un aporte de $16,200,000 más intereses acumulados ascendentes a $66,893,177, sin descontar el costo mensual por la administración del fondo

b) $74,783,860 acumulados para el retiro, como resultado de un aporte de $16,200,000 más intereses acumulados por $58,583,860, descontando un 10% del aporte para cubrir las operaciones administrativas del fondo.

---

[125] *Equivalente a 406 euros y US$494 aproximadamente*
[126] *Carlos Rivadeneira Martínez, Aquí se fabrican pobres*

En ambos escenarios, obsérvese el peso enorme que representa la rentabilidad del ahorro previsional a lo largo de toda la vida laboral. En el primer caso, sin costo administrativo, la rentabilidad equivale a 4.13 veces el aporte total del trabajador, en tanto que, en el segundo, donde asumimos un gasto administrativo del 10%, la rentabilidad resulta 3.62 veces superior al aporte obligatorio. Obviamente, estos errores de cálculo conducen, inevitablemente, a errores mayúsculos al evaluar el potencial de la capitalización individual. En el primer caso, sin gasto administrativo, la pensión sería de 461,629, es decir, una tasa de reemplazo del 153%, en tanto que, en el segundo, con 10% de gasto administrativo, la pensión sería de 346,222, una pensión del 115% del salario promedio.

Y esta falla no es tan casual, porque en la gran mayoría de los cuestionadores de la capitalización individual existe el objetivo común de minimizar, y hasta ignorar, la importancia cardinal de la capitalización del ahorro previsional a lo largo de toda la vida laboral, minimizando el interés compuesto. Y ello se explica porque, como ya señalamos en los capítulos anteriores, en el sistema público de reparto la capitalización del ahorro es sólo *una virtud transitoria propia de la etapa juvenil*, ya que el desequilibrio actuarial obliga a utilizar los aportes de los trabajadores activos para pagar las pensiones vigentes, matando así, y para siempre, la gallina de los huevos de oro.

Subestimando el necesario equilibrio financiero. Otra vez Manuel Riesco, del Centro de Estudios Nacionales de Desarrollo Alternativo, sostiene que "si se establece un sistema de reparto, con el actual fondo de pensiones y la misma tasa de cotización de los trabajadores, incorporando los cálculos demográficos y de crecimiento de la fuerza laboral con criterios conservadores, se podrían duplicar las actuales pensiones y jubilar a un 40 por ciento más de personas que siguen trabajando porque la pensión no les alcanza para vivir, y no sería necesario aumentar el aporte fiscal"[127]. Esta es otra aseveración más entusiasta que sostenible, especialmente si se asegura que *no será necesario aumentar el aporte fiscal*. Todos los cálculos indican que no es posible asegurar una pensión digna y sostenible, en este caso duplicarla, *mediante un simple cambio de sistema*, ni de capitalización individual al reparto, ni de éste a aquel. Manteniendo el actual desequilibrio actuarial, la única forma de duplicar las pensiones sería provocando un déficit actuarial de grandes proporciones que en unos pocos años obligaría a utilizar las aportaciones ajenas, y luego a reclamar subsidios gubernamentales incontenibles.

Como vimos en el capítulo anterior, dado que siempre el monto de la pensión supera, con creces, el ahorro individual, inevitablemente el sistema público de reparto llega a una etapa en que se agotan las reservas y los aportes resultan insuficientes para solventar una creciente nómina de pensionados y jubilados cada vez más longevos, teniendo que recurrir al subsidio estatal. La otra alternativa sería apelar a las *"primas escalonadas"*, que en buen español quiere decir *elevar el porcentaje de cotización mensual de los trabajadores y empleadores*. Le preguntamos al lector, ¿Qué es más fácil de lograr, un subsidio estatal o el aumento del porcentaje de las aportaciones? De todas maneras, cualquiera de estas opciones implicaría un mayor sacrificio para el Estado (léase para los contribuyentes), o para los trabajadores cotizantes, o para ambos.

Uno de los graves problemas que tienen los sostenedores a ultranza del reparto público que conocemos es su *"impresionante imprecisión"* sobre la sostenibilidad financiera del modelo. Ello se explica por el hecho de que basta con acudir a la llamada "solidaridad intergeneracional" para disponer de una licencia ilimitada para traspasar a las presentes y futuras generaciones la carga del déficit actuarial y de la consiguiente

---

[127] *Alexandra Matus, Mitos y verdades de las AFP.*

deuda pública. Y esa impresionante imprecisión no sólo fomenta la irracionalidad y el despilfarro sino, además, el clientelismo y la demagogia. En la práctica, *es como un cheque en blanco que las autoridades y sus técnicos se auto asignan en contra el resto de la población, incluyendo a los trabajadores activos y a las futuras generaciones.*

Ese "olvido" frente a la sostenibilidad financiera es el que prohíja expresiones como la que comentamos. ¿Dónde está, en el sistema público de reparto, el debido respeto al principio de la escasez de recursos, que tanto induce a la racionalidad en las decisiones públicas y privadas? Hasta donde se conozca, las decisiones previsionales del reparto constituyen las únicas que se toman sin un cálculo preciso sobre su sostenibilidad, ni mucho menos sobre su impacto fiscal a largo plazo. Extraña la cuasi ausencia o la subestimación del criterio de sostenibilidad y del cálculo de la deuda pública previsional en los informes y análisis de los sistemas de "beneficios definidos". Por eso nos sumamos a la recomendación de priorizar los cálculos actuariales en los análisis previsionales y al reclamo de que los mismos sean completos, reales y objetivos.

En Chile el presidente Sebastián Piñera sometió un proyecto de ley que eleva en un 3% la cotización mensual, en este caso a cargo sólo del empleador, para ampliar la solidaridad social, cuyo fondo será administrado por una institución pública. Sin embargo, dado que su objetivo fundamental es fortalecer la solidaridad social, llama poderosamente la atención el hecho de que, a pesar de los resultados limitados del sistema de capitalización individual chileno, difundidos con detalles y evidencias incuestionables por decenas de estudios y autores, "más del 60 por ciento de las personas se oponen a la creación de ese fondo solidario, considerando que si se aumentan las cotizaciones.... ese dinero vaya a su cuenta individual", como reseña Alejandra Matus en su libro *Mitos y verdades de las AFP*[128].

"El sistema de pensiones vigente en Chile es difícilmente compatible no sólo con un sistema de mercado competitivo, sino con los principios de una democracia genuina, en que nadie debe tener un excesivo poder económico como para influir desproporcionadamente en el diseño e implementación de las políticas públicas en relación al individuo que no cuenta con ese poder económico"[129]. Compartimos ese criterio de *Pensiones a la chilena*, convencidos de que la fuente principal de la alarmante desigualdad social no proviene de la competencia capitalista, sino de la incontenible concentración del ingreso y de la propiedad, fruto del monopolio financiero y tecnológico[130]. Esta concentración, sin duda, afecta decisivamente la capacidad de los gobiernos de turno para realizar transformaciones en el sistema de pensiones"[131]

La capitalización individual excluye los privilegios y el tráfico de influencias. La Fundación Sol, una ONG dedicada a defender ardorosamente el sistema público de reparto, y lógicamente, a criticar al sistema de capitalización individual, señala con mucha propiedad las enormes brechas y privilegios existentes entre el nivel de las pensiones de los cuerpos armados chilenos y las pensiones que reciben los trabajadores civiles. La pensión de antigüedad promedio de DIPRECA es casi 5 veces mayor a la pensión de vejez que pagan las AFP y las Compañías de Seguro. Brecha que llega a 5,9 si se compara con Gendarmería y 6,6 veces con investigaciones[132]. Y continúa su valiente resumen afirmando que "en el caso de CAPREDENA, esta brecha llega a 4,3 veces a nivel general y alcanza casi 9 veces

---

[128] *Alexandra Matus, Mitos y verdades de las AFP.*

[129] *Andrés Solimano, Pensiones a la chilena.*

[130] *Arismendi Díaz Santana, Economía política de la desigualdad social.*

[131] *Andrés Solimano, Pensiones a la chilena.*

[132] *http://www.fundacionsol.cl/wp-content/uploads/2019/09/PEV-1.pdf*

si se compara con la pensión promedio que reciben los Oficiales".

La Fundación Sol concluye señalando que "el año 2018, el Estado chileno destinó más de 2.434 millones de dólares para pagar Jubilaciones, Pensiones y Montepíos en CAPREDENA y DIPRECA, cubriendo a 174 mil pensionados. Si consideramos que para financiar a 1,5 millones de personas beneficiadas con el Pilar Solidario (a través de la Pensión Básica Solidaria y el Aporte Previsional Solidario) se destinaron casi 2 mil millones de dólares, se puede dimensionar la magnitud de los recursos gastados en las Fuerzas Armadas y de Orden". Admirable gesto de valentía, habida cuenta del poder del sector en cuestión.

Sin embargo, lo que más nos llama la atención es que este valiente señalamiento se quede en la simple enunciación, en la superficie, y no se vincule para nada a la naturaleza del sistema público de reparto. ¿Por qué ocurren estas desigualdades sociales, tan costosas para el Estado, y, por lo tanto, para todos los contribuyentes chilenos? La respuesta está en la esencia del sistema público de reparto, diseñado para otorgar pensiones y jubilaciones sin considerar el esfuerzo y el aporte real de los trabajadores durante su período laboral. Un sistema que, a partir del desequilibrio actuarial que le es inherente, permite y hasta fomenta, los privilegios y las desigualdades sociales como las señaladas por la Fundación Sol.

¿Por qué creen nuestros lectores que las fuerzas armadas chilenas y del orden se excluyeron del nuevo sistema previsional basado en la capitalización individual? Porque desde un principio, la alta oficialidad comprendió que sus privilegios sobre la población civil desaparecerían con la capitalización individual. Esa fue la razón fundamental del porque el general Augusto Pinochet y el alto comando militar dispusieron mantener su propio sistema público de reparto, como narra Alexandra Matus en su libro, *Mitos y verdades de las AFP*[133].

---

[133] *Alexandra Matus, Mitos y verdades de las AFP.*

Con todos los defectos y limitaciones, y las críticas estructurales que le formulamos al sistema de capitalización individual "a la chilena", hay que reconocer que en ese sistema *es imposible, si imposible,* que civiles o militares, con salarios más o menos similares, reciban pensiones y jubilaciones cinco y hasta seis veces superiores a los demás trabajadores. Desde luego, esta fuente de privilegios y desigualdades también se da en los sistemas aplicados a la población civil, especialmente en los altos funcionarios y en los gremios con capacidad de presión social y política.

Algunas verdades a medias. Una de las objeciones al sistema de capitalización individual chileno es la creciente carga fiscal. "A pesar de ser un sistema fuertemente privatizado, el sector público financia un porcentaje más alto del gasto en pensiones que el sector privado. En el 2016 el gasto público representó cerca del 64% del total, y el privado el restante 34% por el sistema de AFP y compañías de seguro.[134]

Esta observación es cierta, pero es necesario transparentar algunos matices y verdades ocultas. Como ya señalamos, una parte de este gasto se debe al pago complementario de las pensiones mínimas de los jubilados que, por sí solos, no pudieron alcanzar la pensión mínima garantizada. Otra parte, se explica por las jugosas pensiones y jubilaciones concedidas a las fuerzas militares afiliadas a DIPRECA y CAPREDENA, cuyos montos quintuplican la pensión promedio de los chilenos civiles quienes, con sobradas razones, se han lanzado a las calles en reclamo de que, por primera vez, sean escuchados y tomados en cuenta. Y otra cantidad importante, es el fruto del pago gradual del bono de reconocimiento de los trabajadores que cotizaron durante años al seguro social chileno hasta la reforma del 1981.

____

[134] *Andrés Solimano, Pensiones a la chilena.*

Este costo en particular no es más que el saldo gradual de la deuda pública previsional del antiguo sistema de reparto público que constituye un derecho adquirido por sus afiliados, y que ahora se presenta como una carga fiscal, debido a que el viejo sistema de reparto durante décadas dispuso de manera inconsulta de esos aportes, reduciendo la posibilidad de los cotizantes de ahorrar, invertir y acumular. Demás está decir, que este último renglón irá desapareciendo con el paso de los años cuando termine la jubilación de la totalidad de los afiliados al anterior seguro social.

Carlos Rivadeneira Martínez, en *Aquí se fabrican pobres* concluye que, dadas las pensiones insuficientes del sistema de capitalización individual, y la responsabilidad complementaria del Estado en garantizar la pensión mínima, "el sistema ha terminado siendo más estatal que privado, puesto que el Estado se hace cargo de la mayoría de las pensiones, como serán las mínimas, o las que requieren de aporte previsional solidario. Por lo que en la medida en que aumentan los pensionados, el mismo será "muy costoso para el Estado"[135]. Esta afirmación es muy cierta, pero incompleta porque el Estado tendrá que asumir un compromiso fiscal mayor en cualquiera de los sistemas previsionales, mientras éstos no se rediseñen y readecúen en estrecha correspondencia con los nuevos requerimientos de una sociedad cada vez más longeva. De haberse mantenido el viejo sistema público de reparto este subsidio hubiese sido una realidad, como ocurre en muchos países europeos.

Se incurre en otra verdad a medias cuando se afirma que "el sistema es altamente riesgoso. En efecto, el monto de la pensión depende de los fondos acumulados, y en éstos incide en forma importante la rentabilidad de las inversiones del fondo de retiro, la que a su vez está determinada, en grado no menor, por las variaciones del mercado y de la macroeconomía. El comportamiento de la tasa de interés dependerá de la

---

[135] *Carlos Rivadeneira Martínez, Aquí se fabrican pobres.*

rentabilidad de las inversiones, del crecimiento de la economía, y también en forma muy importante del funcionamiento del mercado de capitales, lo que agrega posibles riesgos e inestabilidad al Sistema"[136]. Esos señalamientos son ciertos, pero no revelan la parte oculta de la luna. Nada en este mundo está exento de riesgos; pueden ser mayores o menores, pero existen. Y existen, y muchos, en el sistema público de reparto, los cuales para nada son tomados en cuenta.

Es muy cierto que el sistema de cuentas individuales se apoya principalmente en la obtención de una adecuada rentabilidad de los fondos de pensiones, y que la misma depende de factores macroeconómicos que operan y se definen fuera de la capacidad y del alcance de la Seguridad Social y de las Administradoras de Fondos de Pensiones (AFP). Y que en determinados períodos ha habido fuertes fluctuaciones del mercado que han afectado los intereses de los trabajadores activos y jubilados. Pero lo que extraña es que se resalten esos riesgos para el crecimiento de la capitalización individual y se silencien los riesgos que, en ese mismo mercado, se ciernen sobre el sistema público de reparto, los cuales son tan reales como los primeros, aunque se expresen en forma diferente.

Como cualquier otro sistema previsional, el sistema de reparto en todas sus etapas está condicionado por el riesgo de una depresión económica que reduzca el nivel del empleo y los salarios promedios, como ocurre cíclicamente en todas las economías. También es afectado por los altos niveles de marginalidad e informalidad, y por la cantidad de pequeñas y medianas empresas que quiebran anualmente, así como por la evasión y elusión. Además, en la etapa superior del sistema, cuando los pensionados crecen más rápidamente que los cotizantes, el sistema de reparto está expuesto al riesgo del desempleo tecnológico, a la reducción de las prestaciones laborales y a la tercerización del empleo. Y más recientemente, y este

---

[136] *Carlos Rivadeneira Martínez, Aquí se fabrican pobres.*

es quizás el riesgo y la amenaza más preocupante, está expuesto al impacto de la creciente automatización y de la irrupción de la inteligencia artificial en la eliminación de, por lo menos, dos tercios de los puestos de trabajo menos calificados, ya que el reparto depende de un esquema piramidal tipo Ponzi, donde su financiamiento operativo requiere, en forma creciente, de una mayor demanda de fuerza de trabajo, la cual es cada vez más incierta. Estos riesgos, por ser comunes, no invalidan exclusivamente a ninguno de los sistemas de retiro, aunque presenten matices diferentes en cada uno.

Ausencia del principio de solidaridad social. Concordamos plenamente con el señalamiento de que la solidaridad social está ausente en el sistema de capitalización individual chileno. "El principio de solidaridad consiste en que la persona aporta según sus capacidades y recibe según sus necesidades. En el sistema de AFP no hay ningún elemento de solidaridad del Sistema. Porque la Pensión Básica Solidaria se aplica a los que están fuera del sistema, no afiliados a él. Y el Aporte Previsional Solidario opera en defecto del Sistema, en subsidio de él, cuando el Sistema no responde, es decir, no es de la esencia del Sistema privado, sino que es una prestación asistencial estatal"[137]. Muy cierto, pero lo que llama la atención es que no se reconozca que también el reparto requiere de soluciones "fuera del sistema", cuando necesita subsidios y que, además, se dé por sentado que el reparto *sí* se fundamenta en la solidaridad social, sin llegar a demostrarlo de manera fehaciente.

En primer lugar, es muy cierto que la esencia de la solidaridad social es garantizar una transferencia real de recursos y/o de servicios a las familias más pobres y vulnerables, la cual solo puede provenir de los sectores con mayores ingresos y capacidad contributiva. En pocas palabras, no se trata de una

---

[137] *Carlos Rivadeneira Martínez, Aquí se fabrican pobres.*

consigna hueca, ni de un préstamo, sino de resultados tangibles que mejoren la situación real y relativa de la población más necesitada. En segundo lugar, ya hemos cuestionado la capacidad del reparto público para garantizar el principio de solidaridad social, contrario a lo que proclaman abiertamente sus defensores a ultranza. Ello así porque, en su esencia, *las prestaciones del sistema de reparto se limitan a reproducir las diferencias y desigualdades sociales y económicas predominantes en el mercado laboral y en el sistema económico vigente*. La seguridad de los ingresos en la vejez y el acceso a las pensiones están estrechamente vinculados a las desigualdades existentes en el mercado de trabajo y en el empleo[138], por lo que la mayor proporción de los cotizantes que completan el ciclo laboral corresponde a los niveles superiores del empleo. A mayores ingresos, mayores cotizaciones, mayores pensiones, mayores aportes de los trabajadores activos para cubrir la "solidaridad intergeneracional", y más adelante, mayores subsidios, mayores desigualdades, y viceversa. Esa es la esencia, esa es la realidad objetiva.

En este sentido vale la pena resaltar con claridad y precisión las distorsiones predominantes. "Pero repartir las cotizaciones entre los pensionados no garantiza la solidaridad del sistema: quienes aportan proporcionalmente más no son los trabajadores de menos ingresos, y no todos los pensionados que reciben las transferencias son vulnerables. Por ejemplo, con reparto, *las cotizaciones de trabajadores de bajos ingresos financian parte de las pensiones de pensionados de mayor ingreso*. Más aún, los pensionados que reciben los beneficios por más tiempo, son mayoritariamente los de mayores ingresos (que tienen expectativas de vida más prolongadas). En consecuencia, *muy posiblemente el "reparto de cotizaciones" será regresivo*"[139]. ¡Más claro, ni el agua! No obstante, reconocemos la

---

[138] *OIT Protección Social, 2017-2019*
[139] *https://Chile%20proyecto%20de%20reforma%20de%20pensiones.pdf*

existencia de algunos vestigios de solidaridad social en el sistema de beneficios definidos, por ejemplo, cuando el sistema garantiza una pensión mínima y/o cuando establece límites a las pensiones de los afiliados de mayores ingresos, entre otros casos que, lamentablemente, surten muy poco impacto en todo el sistema. Más adelante, en otros capítulos, volveremos a tocar este tema.

¿Por qué el sistema de capitalización individual no ha alcanzado el objetivo de una pensión digna y duradera? El sistema de capitalización individual se propuso superar las debilidades del reparto público: 1) estimulando el ahorro para el retiro; 2) capitalizando las aportaciones; 3) no generando déficits actuariales; 4) no endeudando a los trabajadores activos; 5) descartando cualquier subsidio gubernamental; 6) eliminando los privilegios y las desigualdades en la asignación de las pensiones; y 7) penalizando la evasión y la elusión. La mayoría de estos objetivos aún están pendientes ya que, al igual que el reparto público, su diseño adolece de soluciones integrales, equilibradas, flexibles y sostenibles, que garanticen la necesaria correspondencia entre el porcentaje de aporte y la tasa de reemplazo, así como entre los años de cotización y de pensión.

No obstante, a pesar de algunos logros, el diseño del sistema tampoco garantiza una pensión digna y sostenible, salvo en situaciones financieras excepcionales fuera de su control. En la mayoría de los casos, las pensiones otorgadas distan mucho del nivel prometido, y de las necesidades de los trabajadores, debido a una cotización insuficiente, a una administración privada lucrativa y costosa y a la subestimación de la necesaria solidaridad social. La acumulación patrimonial de los trabajadores resulta menor que en el sistema público de reparto, debido a la alta comisión cobrada por las Administradoras de Fondos de Pensiones (AFP).

Además, parte de las bajas pensiones se explica porque las compañías de seguro aplican las tasas de longevidad de los grupos sociales más ricos, a los jubilados de bajos ingresos con menor esperanza de vida. Esta práctica reduce la pensión de los trabajadores más pobres, obligando al Estado a aumentar los subsidios para garantizar la pensión mínima. Mientras unos proclaman el fracaso total del sistema de capitalización individual, otros resaltan sus mayores logros señalando, entre otros, su aporte entre el 8.6% y el 14.4% al crecimiento sostenido de la economía chilena desde 1981 a 2011, que elevó el ingreso per cápita más de cinco veces durante el mismo período.

El análisis de la esencia del sistema revela que no existe ninguna relación indisoluble, ni un condicionamiento obligatorio, entre la capitalización individual como sistema y su gestión privatizada y lucrativa. Ni tampoco, entre la capitalización individual y la exclusión de la solidaridad social, por lo que este sistema es susceptible de un rediseño integral, capaz de superar estas limitantes extrañas a su esencia. Ante la existencia de una bomba previsional creciente, y los serios presagios de su explosión a mediados del presente siglo, las naciones organizadas se enfrentan al gran reto de definir una nueva política previsional que sirva de punto de partida para el rediseño de los viejos sistemas de retiro.

La segunda parte de este libro está dedicada a proponer los principales lineamientos de esta nueva política, así como las transformaciones necesarias para avanzar hacia sistemas previsionales capaces de garantizar pensiones dignas y sostenibles para todos, con la suficiente flexibilidad para adaptarse a las transformaciones demográficas, al desarrollo tecnológico y a los cambios en el mercado laboral.

Segunda Parte

NUEVA POLITICA Y REDISEÑO PREVISIONAL SOSTENIBLE PARA TODOS

Capítulo VI

JUSTIFICACIÓN Y RESISTENCIA A LOS CAMBIOS

¿Por qué tanta polémica y resistencias a las reformas estructurales, a pesar de la profundización del desequilibrio actuarial?

Lamentablemente, los diseños del sistema público de reparto y de capitalización individual, presuponen *una economía y una sociedad estáticas*, una premisa absolutamente irreal, una reminiscencia del ritmo y del nivel de desarrollo en que surgieron y se expandieron los regímenes previsionales en una buena parte de su primer siglo de existencia. Durante las dos primeras revoluciones industriales las condiciones laborales y de vida de los trabajadores y de la población en general se caracterizaron por una alta natalidad, acompañada de una alta mortalidad. La esperanza de vida al nacer, y en especial, al envejecer, apenas llegaba al medio siglo, por lo que los planes de retiro podrían ser sostenibles con cotizaciones relativamente bajas, ya que los años promedio de pensión eran relativamente bajos.

Sin embargo, las sucesivas transformaciones económicas, sociales, urbanísticas, demográficas y laborales, derivadas de las dos primeras revoluciones tecnológicas, han provocado cambios sustanciales en todos los ámbitos. Por un lado, la elevación de la productividad general y las luchas sociales se tradujeron en alzas del salario real y en mejores condiciones de trabajo, mejorando la higiene laboral y reduciendo los acci-

187

dentes laborales. Y por el otro, los grandes avances de la ciencia médica han contribuido, de manera notable, a reducir la mortalidad por patologías conocidas y evitables, elevando progresivamente la esperanza de vida, tanto general como de los envejecientes. No obstante, el hecho de que estas transformaciones constituyen avances significativos para la humanidad, para los trabajadores, y en particular, para la seguridad y el bienestar de todos los envejecientes, y a pesar de la rigidez del diseño, todavía persiste una defensa cerrada de los planes de retiro tradicionales, que dificulta su adaptación gradual a estos avances, provocando mayores desequilibrios estructurales y actuariales que terminan haciendo metástasis en ambos sistemas previsionales.

Como todo proyecto o programa social, los sistemas previsionales, tanto de reparto como de capitalización individual, vienen acompañados de una idealización, con fines de promoción y de lograr la aceptación general, revelando con letras mayúsculas sus bondades y facilidades, mientras se ocultan o colocan en letras muy pequeñas, sus limitaciones y efectos secundarios. En el presente capítulo examinamos, con la mayor objetividad posible, los argumentos con los cuales se pretende justificar esta rigidez y la resistencia a los cambios, siempre con el objetivo de contribuir al rediseño de los viejos sistemas previsionales para asegurar pensiones dignas y sostenibles para todos.

a) *Reducción de la capacidad de ahorro e inversión*

Gran daño social al eliminar los ahorros, las reservas y los intereses devengados. El desequilibrio actuarial constituye el pecado original de cualquier sistema previsional, ya que el mismo termina generando un agujero negro, cuya fuerza gravitacional produce efectos secundarios desestabilizadores, especialmente en el sistema público de reparto, cuyo funcionamiento depende de una estructura piramidal. El problema más grave de cualquier plan de retiro, y por vía de consecuencia de toda la sociedad, reside en la reducción progresiva de la capacidad de ahorro, inversión y acumulación, marcando un punto de inflexión regresivo en la sostenibilidad de los sistemas previsionales. ¿Cuál es el futuro del sistema frente a los nuevos trabajadores activos, cuyos aportes son utilizados de inmediato para pagar las viejas pensiones, sin ninguna posibilidad de generar excedentes, ni de acumular intereses? ¿De dónde saldrán los fondos para cubrir sus propias pensiones, si ya han sido consumidos de manera inconsulta? ¿Cuál es el futuro de una sociedad y de una economía endeudada en forma permanente y progresiva? ¿Cómo se pagarán las pensiones dentro de cuatro o cinco décadas cuando, por cada pensionado o jubilado, sólo existan dos o tres trabajadores activos? ¿Podrá el Estado, es decir, todos los contribuyentes, asumir una carga fiscal permanente y creciente de esa naturaleza y magnitud? ¿Qué pasará cuando la industria inteligente acelere la eliminación de fuentes directas de trabajo, generalizando el empleo de robots cada vez más autónomos y productivos? ¿Por qué resignarnos a aceptar una *deuda eterna*, rechazando de antemano la posibilidad de una solución sostenible y beneficiosa para todos? ¿Por qué ahorrar fuertemente para comprar un auto o una casa, y no hacer lo mismo para la vejez?

En casi todos los procesos sociales siempre hay ganadores y perdedores. En el caso que nos ocupa, los ganadores netos siempre han sido las primeras generaciones de pensionados y jubilados las cuales, en las primeras etapas, aportando sólo una pequeña parte, terminan recibiendo más del doble y hasta el triple, en promedio, iniciando un déficit que ha desencadenado una crisis permanente, creciente e inmanejable de la magnitud estimada por el Foro Económico Mundial (FEM), y otras instituciones técnicamente solventes. Pero, al final del día, el mayor perdedor neto es siempre la población en general, la sociedad en su conjunto la cual, con mucho esfuerzo y sacrificio, está obligada a pagar los impuestos que mantiene con vida y sin renovación a modelos actuarialmente desequilibrados y anquilosados.

¿Por qué el fondo de pensión se agota y se queda sin recursos para continuar pagando las pensiones prometidas? Si continuamos con una cotización mensual neta del 9% del salario cotizable, y una pensión mensual del 75.83%, un cálculo bien simple, elemental, nos indica que, agotada la capacidad de ahorro, para recibir un año completo de pensión es necesario cotizar durante 8.4 años (75.83%/9%). De esta realidad se deriva que el sistema sólo sería sostenible si, por cada año de pensión, los trabajadores aportaran durante más de 8 años, premisa que está muy lejos de una realidad basada en 30 años de cotización, y que ofrece una idea del gran desequilibrio entre los aportes y las prestaciones. Aplicando esa relación a todo el período activo, tenemos que, en principio, las cotizaciones durante 30 años apenas garantizan unos 3.6 años de pensión (30/8.4). Afortunadamente, estos resultados son menos críticos en la etapa joven del sistema, gracias a que sus aportaciones no son tocadas, y son acumuladas e invertidas, logrando intereses que al final de la vida laboral, llegan a superar con creces los aportes acumulados, como ya hemos demostrado.

Pero lamentablemente, las siguientes generaciones de trabajadores no disfrutarán de tales "ventajas", ya que, como sucede en muchos países, una buena parte de sus aportes no llegan a capitalizarse debido a que son utilizados para pagar las viejas pensiones. Ni siquiera un verdadero mago de las finanzas podría evitar que este desequilibrio aflore, evidenciando con toda su crudeza las debilidades actuariales intrínsecas del sistema, tal y como está diseñado. *La necesidad de contar con una mayor cantidad de cotizantes choca con la tendencia a la contracción relativa del mercado laboral* como resultado del creciente avance tecnológico, de la automatización, de la industria 4.0 y de la creciente productividad de los recursos humanos más calificados.

El pecado original, derivado del consumo del ahorro previsional, le representa a la humanidad un elevado costo social, expresado en una deuda pública permanente, creciente e insostenible. En términos populares, equivale a matar la gallina de los huevos de oro. Se trata de un sistema cimentado en arena movediza, basado en viejas premisas superadas por el avance continuo de la humanidad; de modelos cada vez más dependientes de variables fuera de su control, con un costo creciente para toda la sociedad.

Y, a pesar de estas evidencias, y de los pronósticos de las instituciones y de los expertos, persiste una feroz resistencia al cambio. ¿Por qué se descarta de plano, un rediseño integral del sistema público de reparto que recupere su capacidad inicial de ahorrar, capitalizar y acumular? ¿Cuánto le cuesta a la sociedad y a las futuras generaciones, un sistema de retiro, que elimina la capacidad de acumular riqueza para enfrentar los retos de un envejecimiento cada vez más prolongado? ¿Cuál es la viabilidad actuarial de un proyecto previsional de largo plazo, que al llegar a la madurez ni siquiera es capaz de garantizar el equilibrio financiero en el mediano plazo?

La mayoría prefiere el sistema público de reparto. Para justificar el viejo sistema, algunas personas y hasta especialistas argumentan que la inmensa mayoría de la gente prefiere y defiende los modelos de reparto. Reconocemos que esa es una gran verdad. Pero también debemos señalar que, en parte, esa inclinación proviene de la tranquilidad que genera el saber de antemano la proporción del salario a recibir durante el retiro. Y, además, que esta preferencia se deriva de la certeza de que, en general, todos los afiliados recibirán más de lo que aportarán, ignorando generalmente, su impacto final sobre todos los contribuyentes, o sencillamente, esperando que el Estado lo resuelva. ¿Quién no apoyaría a un sistema dotado de la magia de entregar 1,000,000 habiendo acumulado sólo 350,000, o menos? La inmensa mayoría de la gente carece de cultura previsional, por lo que no se detiene a pensar de dónde sale esa diferencia, y mucho menos, quienes la pagan. Ahí están los ejemplos de millones de personas que entregan sus ahorros a supuestos inversionistas, atraídos por la oferta de ganancias muy elevadas y fáciles, sin detenerse a valorar el riesgo y sin pensar en su viabilidad y sostenibilidad, más allá de lo inmediato y de las apariencias. Habilidosos estafadores se han hecho multimillonarios explotando esta debilidad de la gente común y hasta de entendidos. Y, aun así, y de las evidencias catastróficas, todavía muchos se dejan seducir y persisten en el error.

En un intento de justificar el sistema de reparto, se señala que "los jubilados nunca aceptarán cambiar el reparto por la capitalización individual". Claro que no lo aceptarán, porque es imposible aplicar el cambio a los pensionados, ni tampoco a los que tienen muchos años cotizando en el reparto, ya que ellos no son responsables del desequilibrio. Recordemos que las encuestas dan cuenta de una creciente cantidad de jubilados y pensionados que no están satisfechos y que piensan que su situación no mejorará, preocupados porque los ajustes reducen su nivel de vida. ¿Cuáles serán las perspectivas laborales y sociales, cuando la industria inteligente comience a desplazar al 25% o 30% de los trabajos menos calificados, y se reduzcan las migraciones debido a la disminución relativa del empleo? Si el mercado laboral no crece suficientemente, ¿cómo operará la solidaridad intergeneracional? ¿Quién puede asegurar que, en el marco de un desempleo tecnológico creciente, las futuras generaciones aceptarán con beneplácito una deuda creciente e interminable que ellas no han generado? ¿Cuál será la respuesta de las autoridades cuando se les reproche el no haber hecho lo suficiente para contener y eliminar esta hemorragia?

Precisamente en los debates sobre el tema uno de los argumentos que más se esgrime es que en la inmensa mayoría de los países existe el sistema de reparto, y en muy pocos, la modalidad de capitalización individual. En rigor científico se trata de un sofisma que niega la historia, porque el hecho de que un modelo tenga mayor aceptación que otro no necesariamente significa que sea mejor, ni que sea inmutable a los cambios y al progreso general, ni mucho menos que sea sostenible. La historia está llena de teorías que fueron aceptadas por unanimidad durante muchos siglos y que luego no resistieron la prueba del tiempo. Cada vez más analistas relacionan la sostenibilidad del reparto con el funcionamiento del esquema Ponzi, por el hecho de que ambos resultan deficitarios y dependen del aumento constante de la cantidad de cotizantes. Sin embargo, el primero se diferencia del segundo en que, mientras el esquema Ponzi se autodestruye cuando la cantidad de aportantes decrece, esto casi nunca ocurre en el primero, porque el Estado le inyecta millones de nuestros impuestos para mantenerlo artificialmente vigente. *¿Usted cree que el esquema Ponzi desaparecería, si contara con el auxilio estatal?*

¿Cuál piensa usted que sería la reacción de la gente común si se les explicara la realidad objetiva y los pronósticos de los expertos? Si a toda la población se le dijese la verdad, y tomara consciencia del desequilibrio actuarial, del costo social y de la carga fiscal creciente e incontenible que pesa sobre todos los contribuyentes, pobres y ricos, lo más probable es que demanden otro tipo de solución, menos lesiva a sus intereses y a su limitado presupuesto familiar. De igual forma objetarían su diseño actual, si llegaran a comprender que como consecuencia de este déficit los gobiernos se ven obligados a retardar o a reducir los demás programas sociales dirigidos a las familias más pobres y vulnerables.

Distorsión del concepto de solidaridad social. Lejos de eliminar el desequilibrio actuarial y financiero, el reparto tradicional opta por utilizar, de manera inconsulta y compulsiva, las cotizaciones de *todos* los afiliados incluyendo, desde luego, las de los *más pobres*. Se enarbola la llamada solidaridad intergeneracional la cual, en la práctica, faculta a las autoridades a endeudar a las actuales y futuras generaciones, de manera progresiva, como señalan los estudios de la OCDE y del FEM. Esta práctica contraviene el objetivo verdadero de la solidaridad social el cual, como ya señalamos, consiste en una *transferencia real* de recursos de los sectores con mayores ingresos, hacia los grupos sociales más pobres y vulnerables.

La solidaridad social no es un préstamo, ya que implica una *redistribución tangible y positiva*; un sacrificio de quienes tienen más, a favor de los "desheredados de la fortuna", como decía el gran líder dominicano José Francisco Peña Gómez. ¿Cómo podemos hablar de solidaridad social, cuando para pagarle la pensión a un gerente o a un profesional calificado es necesario, incluso, tomar los aportes de miles de obreros y de trabajadores no calificados? Eso no es solidaridad, es una distorsión social que invierte el proceso, para justificar el desequilibrio actuarial. Algunos responden señalando que los trabajadores de altos ingresos aportan para los demás, pero olvidan que a mayor cotización, mayores pensiones, mayores déficits y mayores subsidios. ¿Acaso el traspaso de ingreso de la minoría de arriba, supera la "solidaridad" impuesta a la inmensa mayoría de los de abajo?

La respuesta que ofrecen los expertos es que la "sostenibilidad financiera" del sistema público requiere que los aportes de las nuevas generaciones de trabajadores financien las nóminas de los viejos pensionados y jubilados. Y que cada generación haga lo propio, respecto a las anteriores. Con este argumento se diseña, defiende y sostiene un sistema que *penaliza, y endeuda* de antemano, a las futuras generaciones de trabajadores, *antes de que comiencen a trabajar, e incluso, antes de que nazcan.* Y todo sin que los involucrados tengan suficiente información, ni consciencia de sus implicaciones y resultados, salvo cuando ya es demasiado tarde, cuando la crisis y sus consecuencias se tornan evidentes, inevitables e insostenibles.

Tras el nombre elegante de la solidaridad intergeneracional, se ocultan muchas verdades que desconoce la generalidad de la población: 1) la existencia de un déficit financiero y actuarial inherente al sistema, que se acentúa con el progreso de la ciencia, la tecnología y la longevidad; 2) la necesidad de utilizar recursos ajenos, sin el consentimiento de sus propietarios, ni el conocimiento de sus consecuencias a largo plazo; 3) el agravamiento del déficit financiero y la reducción gradual del fondo de retiro acumulado y de los intereses devengados, hasta extinguirlos; y 4) la necesidad de recurrir a subsidios gubernamentales cubiertos con los impuestos de todos los contribuyentes. La llamada solidaridad intergeneracional es como un cheque en blanco; una forma de justificar el pecado original del sistema de reparto que elimina la capacidad de ahorro previsional, obligando a un endeudamiento permanente con los trabajadores activos y que, además, compromete el equilibrio fiscal y los demás programas sociales.

La solidaridad intergeneracional sería infinita, llenando su cometido actuarial, si no se redujese la relación cotizante/jubilado, y si la esperanza de vida fuese baja y estática. Medio siglo atrás, fue una solución aceptable, porque la cantidad de cotizantes crecía y crecía en un escenario de alta mortalidad de los jubilados y pensionados. Paradójicamente, en las condiciones actuales, la solidaridad intergeneracional evitaría los desequilibrios financieros recurrentes, sólo si se iniciara un viaje al pasado, o si se congelara el avance de la humanidad.

Contrario a las apariencias, en el sistema de reparto la solidaridad social resulta muy limitada. Como ha sido diseñado, tanto los aportes como las prestaciones responden y *reproducen la estructura desigual del mercado laboral*, ya que los aportes representan una proporción igual del salario, y las pensiones se otorgan como un porcentaje también igual del salario de cada trabajador, independientemente de su condición socioeconómica[140]. A diferencia de la auténtica solidaridad social, que transfiere ingresos, mejora las oportunidades y reduce las desigualdades sociales entre las clases y grupos, el reparto público endeuda a todos los afiliados, de manera indistinta e indiscriminada, sin tomar en cuenta su nivel de ingreso, ni su condición social.

La excepción que confirma la regla. La excepción a esta regla la constituye la garantía de la pensión mínima cuando ésta proviene del propio sistema, ya que en este caso suele haber una transferencia real de los cotizantes medios y superiores a favor de los más pobres y vulnerables. No obstante, cuando se trata de los subsidios fiscales, dada la tendencia al predominio de los impuestos regresivos, a la corta o a la larga, los trabajadores activos de menores ingresos son los más penalizados, al tener que trabajar para subsidiar las pensiones de los grupos laborales con ingresos muy superiores a los suyos. La distorsión llega a ser tal, que los trabajadores "atípicos", con una trayectoria laboral inestable, terminan subsidiando a los cotizantes más estables y de mayores salarios. Y que conste, que hemos ilustrado su funcionamiento mediante modelos ideales, sin tomar en cuenta las fluctuaciones del mercado, la politiquería, los privilegios, las evasiones y elusiones, ni la falta de transparencia, generalmente asociadas al reparto discrecional del cual sólo se beneficia una minoría muy influyente.

En los países donde predominan los impuestos regresivos, los subsidios al reparto público contributivo destinados a pagar *todas* las pensiones, incluyendo las de los altos funcionarios y de los grupos de ingresos elevados, recaen con mayor severidad sobre la población de escasos recursos. Recordemos

---

[140] *No consideramos las manipulaciones en los niveles de salarios de los últimos años, de parte de las minorías influyentes, que se traducen en mayores privilegios y desigualdades sociales.*

que el estudio del FMI sobre Brasil demostró que el 20% con pensiones más elevadas reciben el 35% del subsidio, mientras al 20% más pobre, apenas le llega el 4%[141]. ¿Cómo puede hablarse de solidaridad generacional y presentarla como un logro y una solución racional, si hasta los trabajadores más pobres, que apenas reciben el salario mínimo, tienen que aportar para pagar las pensiones de los más encumbrados funcionarios y ejecutivos de altos ingresos?

¿Cómo justificar que los aportes de una joven y humilde trabajadora, que hace la limpieza y prepara el café en una oficina pública, o en una empresa privada, sean utilizados como parte del pago a su antiguo jefe jubilado, quien disfruta de una pensión 10 o 15 veces superior al salario mínimo que ella recibe? ¿En qué beneficia la llamada solidaridad intergeneracional a un trabajador agrícola cuyas cotizaciones son utilizadas para pagar la jubilación de un funcionario público, que se auto asigna libremente su propio salario para obtener una jugosa pensión, sin haber cotizado nunca sobre ese monto? ¿Cómo puede hablarse de solidaridad social si el reparto público tradicional se queda con los aportes de miles y millones de trabajadores que no califican para una pensión y los utiliza para pagar jubilaciones a quienes, sí reúnen este requisito, e incluso, lo superaron con creces? *Se trata de una solidaridad social ficticia e invertida porque la transferencia real resulta regresiva.*

Algo que llama poderosamente la atención es que, en muy raras ocasiones, los defensores acríticos del sistema, reconocen y critican estas distorsiones. Ni tampoco reconocen que un reparto indistinto abre las puertas a una distribución de las prestaciones en proporción muy desigual al esfuerzo de cada trabajador cotizante. Es difícil encontrar a un alto funcionario, púbico o privado, o a un sindicalista tradicional que denuncie los privilegios que se derivan de la asimetría entre los aportes

---

141 *World Bank, Summary Note on Pension Reform in Brazil: Why is it Needed and What will be its Impact?*

y los beneficios, por la sencilla razón de que, con frecuencia, son sus principales beneficiarios. ¿Cómo se explica la persistencia en la defensa cerrada de una supuesta solidaridad social del reparto público como lo conocemos, sin aportar la menor prueba de una mayor transferencia real de ingreso a favor de los afiliados de menores ingresos? ¿Por qué se silencia y se subestima el informe del Banco Mundial que demuestra, de manera objetiva y fehaciente, las grandes distorsiones y desigualdades en el disfrute de los subsidios previsionales en Brasil, y las conclusiones en ese mismo sentido de recientes estudios del BID?

¿Por qué se adopta una defensa cerrada e irracional del reparto tradicional, en vez de asumir una posición más realista y racional, ante las evidencias y los pronósticos preocupantes de los estudios e informes señalados? ¿A quiénes beneficia la prolongación de estos desequilibrios actuariales y déficits financieros? Aquí vale la pena citar el pensamiento de Albert Einstein sobre la crisis: "No pretendamos que las cosas cambien, si siempre hacemos lo mismo. La crisis es la mejor bendición que puede sucederle a personas y países, porque la crisis trae progresos. La creatividad nace de la angustia, como el día nace de la noche oscura. Es en la crisis que nace la inventiva, los descubrimientos y las grandes estrategias. Quien supera la crisis, se supera a sí mismo sin quedar 'superado'"

Una carga más pesada que el resto del endeudamiento público. El impacto del creciente déficit financiero derivado del sistema público de reparto resulta mucho más trastornador y traumático que el resto del endeudamiento público. Ello así porque éste tiene un alcance limitado ya que su costo es *finito*, y su cancelación tiene una fecha *definida*. En cambio, en el caso del déficit actuarial, el compromiso fiscal es *creciente e ilimitado* en su monto, y *recurrente* en el tiempo. No en pocos casos, esta carga deficitaria ya compite, e incluso supera, el costo financiero de la deuda pública de varias naciones, como se ilustró en la primera parte de este estudio.

Ya mostramos que, tanto en los países industrializados como en las naciones del tercer mundo, la experiencia demuestra que los sistemas públicos de reparto, al entrar en su etapa deficitaria, se convierten en una pesada carga para los Estados y, por ende, para la gran mayoría de la población. Muchos países arrastran cuantiosos déficits fiscales debido a los crecientes subsidios a los sistemas públicos de reparto e incluso de capitalización individual, tratando de evitar presiones políticas e inestabilidad social. En la mayoría de los casos, esos compromisos fiscales reducen los demás programas sociales orientados a las familias más pobres y vulnerables. Recordemos que en algunas naciones este agujero negro ya supera el gasto público en educación y salud, contrayendo los demás servicios sociales dirigidos a toda la población.

Finalmente, este endeudamiento recurrente violenta la tradición y el objetivo familiar. Todos los padres y las madres responsables aspiran a dejarle a sus hijos, además de una buena educación, la mayor herencia posible, para que puedan alcanzar mejores niveles de vida, generación tras generación. Si ningún padre o madre cariñoso quiere endeudar a sus hijos con compromisos financieros recurrentes, entonces, ¿por qué aceptar lo contrario a nivel nacional? Si luchamos contra la contaminación ambiental, ¿por qué fomentar una *contaminación previsional*, igualmente irreversible y dañina? Enajenar y comprometer los ingresos de las futuras generaciones no constituye precisamente un buen modelo de desarrollo económico y social sustentable, ni una decisión de la cual podamos sentirnos orgullosos. El verdadero desarrollo sostenible se alcanza cuando cada nueva generación supera a la anterior, en niveles de educación, oportunidades, ingresos y ahorros. Como dijo George Washington: "Ninguna generación tiene el derecho de contratar deudas mayores que las que pueden pagar durante su propia existencia".

b) *La capitalización: el gran acierto del modelo chileno*

El aporte de los trabajadores y empleadores nunca ha sido suficiente. Bien vistas las cosas, y conocidas las limitaciones salariales, el fondo para el retiro no puede provenir solamente de la cotización de los trabajadores activos, por elevada que ésta sea.

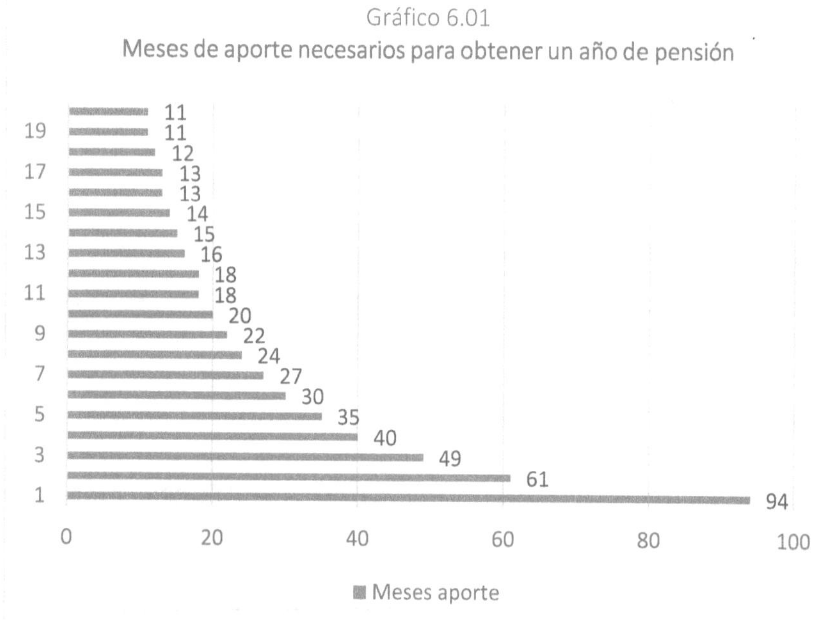

Gráfico 6.01

Meses de aporte necesarios para obtener un año de pensión

Como vimos, un aporte anual neto del 9%, requiere de 8.4 meses de cotización para acumular lo suficiente para cubrir un mes de una pensión del 75.83%, en nuestro ejemplo. Sin ahorro e inversión, y si el aporte fuese, por ejemplo, del 15% anual, se precisarían 5.1 meses para completar el pago de un mes de pensión, lo cual quiere decir que, en el transcurso de 30 años, apenas se garantizarían unos 5.9 años de jubilación, asumiendo una media de 15 años de jubilación, más otros 3 años de sobrevivencia, como ya hemos convenido. Aún con una cotización del 20% anual, habrían de transcurrir 3.8 meses para obtener el equivalente a un mes de pensión, a una tasa promedio del 4% de interés anual.

De lo anterior se desprende que, *no es posible garantizar pensiones dignas, es decir, suficientes, con sólo el aporte de los trabajadores y empleadores, por generoso que los mismos resulten,* sin importar que se trate de naciones ricas o de países en vías de desarrollo. El razonamiento es muy simple: en ausencia del ahorro y la inversión, y cotizando durante 30 años, para asegurar 15 años de pensión digna, Juana Promedio tendría que aportar el 50% de sus ingresos, o en su defecto, contar con un *sacrificio ajeno* similar, sean cotizantes o contribuyentes al fisco, apalancamiento que se repetiría de manera interminable. Así de simple. En todos los casos señalados, queda claro que, en el mejor de los escenarios, el aporte de los trabajadores activos apenas garantizaría la mitad del costo de la vida como jubilados.

Entonces, ¿cómo obtener la cantidad restante para asegurar un nivel de vida adecuado y sostenible a todos los jubilados y pensionados? Sólo existen dos grandes opciones. La primera es la capitalización del ahorro para acumular lo suficiente como para asegurar ingresos lo más cercanos posible al último nivel de ingreso del trabajador. Y la segunda, mediante el endeudamiento progresivo de las nuevas generaciones, utilizando sus aportes de manera inconsulta y unilateral y, más adelante, demandando crecientes subsidios fiscales cuando estos recursos resulten insuficientes. En pocas palabras, las opciones son: *o sacarle beneficios al sistema económico, sin afectar a los demás trabajadores, ni tampoco a los contribuyentes; o cargar este enorme costo sobre las presentes y futuras generaciones de trabajadores y sobre la población en general, incluyendo a los contribuyentes más pobres, a costa de reducir las oportunidades de que éstos últimos disfruten de una pensión solidaria, no contributiva.*

El fomento del ahorro previsional y su capitalización durante todo el ciclo productivo es, sin ninguna duda, el mayor acierto del modelo chileno. Constituye la mejor forma, sino la única, de garantizar la acumulación progresiva del patrimonio de los trabajadores en aras de asegurar una pensión digna, con garantía de sostenibilidad con el paso de los años, y la posibilidad de universalizar la protección social. La capitalización no debería ser un tema de discusión, ni de menosprecio en materia previsional, puesto que el propio sistema de reparto se apoya en la misma en su etapa inicial. Si en su juventud este sistema llegó a alcanzar altos niveles de acumulación del patrimonio de los trabajadores fue, precisamente, gracias al ahorro desde su inicio y a lo largo de su vida laboral, así como a su correcta inversión en áreas seguras y productivas, lo cual le permitió obtener una rentabilidad adecuada que expandió continuamente el saldo del fondo para el retiro.

Desde su inicio, el proceso de ahorro, inversión y acumulación muestra sus bondades y frutos a favor de los trabajadores activos y pasivos, potenciando las oportunidades de asegurar una pensión digna y sostenible. El Gráfico 6.01 describe la cantidad de meses de acumulación, necesarios para garantizar cada año de pensión o jubilación, aprovechando las ventajas de un ahorro de largo plazo y del interés compuesto. El mismo demuestra que, *en la medida en que avanza el proceso acumulativo, se reduce considerablemente el tiempo de cotización necesario para asegurar un año adicional de pensión.* Por ejemplo, mientras el primer año de jubilación sólo se obtiene luego de los primeros 94 meses de cotización, (alrededor de 7 años y 8 meses), el décimo año únicamente requiere de 20 meses (un año y 8 meses), mientras que el vigésimo año se logra con menos de un año (sólo 11 meses de ahorro e inversión). Este proceso equivale a aprovechar las reglas de juego del sistema a favor del retiro de los trabajadores, tal y como hacen las familias, las cooperativas y las grandes empresas.

El Cuadro 6.01 refleja los resultados de Juana Promedio con un salario de 1,000, una cotización del 9%, invertida al 4% anual real, durante 40 años. Al final del año 30, el aporte ascenderá a 32,400 y la rentabilidad a 40,868 para una acumulación total de 73,268 de cuyo monto, los aportes equivalen al 44.2% y los intereses al restante 55.8%, mucho más de la mitad del patrimonio. De aportar durante 40 años, el fondo acumulado total llegaría a 144,653, con sólo un 29.9% de aporte y un 70.1% de rentabilidad. Imagínese el lector cuál sería el resultado si la tasa de rentabilidad promedio fuese del 5% o el 6%. *Esta ganancia es posible siempre que el sistema no toque el ahorro y lo invierta* en las condiciones promedio señaladas. Como ya hemos dicho, el gran problema es que, al envejecer el reparto, el ahorro y la inversión desaparecen, matando la gallina de los huevos de oro.

Cuadro 6.01

Reparto: Fondo acumulado real según años de aporte

Salario 1,000; aporte neto 9%, tasa interés 4% anual

Años	Aportes	Rentabilidad	Fondo total	% aporte	% interés
20	21,600	14,320	35,920	60.1%	39.9%
25	27,000	25,117	52,117	51.8%	48.2%
30	32,400	40,868	72,268	44.2%	55.8%
35	37,800	65,037	102,837	38.8%	63.2%
40	43,200	101,453	144,653	29.9%	70.1%

Fuente: Cálculos del Autor

La potencia y el impacto favorable de la capitalización del ahorro, es independiente de que sea individual o colectiva. En esencia, se trata de un ciclo acumulativo que opera en relación directa al tiempo transcurrido. Esta es una realidad objetiva, matemática y financieramente comprobada, que debiera ser objeto de una profunda meditación y valoración, desde el punto de vista previsional. Con gran frecuencia se critica y menosprecia la capitalización del ahorro de los cotizantes, pretendiendo ignorar todas sus ventajas, no sólo para los propios trabajadores, sino para el plan de retiro y muy en especial, para toda la sociedad al liberarse de un costo fiscal inmanejable. Claro que asumimos estabilidad y consistencia, pero en caso contrario, cualquier inestabilidad afectará a ambos sistemas previsionales.

En estos debates tan polarizados no faltan expertos que expresan un cierto menosprecio por la capitalización, indicando los grandes riesgos de depender de las fluctuaciones del mercado financiero. Algunos llegan tan lejos como a asociar, de manera implícita, la capitalización como si fuese sinónimo de capitalización individual privada. La capitalización es un recurso financiero para reproducir la riqueza social en un sistema de economía de mercado, y puede ser colectiva o individual, pública o privada. El hecho de que la mayoría de los modelos de beneficios definidos hayan reducido o eliminado su capacidad de capitalizar, de ninguna manera quiere decir que la misma haya perdido su capacidad para acumular el fondo de retiro. La resistencia a buscar fórmulas que restablezcan la capacidad de ahorro, inversión y acumulación, y así como la justificación pura y simple de la llamada "solidaridad intergeneracional", sólo persiguen el mantenimiento del estatus quo, por lo que en nada contribuyen a viabilizar las pensiones dignas y sostenibles a que tienen derecho todos los envejecientes, no propietarios y que sólo cuentan con su fuerza de trabajo.

c) *La privatización: un condicionante innecesario*

La imposición de una dictadura militar de corte neoliberal. Si bien es cierto, e incuestionable, que el modelo chileno tiene la virtud de apoyarse en el ahorro, la inversión y la acumulación, de todos y de por vida, no es menos cierto que constituye un desatino injustificable, condicionar su diseño y funcionamiento a una gestión privada y lucrativa. Ciertamente, se trata de un pecado tan mortal, que su imposición y vigencia a rajatabla, está conspirando con la esencia, con la virtud y el impacto de la capitalización individual. Sus críticos tienen mucha razón al señalar que se trata de la imposición de una política neoliberal en el marco de una dictadura sangrienta que contaminó al sistema de seguridad social y, en especial, al sistema de capitalización individual.

José Piñera, cabeza y teórico visible del modelo, desnaturaliza las bondades de la capitalización individual al condicionar su funcionamiento a que el mismo sea "gestionado por empresas privadas denominadas "Administradoras de Fondos de Pensiones"[142]. Y llega tan lejos como para cuestionar la necesidad de un banco del Estado. Esta distorsión se expresa en el hecho de subordinar la esencia del sistema (la capitalización individual), a la forma de su administración (las AFP lucrativas), como si éstas fuesen las que determinan las características más esenciales de aquella.

El gran "error", propio del contexto mundial (neoliberalismo) y de la etapa de la vida chilena (dictadura de Pinochet), fue no distinguir entre la esencia y la forma. *Carece de todo fundamento científico el planteamiento de que la capitalización individual sólo puede existir bajo la administración de empresas privadas lucrativas.* Y de igual forma, suponer que toda capitalización colectiva, sólo puede funcionar mediante una administración pública pura. Tales planteamientos extremos no resisten la prueba de los hechos y de la razón, en un mundo tan diverso y complejo.

En todo momento, y en todos los escenarios, José Piñera se define como un convencido absoluto de que la capitalización individual sólo puede funcionar y llenar su cometido a favor

---

[142] *José Piñera, Una propuesta de reforma del sistema de pensiones en España*

de los futuros pensionados y jubilados, siempre que el patrimonio de los trabajadores sea administrado por AFP privadas y lucrativas. Si este condicionante fuese cierto, entonces la virtud no sería de la capitalización individual, sino de las administradoras de fondos de pensiones (AFP)[143]. Precisamente, este pecado mortal es usado con gran frecuencia por quienes, para defender el sistema público de reparto tradicional, critican el lucro excesivo de las AFP, utilizándolo como la punta de lanza para negar toda validez a la esencia del sistema de capitalización individual, que es la reproducción permanente del ahorro previsional. Estos técnicos no realizan ningún esfuerzo por separar la capitalización individual de la administración privada ya que, criticando los excesos de ésta, creen invalidar la esencia de aquella.

José Piñera, en su rol de agente privatizador por excelencia 24/7, llegó a señalar que "no hay justificación teórica ni empírica alguna para que haya una AFP estatal. Si existe, se produce una competencia desleal con las APF privadas, ya que en los hechos o en la percepción pública estas instituciones cuentan con el respaldo del Estado"[144]. Esta es otra demostración del enfoque equivocado e interesado del diseñador del sistema chileno de pensiones, evidenciando que, para él asegurar comisiones altas a las AFP, es mucho más importante que cualquier beneficio que pudieran recibir los afiliados como consecuencia de una "competencia desleal" del Estado, al bajar las comisiones.

Asumamos que exista una o varias AFP estatales y, como presume Piñera, que éstas de verdad, aplicaran prácticas comerciales que reducen los ingresos y las ganancias de las AFP privadas, ¿a quiénes beneficiarían estas prácticas sino a los trabajadores? Obviamente, como las comisiones que cobran

---

[143] *Esta distorsión ha originado que en Chile la gente no hable del sistema de capitalización individual, sino del "sistema de AFP".*
[144] *José Piñera, Una propuesta de reforma del sistema de pensiones en España*

las AFP disminuyen los fondos para el retiro, cualquier reducción del costo de la administración terminará incrementando el patrimonio de los afiliados, que es el objetivo central del sistema. Por el contrario, dejar la administración a merced de un mercado oligopólico sólo perjudica a los afiliados, tal y como ha ocurrido en prácticamente todos los países. Se trata de un pretexto neoliberal, ya que hubiese bastado con señalar que todas las AFP habilitadas, públicas y privadas, estarían sujetas a las mismas reglas de juego, como se hizo en la República Dominicana.

Lejos de perjudicar, la participación de las AFP estatales fortalece el principio de la libre elección en que se fundamenta el sistema chileno, y que constituye el sustrato de la justificación de la "libre competencia" entre las diversas administradoras. ¿Por qué obligar a todos los trabajadores chilenos, o de cualquier otro país, a escoger a una AFP privada para administrar los ahorros de su vida, sin tomar en cuenta que una parte de los afiliados no le tienen confianza a la administración privada de las AFP, ni de los bancos comerciales privados? ¿No resulta más lógico que los trabajadores también tuvieran el derecho, y la oportunidad, de ejercer individualmente la libre elección? ¿A quién beneficia esta restricción gratuita y arbitraria, a las empresas privadas, o a los trabajadores, que se supone que son los protagonistas del sistema? El Informe Bravo señaló que la gran mayoría de los trabajadores chilenos quieren contar con una AFP pública. En el 2001, el modelo de capitalización individual de la República Dominicana incluyó por ley, la creación de por lo menos una AFP pública, precisamente para ampliar la libre elección de los afiliados.

Los críticos del sistema chileno tienen toda la razón cuando cuestionan que un sistema de protección social del envejecimiento, esté condicionado y prácticamente secuestrado, por un pequeño grupo de corporaciones financieras privadas, cuyos objetivos se orientan exactamente en dirección contraria al interés social. Crítica que compartimos, ya que la seguridad social es una responsabilidad del Estado por tratarse de un derecho humano fundamental, basada en una afiliación obligatoria la cual, *no necesariamente* descarta la posibilidad de una participación privada, siempre que sus intereses no se contrapongan, ni condicionen, el supremo interés social. ¿Por qué los gobiernos democráticos y progresistas que han sucedido a Pinochet no han corregido estas distorsiones que lesionan los legítimos intereses de los trabajadores chilenos, a pesar de haber sido ampliamente documentadas por informes oficiales y estudios independientes? La única explicación visible es que estas empresas ya concentran tanto poder económico y político, que han logrado condicionar y mediatizar las decisiones del Estado.

Privatizar los beneficios y socializar las pérdidas. Para justificar una privatización per sé, se niega toda posibilidad de administración pública porque esta "alternativa encierra el peligro del mal uso de los recursos, lo que es, a la larga, contradictorio con una sociedad libre. De ahí que un elemento inherente al modelo chileno es su administración por empresas privadas"[145]. ¿De qué libertad estamos hablando? ¿De quién es la libertad? ¿En qué escenario se ejerce más ampliamente la libertad, en uno donde sólo participen pocas empresas privadas cada vez más poderosas y vinculadas, o en otro donde también puedan hacerlo empresas públicas? ¿Por qué condenar de antemano a los trabajadores a depender en forma absoluta de la iniciativa privada, cuya razón de ser, no es precisamente la función social, sino la maximización de la utilidad, casi siempre, por encima de toda consideración colectiva?

Nuevamente, los críticos del neoliberalismo tienen toda la razón al señalar el carácter unilateral de estos argumentos. Se trata de enfoques que maximizan el predominio de lo privado

---

[145] *José Piñera, Una propuesta de reforma del sistema de pensiones en España*

sobre lo público, bajo la lógica acomodaticia de que todo lo susceptible de rentabilidad tiene que ser privado, mientras todo lo que no garantice beneficios, sino costos, debe ser público a cargo de un Estado con recursos y facultades limitadas. Como la administración de los fondos de pensiones produce muchas utilidades, la misma no sólo debe ser privada, sino que el Estado no debe intervenir, *ni como proveedor ni como regulador del margen de utilidad*; por el contrario, la supervisión del sistema previsional, por cuanto constituye un costo no redituable, debe ser una función pública a cargo de *un Estado económicamente débil*. Impuesta esta lógica y creadas las reglas más convenientes, es fácil lograr un supervisión superficial y complaciente. ¡Qué bueno!

Así las cosas, al mismo Estado que es calificado de incapaz para administrar los fondos de pensiones, se le asigna una función tan delicada como la supervisión del sistema. "Las autoridades tienen el deber de asegurar las condiciones competitivas, pero no caer en la tentación de fijar los precios, con todas las distorsiones y presiones que ello genera"[146]. Este enfoque, intrínsecamente neoliberal, unilateral y absurdo, no sólo prohíbe la concurrencia de empresas públicas sino, además, le niega al Estado la facultad de intervenir en la fijación del costo administrativo de un servicio eminentemente social, de demanda universal y de carácter obligatorio para todos los trabajadores. En pocas palabras, a pesar de naturaleza social y de constituir una población cautiva, las leyes de la "competencia" y de la "oferta y la demanda" deben aplicarse inexorablemente, como si se tratase de la compra-venta de cualquier mercancía no esencial y de libre demanda. Pero, desde luego, existe una excepción. El Estado sí debe intervenir, y de manera generosa, a fin de compensar la incapacidad del modelo chileno para asegurar la pensión mínima de cientos de miles de trabajadores. El Estado no es bueno, ni útil, para administrar ni regular, pero

---

[146] *José Piñera, Una propuesta de reforma del sistema de pensiones en España*

es absolutamente necesario para subsidiar las falencias del modelo.

A lo largo de todo el discurso, Piñera insiste en que la diversidad de AFP privadas, excluyendo cualquier AFP pública, garantiza la libre concurrencia y un nivel de competencia que se traduce en mayores beneficios para los trabajadores. "La competencia, incluyendo tanto a inversionistas nacionales como extranjeros, asegura que estos avances sean incorporados y que la consiguiente reducción de los costos sea traspasada a los trabajadores a través de menores comisiones y mejor servicio"[147]. Este supuesto carece en absoluto de fundamentación lógica y mucho menos de evidencia objetiva. Cada vez es una realidad más objetiva que el "libre mercado" está muy distante de mantener su validez y su función económica. Si bien, siglos atrás llenó una función social importante, debido a la concurrencia de muchas empresas dotadas de técnicas productivas más o menos similares dentro de un mismo mercado, ahora ese escenario ideal cada vez se aparta más de la realidad, en la medida en que el desarrollo tecnológico ha conducido a una mayor concentración y centralización del capital y de la fuerza de trabajo en un número relativamente pequeño de grandes corporaciones internacionales, *mientras los consumidores se multiplican, diversifican y dispersan por todo el globo.*

La consolidación del monopolio en cualquiera de sus modalidades, ha generado una cultura y una tendencia empresarial hacia la ganancia desmedida, que condiciona todo el accionar de la actividad económica, sin el menor respeto por los valores y objetivos sociales basados en el bien común, incluyendo los servicios de salud y los planes de retiro.

En el transcurso de unas décadas, tanto en Chile como en los demás países, la administración privada de los fondos de pensiones tiende a concentrarse en un número cada vez más

---

[147] *José Piñera, Una propuesta de reforma del sistema de pensiones en España*

pequeño de grandes AFP, con un poder económico y político que les permite controlar una parte vital del sector financiero y del mercado nacional, erigiéndose en un sector que, lejos de competir, opera en condiciones oligopólicas. Las informaciones estadísticas demuestran el crecimiento desproporcionado de las comisiones cobradas unilateralmente por las AFP, reduciendo el ritmo de acumulación del patrimonio de los trabajadores. A tal grado, que en la mayoría de los países han surgido movimientos populares demandando la reducción de las comisiones, logrando en algunos casos sus objetivos. La realidad es que *en los países donde se han reducido las comisiones, este ha sido más un logro de las demandas y presiones populares, que el resultado de una supuesta "libre competencia"*, como sin dudas está ocurriendo en el propio Chile.

José Piñera llega tan lejos en su declarada defensa de la iniciativa privada per sé, que incluso considera que "el ciudadano jamás debe descuidarse frente al Estado. Debe mantenerse atento y sus líderes deben estar continuamente defendiendo los principios centrales del sistema, criticando cualquier propuesta que vaya en la dirección contraria, y manteniendo el esfuerzo educativo y comunicacional"[148]. Esta advertencia es cierta y hasta pertinente, porque nadie como el trabajador puede defender mejor sus propias conquistas e intereses. Pero lo que más llama la atención es que Piñera, en ningún momento, señala los riesgos que encierra una administración lucrativa para los intereses de los trabajadores, ni llama a los afiliados a mantenerse vigilantes para denunciar sus maquinaciones y desmanes. ¡Mayor unilateralidad, es imposible!

¿Por qué tanta polémica y resistencias a las reformas estructurales, a pesar de la profundización del desequilibrio actuarial? Porque detrás de ambos sistemas existen grupos y

---

[148] *José Piñera, Una propuesta de reforma del sistema de pensiones en España*

sectores que se benefician ampliamente del estatus quo, y luchan por mantener a toda costa sus privilegios. *Unos, porque con cotizaciones bajas, reciben prestaciones altas, y otros, porque invirtiendo poco, logran grandes utilidades, y poder económico, político y social.*

El fondo para el retiro no puede provenir solamente de la cotización de los trabajadores activos y de sus empleadores, por elevada que ésta sea. Sin el ahorro y la inversión para el retiro, el esfuerzo individual y social queda fuera de la capacidad contributiva de la gran mayoría de los asalariados y de las empresas. La capitalización constituye el mayor acierto del modelo chileno, aprovechando la rentabilidad de las actividades productivas y la capacidad multiplicadora del interés compuesto.

En el sistema de reparto los ganadores netos son las primeras generaciones de pensionados y jubilados las cuales, aportando sólo una pequeña parte, terminan recibiendo, en promedio, más del doble y hasta el triple. Los perdedores netos siempre serán los contribuyentes, en última instancia obligados a pagar los impuestos que mantienen con vida a modelos actuarialmente desequilibrados. El impacto del subsidio fiscal resulta mucho más trastornador y traumático que el resto del endeudamiento público ya que mientras éste es finito y tiene un alcance limitado, con fecha fija de cancelación, aquel es *creciente e ilimitado* en su monto y *recurrente* en el tiempo.

El hecho de que un modelo sea el más conocido y tenga mayor aceptación, no necesariamente significa que sea mejor, ni que sea inmutable a los cambios y al progreso general, ni mucho menos, que sea sostenible. Si a la población se le dijese toda la verdad, y tomara consciencia del desequilibrio actuarial, del costo social y de la carga fiscal que pesa sobre todos los contribuyentes; y si llegara a comprender que este déficit reduce los demás programas sociales dirigidos a las familias más pobres y vulnerables, lo más probable es que demande otro tipo de solución, menos lesiva a su presupuesto familiar.

Contrario a las apariencias, la solidaridad social resulta muy limitada, ya que el sistema de reparto se limita a reproducir la *estructura desigual del mercado laboral*, donde los aportes representan una proporción igual del salario, y las pensiones se calculan como un porcentaje también igual del salario, independientemente de la condición socioeconómica de cada trabajador y su familia. El verdadero desarrollo económico y social sostenible se alcanza cuando cada nueva generación supera a la anterior, en educación, oportunidades, ingresos y ahorros. Como dijo George Washington: "Ninguna generación tiene el derecho de contratar deudas mayores que las que pueden pagar durante su propia existencia".

José Piñera desnaturaliza el sistema de capitalización individual al condicionar su funcionamiento a una gestión privada lucrativa la cual, al concentrarse cada vez más, opera en condiciones oligopólicas con altas comisiones y ganancias a expensas de los trabajadores. La experiencia demuestra que, en los países donde la comisión se ha reducido, este logro ha sido el resultado directo de las presiones populares, más que de la supuesta "libre competencia". Sólo involucrando a toda la población en el tema será posible superar la resistencia a los cambios y la justificación ideológica del estatus quo, para avanzar hacia el logro de pensiones dignas y sostenibles para todos.

Gran parte de los estudios e informes pecan de cierta unilateralidad al desconocer, o soslayar, el carácter universal del derecho a la protección de los envejecientes. Ya sea porque analizan los sistemas contributivos de pensiones, sin tomar en cuenta el reto nacional de establecer pensiones no contributivas, o porque se centran en éstas, sin considerar que los déficits financieros de aquellos, terminan condicionando la capacidad para universalizar la cobertura a los envejecientes en estado de necesidad. Obligados a contribuir a romper con este enfoque unilateral y de compartimientos estancos, a continuación, centramos la atención en el gran reto fiscal de garantizar una pensión no contributiva para todos los envejecientes en estado de necesidad.

Capítulo VII

EL GRAN RETO FISCAL DE LA PENSION NO CONTRIBUTIVA

¿Cuánta es la demanda y cuál es el costo fiscal del aumento de las pensiones no contributivas?

Han quedado claramente documentados los críticos resultados arrojados por la gran mayoría de los modelos previsionales en el mundo, expresados en desequilibrios financieros fruto de una brecha actuarial que se ensancha con las transformaciones demográficas, muy beneficiosas para toda la humanidad, pero que, paradójicamente, hacen agua y ahogan a los planes de retiro, independientemente de su naturaleza y de su administración pública o privada. En adición, la crisis se acelera con los cambios en el mercado laboral y las perspectivas inciertas ante el avance de la tecnología robotizada y la inteligencia artificial. Ese panorama se traduce en un futuro plagado de incertidumbres para las presentes y futuras generaciones de pensionados y jubilados en todo el mundo, quienes experimentan en carne propia, la sucesión de ajustes paramétricos que, en la inmensa mayoría de los casos, reducen su poder adquisitivo y su nivel de vida.

Las simulaciones realizadas indican que, aun asumiendo las mejores condiciones exógenas y endógenas, los diseños actuales de los dos sistemas tradicionales de pensiones resultan incapaces de garantizar pensiones dignas y sostenibles para todos en el largo plazo. Esta falla estructural se debe a la rigidez de ambos sistemas, que los colocan muy a la saga de los grandes avances de la humanidad y que bloquean la implementación del derecho universal a una pensión solidaria, no contributiva, de todos los envejecientes de escasos ingresos. En tal sentido, se impone un rediseño de las políticas y de los sistemas previsionales, antes de que dichas transformaciones y cambios terminen agudizando la situación a niveles imprevisibles y con serias consecuencias fiscales, políticas y sociales que comprometan la gobernanza sectorial y general.

Con el presente capítulo sentamos las bases conceptuales para una reingeniería integral de los planes de retiro, desde una perspectiva universal, dejando atrás los enfoques parciales, unilaterales y excluyentes, basados en compartimientos estancos. Consecuentemente, en la segunda parte se presentan las características generales de las pensiones no contributivas, evaluando su importancia social, estimando su dimensión cuantitativa, su costo y su impacto fiscal, así como perfilando los condicionantes implícitos en el rediseño de los dos sistemas previsionales conocidos.

a) *La protección social como un derecho humano*

El objetivo fundamental del rediseño de los sistemas previsionales es lograr pensiones dignas y sostenibles *para todos*, en estrecha correspondencia con el nivel del desarrollo económico y social. Para avanzar con éxito en esta dirección es necesario conocer las principales fortalezas y limitaciones de los dos sistemas tradicionales vigentes. En adición, tomar consciencia y partir del impacto de las transformaciones tecnológicas, demográficas, laborales y sociales registradas y su proyección durante las próximas décadas, así como el reto que significa la creciente demanda de protección social básica, a favor de los envejecientes de escasos recursos económicos. En tal sentido, nos sentimos obligados a presentar las premisas y los conceptos básicos que constituyen el punto de partida de cualquier *rediseño dinámico e integral* de los viejos sistemas previsionales.

¿Qué significa una pensión digna? El objetivo de cualquier pensión es proveer a los envejecientes del ingreso necesario para satisfacer sus necesidades, garantizando un nivel de vida, lo más cercano posible, al que mantenían al momento de su retiro de la actividad productiva por vejez o discapacidad. El concepto de pensión digna se ha hecho muy popular, incluso entre los especialistas, aunque todavía sin una definición concreta. Algunos la definen "como la justa retribución del beneficiario al aporte a la sociedad". Mientras otros consideran que "un sistema de pensiones eficaz es aquel que permite a quienes hayan trabajado un determinado número razonable de años recibir una pensión contributiva (el pensionista ha cotizado a la seguridad social, durante su vida laboral, un período mínimo de años) con la que puedan mantener un nivel de vida bastante similar al que tenían en los años previos a su jubilación"[149]. Para Carlos Lozano Nathal, "pensión digna es el monto del pago periódico que se debe hacer a una persona que ha cumplido con las condiciones preestablecidas para ello y que le permita mantener el nivel de vida alcanzado mediante su trabajo"[150]. Estas definiciones están íntimamente asociadas a la pensión contributiva y aportan un elemento de juicio interesante al señalar que la misma pretende mantener un nivel de vida tan similar como sea posible al alcanzado al final de la etapa laboral del trabajador.

Dado que muchos definen la pensión como el ingreso que reemplaza la pérdida del salario con el cese de la actividad laboral, la mejor aproximación es asociar la pensión digna con el

---

[149] *https://www.universidadviu.com/pensiones-nivel-vida-digno/*
[150] *Carlos Lozano Nathal, Determinantes de una pensión digna*

monto del ingreso promedio mensual, habida cuenta de que el objetivo del retiro es garantizar los ingresos más cercanos posibles al nivel del salario. Obviamente, una pensión digna o suficiente tendrá variadas aplicaciones en términos económicos y sociales, dependiendo del nivel de desarrollo y de la productividad de cada país, así como de la política social vigente. En consecuencia, el concepto debe ser lo suficientemente preciso y al mismo tiempo flexible, como para adaptarse a la situación económica y social de cada país, y más adelante, a los cambios en el nivel del ingreso y la productividad, siempre que sea aplicado a todas las personas en condiciones económicas, sociales y de salud similares.

En el transcurso de la presente obra, asumimos una pensión digna como aquella que no sólo minimiza el riesgo de una caída brusca del nivel de ingreso y de la calidad de vida sino, además, que asegura la mayor aproximación posible al nivel de vida general alcanzado durante la etapa productiva. En principio, consideramos que una pensión *contributiva* digna debe reunir los siguientes requisitos mínimos: 1) entre el 60% y el 80% del salario promedio de por vida, indexado para asegurar su poder adquisitivo, con lo cual se asegura una mayor correspondencia entre el aporte total y el monto de la pensión; 2) derecho a continuar afiliado a su seguro de salud, sin restricciones de ningún tipo por edad o sexo; y 3) disfrute de los programas sociales para los adultos mayores, con tarifas especiales para los servicios básicos, entre otros.

Desde luego, estos porcentajes son sólo un marco de referencia, un intento de aproximación a la realidad actual de la mayoría de los planes nacionales de retiro, y siempre en apego estricto al principio de la sostenibilidad. Por ejemplo, dentro de este rango se sitúa la pensión de la mayoría de los países de la OCDE. Demás está señalar, que es altamente aconsejable aplicar la tasa de reemplazo al *salario real promedio de por vida*, a fin de preservar su viabilidad y sostenibilidad. Y, finalmente, asegurar que el monto de las pensiones y jubilaciones sea actualizado periódicamente para preservar su poder adquisitivo. Como hemos explicado a lo largo de todos los capítulos, es muy importante que, desde la niñez y especialmente durante la etapa productiva, la población reciba información y educación sobre los retos de la vejez, a fin de incentivar el ahorro familiar para el retiro como una fuente de ingreso complementaria y cada vez más necesaria para enfrentar la longevidad.

En cuanto a la *pensión no contributiva, o solidaria*, la misma, como mínimo, debería cubrir las necesidades esenciales, evitando el riesgo de que las familias más pobres y vulnerables desciendan al nivel de la indigencia. En la mayoría de los países se relaciona la pensión subsidiada, no contributiva, con el nivel de la pensión mínima del régimen contributivo, considerando que, independientemente de su fuente de financiamiento, representa el mínimo necesario para cubrir las necesidades *esenciales*. Desde luego, también incluye el derecho al acceso gratuito a los programas de salud y asistencia médica, así como al disfrute de los programas sociales para los adultos mayores.

Dado que el financiamiento de las pensiones no contributivas corre totalmente a cargo del Estado, la suficiencia de su monto dependerá, en gran medida, del grado de sostenibilidad de las pensiones contributivas, como ya hemos señalado. Finalmente, es imposible establecer un nivel único de la pensión digna, tanto contributiva, como subsidiada, dada la diversidad de estadios de crecimiento, del nivel de productividad en cada nación, así como de las políticas salarial y del gasto social. En consecuencia, sólo hemos querido presentar los argumentos para explicar el alcance de ambos conceptos para los objetivos de la presente obra.

¿Qué significa el subsidio previsional? Los especialistas del Banco Interamericano de Desarrollo (BID), consideran como Subsidios/Impuestos Implícitos (SI) aquellos beneficios por encima o por debajo de lo que se habría otorgado en un escenario puro de capitalización de mercado, los cuales varían según el historial de cotización de cada individuo. En palabras más sencillas, equivale a la diferencia entre los ingresos para el retiro generados y acumulados en forma directa y autónoma por cada afiliado y el monto pagado, lo que explica la existencia de subsidios positivos y negativos, concepto muy importante tratándose de los sistemas previsionales.

En su esencia, el impacto social de los subsidios puede ser tanto regresivo (negativo) como redistributivo (positivo). Un ejemplo del primero, son las exoneraciones de impuestos a las grandes empresas para fomentar determinada actividad, traspasando el derecho a recursos públicos, a esas entidades privadas lucrativas. En cambio, un ejemplo en la dirección opuesta, es la entrega de asistencia social y/o de pensiones no contributivas a los envejecientes carentes de ingresos. Además, es importante entender que el subsidio necesariamente tiene una doble connotación social. Por ejemplo, cuando realmente existe solidaridad social, la misma implica una transferencia de ingresos (un *subsidio positivo)* para los grupos de menores ingresos, y al mismo tiempo, un *subsidio negativo* para los afiliados con ingresos iguales o superiores a la media. En consecuencia, en el área previsional, estamos hablando de un subsidio positivo para los pensionados y jubilados, ricos y pobres, cuando el Estado aporta recursos para completar el pago de sus pensiones, y al mismo tiempo, de un *subsidio negativo,* que recae sobre todos los contribuyentes, sin distinción de su nivel de ingreso, por lo que el mismo resulta socialmente regresivo.

Pensión sostenible: garantía de la universalidad. Por otra parte, consideramos que una *pensión es sostenible,* cuando la misma está garantizada con recursos propios, en todas las etapas del sistema previsional y de vida del beneficiario. Desde luego, este concepto sólo es aplicable a los sistemas previsionales contributivos, los cuales dependen del equilibrio entre el monto de los ingresos percibidos y acumulados, y las prestaciones garantizadas y entregadas durante la etapa pasiva del trabajador. El resultado final, y el más deseado de las pensiones sostenibles, *es la eficiencia y la suficiencia*, sin depender de recursos externos al sistema para sustentar las pensiones y jubilaciones otorgadas. Como ya hemos señalado, esta es una condición sine qua non para poder especializar los recursos fiscales necesarios para garantizar pensiones *básicas* subsidiadas, no contributivas, al resto de las familias envejecientes, cuyos titulares no laboraron como trabajadores dependientes y/o los que, habiendo laborado, no acumularon lo suficiente para calificar para una pensión en el régimen contributivo.

Desde este punto de vista, habría que distinguir dos tipos de pensiones sostenibles. El primero, aquellas pensiones contributivas *auto sostenibles,* derivadas de un nivel de acumulación *autónomo* suficiente o superior al costo total de los años de vida del jubilado o pensionado. Y, el segundo, aquellas pensiones contributivas que, aún sin llegar a acumular lo suficiente para cubrir *de manera autónoma* la totalidad de su costo, son complementadas por el *propio sistema* con las aportaciones solidarias de los trabajadores con mayor nivel de salario. Este último tipo sólo es posible y viable cuando el sistema público de reparto establece un tope máximo de pensión, límite que se traduce en una transferencia (subsidio) interna de recursos de los estratos con mayores ingresos hacia los trabajadores de salarios inferiores, a través de los mecanismos de solidaridad social establecidos. En cualquier escenario, la condición esencial para que el sistema cumpla con el principio de sostenibilidad financiera, es *que la autosuficiencia provenga del propio sistema*, sin necesidad de depender de subsidios oficiales para las pensiones contributivas.

No está demás recalcar que, en la práctica, el concepto de pensión sostenible es variable y puede ser objeto de diversas interpretaciones, dependiendo de la naturaleza pública o privada del sistema de reparto. Por ejemplo, los sistemas privados de reparto de las grandes empresas para sus ejecutivos y funcionarios, suelen otorgar *pensiones sostenibles,* en primer lugar, porque tienen una cobertura poblacional limitada; y, en segundo, porque las aportaciones suelen basarse en cálculos actuariales en correspondencia con las prestaciones garantizadas. Estos planes resultan eficientes y balanceados porque, al no contar con subsidio gubernamental, cualquier déficit tendría que ser cubierto por la propia empresa, de manera recurrente y a costa de su rentabilidad anual. En estos casos, a diferencia de lo que ocurre en el sector público, la existencia de un riesgo real de desequilibrio y pérdida, necesariamente impone una racionalidad basada en previsiones actuariales revisadas periódicamente.

Factor de sostenibilidad financiera. La longevidad y los cambios laborales reducen sensiblemente la posibilidad de garantizar pensiones sostenibles en los sistemas previsionales conocidos. Como vimos en el Capítulo II, *la falta de sostenibilidad actuarial y financiera obliga a ajustes paramétricos regresivos que reducen el nivel de vida durante la vejez, generando incertidumbres e inseguridad social.* En España en el 2013 se estableció, mediante el Pacto de Toledo, el llamado *factor de sostenibilidad,* un mecanismo que "permite el ajuste automático de la pensión ante cambios futuros en la esperanza de vida, y empezará a aplicarse a partir del año 2019. El objetivo del factor de sostenibilidad, como ya existe en otros países europeos, consiste en garantizar el mismo tratamiento a aquellas personas que se jubilen con la misma edad y el mismo historial laboral, pero que pertenezcan a generaciones distintas"[151].

En estos casos, el ajuste depende de la esperanza de vida, con lo cual los pensionados con mayor longevidad recibirán

---

[151] *https://www.nuevarevista.net/destacados/pensiones-sostenibles-y-suficientes/*

una pensión menor, y viceversa. Con ello se persigue introducir una mayor correspondencia de la pensión con los años de jubilación, ajustando el monto individual de la pensión mensual. Es decir, este factor ajusta automáticamente las prestaciones de jubilación a los aumentos de la esperanza de vida, por lo que los beneficios ya no están completamente «definidos»[152]. Coincidimos con Manuel de la Rocha Vázquez en resaltar que la aplicación de este factor de sostenibilidad, implicará una cierta erosión del concepto de pensión definida que caracteriza al sistema público de reparto, lo cual explica la resistencia de muchos a implementar este cambio y la demanda generalizada de que no sea aplicado.

Pensiones universales para todos. Finalmente, el concepto de pensiones para todos, implica un reto mucho mayor que el tradicional, limitado al régimen contributivo vigente desde hace más de un siglo. La consagración de la seguridad social como un derecho humano fundamental por la Declaración Universal de los Derechos Humanos de las Naciones Unidas, compromete a los Estados modernos a establecer políticas previsionales más amplias y capaces de alcanzar una cobertura universal en un tiempo razonable, de acuerdo al nivel de desarrollo económico y social, lo cual implica un creciente costo fiscal. En la actualidad, la discusión no reside en si se protegen o no a los envejecientes más pobres, sino más bien, en cuánto costará, cuál será la fuente de financiamiento y el ritmo de aplicación, en interés de garantizar la mayor equidad social y sostenibilidad fiscal. Ello así, habida cuenta de que, más tarde o más temprano, cualquier déficit contributivo terminará en una carga fiscal incontenible y recurrente, pagada por todos los contribuyentes, limitando la cobertura social y el monto de las pensiones no contributivas.

---

[152] *El futuro de las pensiones, Manuel de la Rocha Vázquez, coordinador*

Este nuevo compromiso universal supone abandonar el enfoque sectorial y excluyente, centrado exclusivamente en los trabajadores del sector formal de la economía, para asumir plenamente una política social inclusiva, universal, a favor de todos los envejecientes más pobres y vulnerables. En adición, es necesario combatir las desigualdades sociales de género ya que a menudo las mujeres se enfrentan a tasas de pobreza mayores que las de los hombres. En términos de las pensiones, estas diferencias de sexo son muy importantes debido a que los ingresos que perciben a lo largo de la vida laboral son inferiores, con menores oportunidades de empleo (independientemente del nivel de estudios), y con una mayor carga o responsabilidad familiar, factores frecuentemente ignorados en el diseño de los sistemas de pensiones[153].

En muchos países, la extensión de la cobertura pensional ha sido posible principalmente gracias a la creación o extensión de regímenes de pensiones no contributivos que proporcionan al menos un nivel básico de protección social amillones de adultos mayores, mientras que otras naciones han combinado la extensión de los regímenes contributivos a grupos de la población que previamente no estaban cubiertos[154]. La pobreza en la vejez es un problema creciente en todos los países, y puede agravarse a medida que los trabajadores con trayectorias profesionales atípicas llegan a la edad de jubilación, y también dependiendo del impacto real del desempleo tecnológico ante la irrupción de la automatización inteligente. Allí donde el trabajo informal es muy habitual, la pensión mínima universal es la mejor solución a corto plazo[155].

Pero la universalidad presupone un modelo económico inclusivo, solidario, que valore y respete los derechos humanos. La solidaridad social adquiere su mayor dimensión cuando

---

[153] *AISS, 10 desafíos mundiales para la seguridad social, Evolución e innovación*
[154] *OIT Protección social 2017-2019*
[155] *AISS, 10 desafíos mundiales para la seguridad social, Evolución e innovación*

existe un compromiso colectivo por la universalidad, ya que siempre han sido las familias más pobres y vulnerables las últimas en ser protegidas, porque ello implica un mayor esfuerzo fiscal del Estado y de los contribuyentes, y porque generalmente carecen de capacidad organizativa para reclamar y ejercer suficiente presión política por sus derechos. Obviamente, cualquier política de protección universal presupone una modalidad específica de solidaridad social, es decir, de transferencia neta de recursos de los sectores con mayor capacidad contributiva a los grupos con menores ingresos. En consecuencia, independientemente de la modalidad, el financiamiento de este costo social terminará recayendo sobre dichos sectores, ya sea vía cotización o mediante impuestos, o una combinación de ambos.

Ante esta realidad objetiva, el equilibrio actuarial y financiero del régimen contributivo no sólo resulta vital para asegurar su propia sostenibilidad a largo plazo sino, además, porque permite especializar los recursos fiscales indispensables para entregar pensiones no contributivas a los envejecientes en estado de necesidad extrema, sin reducir el presupuesto público destinado a cubrir los demás programas sociales. Dada la limitación de los recursos, y la diversidad de programas sociales a cargo del Estado, las mayores oportunidades de asegurar pensiones dignas y sostenibles, tanto contributivas, como no contributivas, dependen del equilibrio financiero y actuarial de los sistemas contributivos.

El ahorro para el retiro, base de la sostenibilidad. Una premisa fundamental es que *ningún sistema previsional será sostenible sin fomentar el ahorro*, tanto colectivo como individual. No parece sensato, ni responde a la experiencia previsional, subestimar la rentabilidad que es posible obtener con la inversión a largo plazo del ahorro para el retiro ya que, como hemos demostrado, la misma constituye un aporte extraordinario, exponencial y excepcional, en el crecimiento del patrimonio de los trabajadores y, por lo tanto, en garantizar el acceso a una pensión suficiente y sostenible. *En la medida en que se obtiene una adecuada capitalización del ahorro, tienden a desaparecer los desequilibrios y déficits, así como el sacrificio fiscal recurrente de los contribuyentes.*

Gráfico 7.01
Premisas esenciales para una protección universal

Ningún sistema previsional será sostenible sin ahorro e inversión	En materia previsional, es imprescindible el enfoque de largo plazo	La universalidad implica otorgar pensiones no contributivas
Ya no es posible asegurar una vejez digna con ahorros marginales	Toda propuesta previsional debe sustentarse en cálculos actuariales	La falta de sostenibilidad reduce el nivel de vida durante la vejez

Recordemos que, durante largas décadas, el sistema público de reparto aprovechó al máximo posible el ahorro y la inversión previsional. Durante esos años dorados no sólo practicó religiosamente el ahorro, sino además lo capitalizó, mediante inversiones seguras y rentables que contribuyeron de manera notable a una rápida acumulación del patrimonio de los cotizantes. Al tal grado este proceso fue provechoso, que en muchos países la clase trabajadora y las autoridades se vieron deslumbradas por el ritmo acelerado de la acumulación. Esta experiencia nos enseña que el ahorro para el retiro no sólo es sano, sino productivo y necesario para complementar el esfuerzo de los trabajadores y empleadores, elevando considerablemente las oportunidades de una pensión mayor y sostenible. Lamentablemente, esta etapa dinámica y dorada del sistema público de reparto fue desapareciendo hasta agotarse prácticamente, no precisamente por alguna falla en el ahorro, ni del mercado, sino debido a un factor intrínseco al sistema: el desequilibrio entre las prestaciones ofrecidas y las contribuciones realizadas.

Predominio de un enfoque de largo plazo. Otra premisa esencial es la necesidad del predominio de un enfoque de largo plazo para garantizar la sostenibilidad de las pensiones, tanto contributivas como solidarias. Aunque desde su origen los desequilibrios actuariales del sistema subyacen latentes, los mismos sólo afloran a la superficie décadas después, cuando se registra un doble envejecimiento: 1) el de la población, con la extensión progresiva de la esperanza de vida, y 2) el del propio sistema previsional, al elevarse la tasa de dependencia y reducirse la relación entre los activos y pasivos. En consecuencia, es necesario desarrollar la cultura del enfoque de largo plazo, sin los deslumbramientos por la rápida acumulación del ahorro durante las primeras décadas, evitando otorgar prestaciones simpáticas no sustentables financieramente en el largo plazo.

Si los factores de mayor incidencia en el equilibrio financiero surten un efecto progresivo en el largo plazo, los técnicos y las autoridades deben también realizar análisis previsionales con visión de futuro. Los análisis de corto alcance son muy útiles para detectar fallas y corregirlas a tiempo, antes de que se conviertan en un costo irreversible con el correr de los años. Equivalen, en el campo de la salud, a los chequeos periódicos con la finalidad de prevenir a tiempo cualquier costo o riesgo que pueda comprometer la salud previsional en un futuro cercano o lejano.

Los extraordinarios avances demográficos, laborales y tecnológicos, así como la velocidad con que los mismos se producen y reproducen, obligan a un rediseño lo *suficientemente flexible* como para adaptarse a estos cambios, a fin de evitar situaciones traumáticas y desestabilizadoras recurrentes. En un mundo tan cambiante, con transformaciones aceleradas por el desarrollo tecnológico, la rigidez de las fórmulas y las recetas previsionales de antes, así como los prejuicios ideológicos y las resistencias a ultranza, lejos de mejorar las oportunidades de los jubilados y pensionados, contribuyen a generar situaciones financieras que obligan a reducir el ingreso y la calidad de vida de las futuras generaciones. Como dijo Albert Einstein, la inteligencia humana reside en la capacidad de adaptación a los cambios inevitables.

Reconocer el costo creciente e irreversible de la vejez. Otra premisa esencial es que, la experiencia demuestra que *ya no es posible asegurar una vejez digna con un ahorro marginal*; que estamos obligados a reconocer que la creciente longevidad implica, necesariamente, un mayor consumo de bienes y servicios durante la etapa pasiva de la vida. Resulta totalmente irracional e inadmisible continuar subestimando el costo per cápita creciente de la demanda de bienes y servicios durante la vejez. Queda fuera de toda lógica, desconocer que es insostenible *recibir una pensión durante 10 o 15 años adicionales, con los mismos aportes que hace medio siglo,* y más grave aún, eliminando el ahorro y la inversión del fondo para el retiro.

Con un ejemplo basta: los estudios demuestran que el gasto en salud y en atención médica de los envejecientes se concentra en un 70% en los últimos 20 años de vida. Se trata de algo muy elemental: a más años de vida, mayor dependencia de servicios de salud más costosos (tratamientos catastróficos), y mayor demanda del conjunto de los demás bienes y servicios que forman parte de la canasta básica de los adultos mayores, incluyendo diagnósticos y medicamentos de última generación, demanda que no está exenta de la influencia de un sistema económico basado en un consumismo superlativo.

Propuestas basadas en cálculos actuariales y financieros. Finalmente, el rediseño de los sistemas previsionales, así como la formulación de todas las propuestas que del mismo se deriven, deben estar sustentados en cálculos actuariales y financieros realistas y flexibles. Carece en absoluto de valor y consideración cualquier proyecto o propuesta que no cuente con el debido soporte de estimados actuariales y financieros razonables, especialmente durante el largo plazo, por tratarse de la etapa más crítica del envejecimiento del sistema previsional, donde afloran los "achaques propios de su edad". Es necesario volver a los fundamentos originales de los sistemas de seguridad social, y muy en particular, en relación a los sistemas de pensión y jubilación, ya que su prestación fundamental es esencialmente monetaria y de por vida.

Llama poderosamente la atención, la preocupante cantidad de informes y estudios con análisis, conclusiones y recomendaciones carentes de suficientes cálculos actuariales que permitan medir su viabilidad e impacto financiero en el mediano y largo plazo. Esta debilidad es hija del convencimiento de muchos técnicos del carácter "eterno" que se le presume al sistema público de reparto y, sobretodo, de la seguridad de contar con el respaldo "irrestricto" del Estado. Oportuna es la ocasión para reiterar el peligroso estímulo a la irracionalidad, y hasta a la demagogia, que supone adoptar políticas y decisiones previsionales muchas veces a espalda del principio económico de la escasez de recursos, vale decir, de la limitación de los ingresos ordinarios del sistema, frente a costos crecientes derivados de la longevidad y del crecimiento de los jubilados y pensionados. *Con frecuencia, la llamada solidaridad intergeneracional, al carecer de un límite financiero claramente definido, induce a decisiones complacientes y absurdas que jamás se recomendarían, ni se adoptarían, si existiese un límite financiero en las decisiones de largo plazo y de carácter permanente como las previsionales.*

La falta de sostenibilidad termina reduciendo el nivel de vida durante la vejez. Finalmente, la última premisa del Gráfico 7.01, pero no por eso la menos importante, señala que la ausencia de sostenibilidad financiera, a la larga o a la corta, se traduce, necesariamente, en la reducción del nivel de las pensiones y de la calidad de vida de los jubilados y pensionados, tanto de las generaciones presentes como de las futuras, lo que explica las incertidumbres señaladas. Resultado, que no sólo lo revelan los diferentes estudios e informes reseñados en el Capítulo II sino, además, la descripción presentada sobre la situación previsional y los ajustes paramétricos realizados en la mayoría de los países y regiones del mundo.

No hay que ser un especialista para comprender que cuando los recursos de un sistema resultan insuficientes, se impone una "política de austeridad", lo que significa, un mayor sacrificio, tal y como ocurre en las familias cuando el desempleo reduce el ingreso. Está claro que, para los trabajadores, da lo mismo, que ese sacrifico implique una reducción de las prestaciones, o un aumento de las cotizaciones, o ambos ajustes a la vez. Y desde el punto de vista macro social, resulta igualmente dañino que el costo de la insostenibilidad se le cargue a los pensionados y jubilados, o a los trabajadores cotizantes, o lo que es peor, a todos los contribuyentes. Por tales razones, anteponiendo el interés social al grupal, todos debiéramos realizar los esfuerzos necesarios para garantizar pensiones dignas, pero al mismo tiempo, sostenibles y para todos.

b) *Crecimiento de la demanda de pensiones no contributivas*

Pensiones contributivas y no contributivas. Como indica su nombre, las pensiones contributivas son las que se otorgan a los trabajadores del sector formal de la economía, luego de un largo proceso de cotización mensual regular, y de haber cumplido con determinados requisitos en términos de tiempo de aporte y de años de edad, entre otros. Se trata de una importante conquista social, que data de casi un siglo y medio; una especie de compensación a los trabajadores, ante el desamparo social luego de haber sido despojados de sus medios de producción y ser sometidos al rigor del trabajo dependiente mediante el pago de un salario mensual o quincenal. Su financiamiento suele ser compartido entre el trabajador y su empleador existiendo, además, países donde también aporta el Estado como tal, además de la contribución obligatoria que le corresponde en su calidad de empleador público.

El hecho de que, generalmente, el salario percibido apenas le permite satisfacer las necesidades básicas para la sobrevivencia familiar[156], al final de su etapa productiva, el trabajador termina sin la propiedad de medios de producción y sin los ahorros suficientes para un retiro digno. En cambio, la clase propietaria no necesita una pensión en la vejez, sencillamente porque llega a esa edad con suficientes ingresos, ahorros y propiedades para cubrir, más que satisfactoriamente, todas sus necesidades, manteniendo el nivel de vida propio de su status social y económico.

Las pensiones solidarias o no contributivas, están reservadas a los demás grupos sociales, carentes de medios de producción y de un empleo remunerado por lo que, al llegar a la vejez, carecen total o parcialmente, del ingreso indispensable para satisfacer las necesidades más esenciales para su supervivencia. Entre estos grupos carentes, se encuentran los indigentes, los desempleados, los discapacitados, los trabajadores informales de ingresos limitados, los grupos vulnerables y en situaciones especiales, las minorías étnicas e inmigrantes, así como aquellos trabajadores asalariados que no lograron aportar lo suficiente para alcanzar la pensión mínima establecida,

---

[156] *Aquí el concepto de ingreso de supervivencia es relativo, de acuerdo a las necesidades esenciales de cada trabajador, y según su nivel educativo, experiencia y productividad. El factor común es que, en general, su remuneración sólo alcanza para la reproducción simple del nivel de vida familiar.*

dentro de los cuales la mujer ocupa un lugar preponderante por su mayor marginalidad salarial y social.

Generalmente, las pensiones no contributivas, o pensiones subsidiadas, suplen los ingresos mensuales suficientes para cubrir las necesidades más esenciales de las personas de escasos recursos económicos, con 65 años y más de edad. Este subsidio tiene como objetivo combatir la pobreza extrema, frente al riesgo de invalidez y/o vejez de todas las personas que demuestren estar en estado de necesidad. Además, incluye servicios preventivos de salud, así como asistencia médica y farmacéutica y servicios sociales complementarios. Por tratarse de los grupos sociales carentes de capacidad contributiva, estas pensiones son otorgadas por el Estado y cubiertas íntegramente con los impuestos de los contribuyentes[157].

El derecho a pensiones no contributivas se deriva de la Declaración Universal de los Derechos Humanos, proclamada por las Naciones Unidas en 1945 y sancionada por todas las naciones, la cual, además de declarar que todos los ciudadanos nacen iguales y con los mismos derechos, condena abiertamente cualquier tipo de esclavitud, marginalidad o discriminación social. Esta declaración universal constituye un punto de inflexión al extender a todas las personas, independientemente de su condición social y de su nivel de ingreso, el derecho a una protección social integral contra los riesgos que puedan alterar su nivel de vida, incluyendo la vejez y la discapacidad. A partir de este momento histórico, muchos países iniciaron la transición de los viejos seguros sociales, basados en un contrato laboral, hacia los nuevos sistemas de seguridad social, sustentados en un derecho humano, esencial y universal. Y, además, por vía de consecuencia, se impulsaron iniciativas gubernamentales orientadas a diseñar y establecer pensiones subsidiadas, a favor del resto de los envejecientes en estado de necesidad que no califican para las pensiones contributivas.

---

[157] *https://otrosdialogos.colmex.mx/pensiones-no-contributivas-en-mexico*

Las pensiones subsidiadas suelen ser incompatibles con cualquier otra modalidad de pensión o jubilación ya que, por su propia definición, las personas sólo pueden ser sus beneficiarias luego de una evaluación económica que demuestre que no cuentan con recursos regulares para cubrir sus necesidades esenciales. Dada la limitación de recursos, las mismas tampoco son compatibles con algunos programas de asistencia social basados en subsidios orientados a combatir el estado de necesidad de las familias, y a erradicar la pobreza e indigencia. Es importante señalar que la mayoría de los países extiende esta protección social a los inmigrantes y refugiados al momento en que cumplen con un mínimo de años como residentes legales. Lógicamente, las pensiones no contributivas son administradas por el Estado, bajo los principios y las normas del sistema público de reparto, ya que su financiamiento depende exclusivamente del presupuesto nacional.

Cada país cuenta con su propia legislación y normas para determinar los requisitos mínimos para tener derecho a reclamar una pensión no contributiva por vejez. Además de demostrar carencia de ingresos para cubrir sus necesidades, se requiere haber cumplido una determinada edad (generalmente más de 65 años). En los casos de una pensión por discapacidad, el potencial derechohabiente deberá someterse a un examen a cargo de médicos especialistas para determinar el grado de "invalidez" y su carácter transitorio o permanente. La mayoría de estas pensiones se otorgan al haber perdido las dos terceras partes de la capacidad, por lo que su monto guarda una estrecha relación con la severidad del daño. Por su mismo carácter, las normas establecen que el derecho a una pensión no contributiva puede cambiar, especialmente si se altera el "estado de necesidad o de discapacidad" del beneficiario, razón por la cual, su entrega está sujeta a una evaluación económica periódica, para comprobar que el beneficiario continúa con vida y recibe regularmente la pensión, estando obligado a informar de inmediato cualquier cambio en su condición socio económica.

Baja cobertura previsional. Como señala la OIT, el derecho a la seguridad de un ingreso suficiente en la edad avanzada, incluye la garantía al acceso a una pensión adecuada. Sin embargo, aproximadamente la mitad (el 48 por ciento) de todas las personas que superan la edad con derecho a una pensión, no la reciben o resultan insuficientes. En consecuencia, a escala mundial la mayoría de las mujeres y de los hombres de edad avanzada, no tienen un ingreso suficiente y seguro, carecen del derecho a jubilación y tienen que seguir trabajando, a menudo mal remunerados y en condiciones precarias, a pesar de su prolongada edad. Hoy en día, *sólo el 42 por ciento de las personas en edad activa espera recibir una pensión de la seguridad social en el futuro, siendo la cobertura efectiva incluso más baja, por lo que una buena parte de esta laguna tendrá que llenarse mediante la expansión de las pensiones no contributivas.*[158]

Los niveles de desprotección social en el mundo, especialmente en las naciones en vías de desarrollo, junto a una evidente desigualdad social a escala mundial, acentuarán las demandas y presiones contra las políticas excluyentes y por una mayor responsabilidad social de los Estados modernos, evidenciando la necesidad de rediseños previsionales que, al mismo tiempo, garanticen pensiones suficientes y sostenibles para todos. De acuerdo a la OIT, la falta de protección social deja a las personas expuestas a la pobreza, a las desigualdades y a la exclusión social en todo el ciclo de vida, y en consecuencia, representa un obstáculo importante para el desarrollo económico y social sostenible[159].

---

[158] *OIT, Informe mundial sobre la protección social, 2014-2015*
[159] *OIT, Informe mundial sobre la protección social, 2017-2019*

En un esfuerzo colectivo por revertir, en parte, esta lamentable e inexplicable situación a la luz de los derechos humanos, los países firmaron un acuerdo que establece dentro de los Objetivos de Desarrollo Sostenible (ODS), alcanzar niveles mínimos socialmente aceptables de protección social universal. Pero, como siempre, mientras muchos países alcanzarán esas metas, una mayoría se quedará rezagada, manteniendo en el desamparo a la mayoría de su población. En la mayoría de los países, este incumplimiento se explica por la resistencia a destinar mayores ingresos a las políticas sociales inclusivas. Son muchos y preocupantes, los problemas observados en el mercado laboral y en su proyección durante las próximas décadas: el persistente desempleo y subempleo, la prevalencia de los empleos precarios y del empleo informal, así como el aumento del número de trabajadores pobres con poca calificación. Ante esta realidad social, los sistemas de seguridad social, incluidos los pisos de protección básica, se enfrentan al reto de diseñar y ejecutar políticas esenciales que garanticen una mayor seguridad en los ingresos y en el fomento del trabajo decente, especialmente en los países en que la protección social forma parte integral de políticas adecuadas de empleo, salarial, fiscal y lucha contra la pobreza[160].

El monto de la pensión subsidiada varía de país en país. Lógicamente, el monto mensual de las pensiones no contributivas varía en cada país, especialmente en función del nivel del desarrollo económico, de la política social y de la capacidad de reclamo de los grupos sociales más democráticos y progresistas. Con gran frecuencia, su cuantía está referida al salario mínimo, o a la pensión mínima vigente en el sector formal de la economía por lo que, dependiendo de la holgura, la pensión no contributiva podría fluctuar alrededor del 50% de la pensión mínima. En algunos países, se toma en consideración la carga

---

[160] OIT, *Informe mundial sobre la protección social, 2017-2019*

familiar del envejeciente, especialmente, su situación conyugal. Para entender y poner en contexto estas regulaciones, recordemos que los Estados se enfrentan a la "escasez de recursos", por lo que su tendencia "natural" es a asignar la menor pensión posible, dependiendo de la existencia de subsidios fiscales a las pensiones contributivas.

A diferencia de las pensiones del sector formal, las no contributivas o subsidiadas no toman en cuenta el historial laboral, con algunas excepciones. Por ejemplo, los asalariados que no logran reunir la cantidad de aportes al régimen contributivo, se convierten en candidatos naturales a una pensión subsidiada para complementar la pensión mínima. Otra excepción son los trabajadores por cuenta propia en los países más organizados donde se registran los ingresos regulares de esas actividades. No obstante, en muchos casos esos registros resultan irrelevantes ya que basta con demostrar la edad y la insuficiencia de ingresos para calificar para una pensión no contributiva[161]. Determinados sectores y especialistas expresan su preocupación ante el riesgo de que la "holgura" de las pensiones no contributivas termine desincentivando a la gente a buscar trabajo, un tema muy complejo que se sale del ámbito de la presente obra.

Creciente demanda de las pensiones no contributivas. Los grandes avances tecnológicos, mucho de los cuales se expresan directamente en un incremento sostenido de la longevidad, fruto de las transformaciones demográficas, explican porque la población de 65 años y más es la que registra el mayor crecimiento relativo. En adición, todo indica que la automatización basada en la industria inteligente acentuará el desempleo tecnológico, marginando a una mayor cantidad de personas y empujándolas a actividades productivas fuera del ámbito

---

[161] *https://otrosdialogos.colmex.mx/pensiones-no-contributivas-en-mexico-que-son-que-impacto-tienen-y-cual-es-su-futuro*

del régimen previsional contributivo. Aun reduciendo el impacto de esta proyección, los estudiosos y los organismos internacionales estiman que, al menos dentro de las próximas cuatro décadas, la presión por mayores y mejores pensiones subsidiadas crecerá en forma sostenida, debido al desplazamiento de millones de trabajadores que realizan actividades repetitivas susceptibles de automatización.

En América Latina, las primeras pensiones no contributivas por vejez e invalidez se implementaron en Uruguay (1919), en Argentina (1948), en Brasil (1971), en Costa Rica (1974) y en Chile (1975). Una reciente publicación de la CEPAL, revela que desde el comienzo del milenio se registra un gran crecimiento de las pensiones solidarias, duplicándose con creces. La cobertura en la región de estas pensiones se incrementó del 11,7% de las personas de 60 años y más en 2000 (correspondiente a 5 millones de personas) al 25,1% en 2017 (19,3 millones de personas). Además de las pensiones solidarias por vejez, también han crecido las pensiones por discapacidad del 2,1% en 2000 (1,5 millones de personas) al 6,4% en 2017 (4,5 millones). Ambas pensiones no contributivas consumen casi el 1.0% (0.65% + 0.28%) del producto interno bruto (PIB) regional. Según la CEPAL, este avance no se debe solamente a la mayor disponibilidad de recursos fiscales ... sino también a las presiones sociales que demandan mayor protección para las poblaciones vulnerables.[162]. *En el 2017, casi un tercio de las pensiones de las personas de 65 años y más provenía de sistemas de pensiones no contributivos*"[163].

El rol de las pensiones solidarias está en expansión en América Latina y el Caribe y ya en algunos países actualmente constituyen elementos claves del sistema pensional. Ante la creciente presión por mayores pensiones sociales, los formu-

---

[162] *CEPAL, Protección social universal en América Latina y el Caribe, 2020*
[163] *Alberto Arenas de Mesa, Los sistemas de pensiones en la encrucijada*

ladores de políticas públicas se enfrentarán a un mayor desafío fiscal en la medida en que la población envejezca[164]. Este proceso, también y por idénticas razones, se registra en el resto del tercer mundo. Paradójicamente, en muchos países caracterizados por las limitaciones en la política de previsión social, así como por la desprotección (falta de cobertura), y la insuficiencia de las pensiones por problemas financieros, se están dando las condiciones necesarias para avanzar en la implementación de reformas previsionales tendentes a expandir las pensiones no contributivas[165].

De lo anterior se desprende que, durante las próximas décadas, resulta muy previsible una mayor demanda de recursos fiscales destinados a satisfacer las necesidades básicas de las familias más pobres y vulnerables, y muy en especial, de una masa creciente de adultos mayores marginados del sector formal de la economía y, por lo tanto, del derecho a una pensión contributiva. Esta demanda no sólo se explica por la toma de consciencia de un derecho inalienable sino, además, por la necesidad de preservar la gobernanza social y política, mediante programas contra la pobreza extrema y la indigencia. Esto implica que los recursos fiscales necesarios para financiar las pensiones no contributivas serán crecientes en el tiempo y recaerán sobre los contribuyentes. Por ello, si bien en la actualidad los recursos disponibles apenas alcanzan para financiar una parte relativamente pequeña de la demanda real, resulta razonable prever una presión mucho mayor dentro de una o dos décadas, a menos que se realicen profundos ajustes y previsionales fiscales, para garantizar un financiamiento seguro y creciente para sostenerlas.[166]

---

[164] *Panorama de las pensiones: América Latina y el Caribe © OCDE, Banco Mundial y BID 2014*
[165] *Alberto Arenas de Mesa, Los sistemas de pensiones en la encrucijada*
[166]*https://otrosdialogos.colmex.mx/pensiones-no-contributivas-en-mexico-que-son-que-impacto-tienen-y-cual-es-su-futuro*

La presión social y política por una mayor cobertura previsional subsidiada, va mucho más allá de los reclamos de los propios envejecientes en estado de necesidad los cuales, de todas formas, son considerables y crecientes. A esta demanda legítima se le agrega la necesidad de crear un pilar de solidaridad para garantizar la pensión mínima en el propio régimen contributivo, ante la incapacidad del sistema de reparto público y del sistema de capitalización individual de proporcionar una pensión mínima a todos los trabajadores con salarios iguales o cercanos al mínimo y/o con contribución irregular debido a una vida laboral "atípica". En esa dirección, la necesidad de incrementar la capacidad contributiva incluye la aprobación de varios programas orientados a incentivar la afiliación voluntaria, y en muchos países hasta obligatoria, de los trabajadores independientes o por cuenta propia.

De acuerdo a la OIT, en la Agenda ODS 2030 se insta a los países a lograr una amplia cobertura de las personas pobres y vulnerables y a crear regímenes de protección social integrales y universales. Pero este objetivo se encuentra con varios obstáculos, entre otros, la falta de voluntad política y el escaso espacio fiscal para financiar los regímenes de pensiones, y priorizar el gasto en protección social a largo plazo para los adultos mayores. Sin embargo, llama la atención que no se mencione que esta limitación fiscal está íntimamente vinculada a la existencia, o al riesgo, de déficits fiscales de los sistemas contributivos, tanto de beneficios definidos, como de contribución definida[167].

En un contexto de envejecimiento de la población, y de altas tasas de informalidad laboral e inequidad en el mercado del trabajo formal, se impone la necesidad de apoyar a las personas mayores mediante sistemas de pensiones no contributivas. Las prestaciones de los sistemas de pensiones subsidiadas

---

[167] *OIT Protección social 2017-2019*

se concentran especialmente en las mujeres, quienes constituyen uno de los grupos más vulnerables y perjudicados por las asimetrías del mercado laboral y por los propios sistemas de pensiones[168], lo que explica su participación mayoritaria en las actividades productivas informales, candidatas naturales a ser cubiertas por la previsión no contributiva. A esta realidad se agrega el porcentaje creciente de hogares a cargo del sexo femenino. La CEPAL considera que los principales retos sociales de los países consisten en extender la cobertura, sobre todo a la población de menores ingresos, y en asegurar la suficiencia de las prestaciones no contributivas. Cada uno de estos desafíos tiene un impacto financiero y, por tanto, la sostenibilidad fiscal será fundamental para abordar satisfactoriamente estas tareas prioritarias para la protección social de todos los envejecientes de la región y del resto del mundo[169].

c) *No subestimar el costo fiscal de las pensiones no contributivas.*

Un costo fiscal en crecimiento. El cumplimiento del objetivo común de alcanzar la cobertura universal de los envejecientes en un plazo razonable, implica un mayor esfuerzo fiscal en prácticamente todas las naciones. De inmediato, el logro de las metas de protección social establecidas en el Objetivo de Desarrollo Sostenible (ODS) requiere de un firme compromiso real de potenciar los programas de pensiones solidarias, lo que obliga a definir las fuentes de su financiamiento y a reservar los recursos correspondientes. En este sentido, las restricciones financieras y fiscales serán los principales factores que determinarán los niveles de la cobertura y de las prestaciones que realmente se podrán ofrecer a la ciudadanía desvalida. Aumentar el nivel de las prestaciones no contributivas constituye un reto mucho mayor, en aquellos países donde la población

---

[168] *Alberto Arenas de Mesa, Los sistemas de pensiones en la encrucijada*
[169] *Alberto Arenas de Mesa, Los sistemas de pensiones en la encrucijada*

marginada e informal supera el nivel de la cobertura contributiva[170]. Recordemos la queja de la OIT de que sólo el 42% de los envejecientes cuenta con acceso a una pensión aceptable y, además, pensemos en cuál será la dimensión social del problema en las próximas décadas, no sólo por el crecimiento acelerado de adultos mayores más longevos sino, también, debido al aumento de la demanda de aquellos trabajadores asalariados que no podrán completar el ciclo contributivo, al ser desplazados por los procesos automatizados de la industria inteligente.

Cuadro 7.01
Estimado del costo fiscal de las pensiones no contributivas
En porcentajes basados en experiencias de América Latina

	Cantidad	*Costo en SMN*	*Porcentaje*
Pensionados contributivos	**384,000**	**672,000,000**	**72.2%**
Pensionados no contributivos	**556,000**	**259,000,000**	**27.8%**
Contributivos insuficientes	96,000	33,600,000	
Pobres e indigentes	460,000	225,400,000	
Cobertura universal	**940,000**	**931,000,000**	**100.0%**

Fuente: Estimados del Autor

En la mayoría de los países, todavía se carece de suficiente información actualizada sobre el costo fiscal de las pensiones no contributivas o subsidiadas. De acuerdo a la CEPAL, en América Latina el gasto se acerca al 1% del PIB regional, el cual continuará creciendo durante las próximas décadas, porcentaje que puede asumirse para las demás regiones del tercer mundo en la actualidad. Este costo fiscal, que ya forma parte integral del gasto social, con el tiempo adquirirá mayor relevancia, creando las condiciones para un mayor cuestionamiento de la justeza de los déficits y los subsidios destinados a cubrir la nómina de los pensionados y jubilados contributivos, del sector formal de la economía.

---

[170] *Alberto Arenas de Mesa, Los sistemas de pensiones en la encrucijada*

Apoyados en nuestro modelo, trataremos de estimar el posible costo fiscal de universalizar la protección social contra el riesgo de vejez y discapacidad de las familias más pobres y vulnerables. Para ello, realizamos una simulación basada en una representación lo más sencilla posible a partir de una composición social promedio, consciente de que la misma varía notablemente de país en país. Asumamos la existencia de un millón de personas con 65 años y más, distribuida como sigue: 60,000 pertenecientes a las familias de la cúpula económica y social, las cuales cuentan con altos ingresos para sustentar el costo creciente de su vejez y discapacidad; 480,000 pertenecientes al régimen formal de la economía, que recibirán pensiones contributivas, con la excepción del 20% de los cotizantes quienes, por sus bajos salarios e inestabilidad laboral, no acumularán lo suficiente para alcanzar la pensión mínima, por lo que recibirán un subsidio estatal complementario del 50%; y finalmente, unos 460,000 envejecientes sin capacidad contributiva, la mayoría del sexo femenino, candidatos naturales a recibir una pensión subsidiada o solidaria del Estado. Además, asumimos que la pensión mínima contributiva es igual a 700, que la pensión promedio equivale a 2.5 veces (1,750) la pensión mínima y que los pensionados subsidiados recibirán el 70% de la pensión mínima contributiva, y los trabajadores contributivos con aportes insuficientes, el 50% para complementar su pensión.

A partir de estas premisas, determinamos que el 80% de los envejecientes del sector formal, unos 384,000, recibirán la pensión promedio de 1,750, totalizando 672 millones al año. Por su parte, el monto del subsidio ascenderá a 259.0 millones, como sigue: 33.6 millones para los 96,000 contributivos con fondos insuficientes, con una pensión complementaria de 350 mensual; y 225.4 millones para los adultos mayores pobres e indigentes, igual a 490 mensual. En resumen, el monto anual de las pensiones llegaría a 931.0 millones, de los cuales el 72.2% sería financiado por el régimen contributivo, mientras el restante 27.8% provendría del presupuesto nacional. Por supuesto, sólo se trata de parámetros promedios basados en nuestra experiencia profesional, que podría variar en cada país, pero lo más importante es que, en principio, la cobertura universal de las pensiones básicas no contributivas podría oscilar entre el 25% y el 30% del monto total de la nómina, vale decir, *alrededor del 38% de la nómina contributiva*.

Ahora, asumiendo un país con una relación formal/informal de 0.88 (440,000/500,000) más representativa de las economías en vías de desarrollo, la seguridad social tendría que asumir el 69.1% del costo total, mientras el Estado cargaría con el restante 30.9%. En ambos escenarios, queda claro que la protección previsional universal, como un derecho humano fundamental, implica un costo fiscal a cargo de todos los contribuyentes el cual, por su magnitud y crecimiento, no puede soslayarse, al momento de definir los nuevos sistemas previsionales.

Desde luego, es posible realizar otras simulaciones con diferentes escenarios "más o menos optimistas", dada la diversidad de los niveles de desarrollo económico y social de los países y regiones. Obviamente, los resultados de este modelo dependen del peso específico del sector formal de la economía y del alcance real de la política social orientada a asegurar la pensión mínima a todos sus afiliados, por lo que es posible obtener otros resultados. En el ejemplo descrito vale la pena resaltar la correspondencia con la realidad ya que, no obstante, los pensionados del sector formal representar sólo el 40.9% del total de los pensionables, reciben el 72.2% de la nómina general; en tanto que, en el sector informal los beneficiarios equivalen al 59.1%, y apenas perciben el 27.8% del monto de las pensiones.

Sin embargo, independientemente de los cambios cuantitativos que en cada caso se introduzcan, es altamente probable que los nuevos resultados terminen confirmando en términos relativos, estas dos conclusiones esenciales desde el punto de vista de las tesis centrales de la presente obra. Primero, que el costo fiscal de cualquier política orientada a garantizar la protección social de toda la población, podría representar entre el 35% y el 40% de la nómina previsional contributiva; y segundo, que la meta de protección social universal implica el rediseño de los sistemas previsionales contributivos, considerando el compromiso fiscal y el creciente costo de la vejez, a la luz de la limitación de los recursos fiscales disponibles. De acuerdo a Pablo Gottret, Gerente Regional de Protección Social y Trabajo para América Latina y el Caribe del Banco Mundial, "No existe el margen fiscal para mayores pensiones sociales o subsidios a los sistemas contributivos"[171].

De estos resultados se desprenden las siguientes conclusiones: 1) cada vez existen mayores condiciones objetivas y subjetivas para demandar el derecho a una pensión no contributiva, a favor de los envejecientes más necesitados; 2) el costo fiscal de garantizar una protección universal contra la vejez y la discapacidad, está en relación inversa de la cobertura del sector formal de la economía, y de la sostenibilidad financiera del régimen contributivo; 3) la demanda fiscal para las pensiones no contributivas tiende a aumentar con el rápido crecimiento de la población envejeciente y los cambios en el mercado laboral; y 4) los desequilibrios y déficits de los sistemas previsionales contributivos reducen la posibilidad de alcanzar la protección universal de los adultos mayores en estado de necesidad y en situaciones especiales.

¿Cuánta es la demanda y cuál es el costo fiscal del aumento de las pensiones no contributivas? Tanto los expertos como los organismos internacionales estiman que, en las próximas cuatro décadas, la presión por mayores y mejores pensiones

---

[171] *https://Pablo-Gottret%20reformas%20previsionales%20en%20el%20mundo.pdf*

subsidiadas crecerá, por lo que es previsible una mayor demanda de recursos fiscales destinados a satisfacer las necesidades básicas de las familias más pobres y vulnerables, y muy en especial, de una masa creciente de adultos mayores marginados del sector formal de la economía y, por lo tanto, del derecho a una pensión contributiva. Actualmente, su costo ronda cerca del 1.0% del PIB de América Latina. Estimamos que, en condiciones normales, el costo fiscal podría oscilar entre el 35% y el 40% de la nómina nacional de los pensionados y jubilados contributivos.

Se considera que una pensión *es sostenible,* cuando la misma está financiada con recursos propios y garantizada en todas las etapas del sistema previsional, evitando depender de subsidios. Es digna o suficiente, en la medida en que se acerca al salario promedio del trabajador; y es universal cuando se garantiza a todos los envejecientes carentes de propiedades y de ahorros para sustentar el costo creciente de la vejez. La protección social universal presupone un modelo económico inclusivo y solidario, que valore y respete los derechos humanos.

Ningún sistema previsional será sostenible sin fomentar el ahorro, tanto colectivo como individual. Es esencial el predominio de un enfoque de largo plazo para garantizar la sostenibilidad de las pensiones, tanto contributivas como solidarias. Las transformaciones demográficas y los cambios laborales obligan a un rediseño flexible de los sistemas de retiro, a fin de evitar situaciones traumáticas y desestabilizadoras. En la actualidad ya no es posible asegurar una vejez digna con un ahorro marginal, ya que la creciente longevidad implica, necesariamente, una mayor demanda de bienes y servicios durante la vida pasiva. El rediseño de los sistemas previsionales, así como de todas las propuestas que del mismo se deriven, debe estar sustentado en cálculos actuariales y financieros realistas, completos y flexibles.

La protección social de todos los envejecientes se deriva de la Declaración Universal de los Derechos Humanos, por lo que constituye una obligación impostergable de los Estados modernos. Como señala la OIT, aproximadamente la mitad (el 48 por ciento) de todas las personas en edad de retiro, no reciben una pensión o les resulta insuficiente. Esta situación es más crítica en el caso de las mujeres porque reciben salarios inferiores por igual trabajo y, en una mayor proporción, dirigen los hogares y están obligadas a realizar actividades informales.

El costo fiscal de garantizar una protección universal está en relación inversa de la cobertura del sector formal, y de la sostenibilidad financiera del sistema previsional. Finalmente, las demandas de pensiones no contributivas crecerán en las próximas décadas, por lo que los subsidios fiscales recurrentes a los sistemas contributivos reducirán la posibilidad de alcanzar la protección universal de los envejecientes en estado de necesidad y en situaciones especiales, razón por la cual resulta imperativo el rediseño de los sistemas previsionales tradicionales, temas de los próximos capítulos.

Capítulo VIII

REPARTO PÚBLICO: EQUILIBRIO, AHORRO E INVERSIÓN

¿Por qué la sostenibilidad del sistema público de reparto depende fundamentalmente de la capitalización del ahorro?

El análisis de los cálculos actuariales presentados en el Capítulo IV, no dejó ninguna duda de que el sistema público de reparto, tal y como lo conocemos, resulta incapaz de garantizar una pensión digna y sostenible a largo plazo, debido a la falta de una correspondencia dinámica entre el porcentaje de cotización y la tasa de reemplazo, así como entre el período de aporte y los años promedio del disfrute de la jubilación. Además, que este desequilibrio actuarial y financiero termina erosionando la capacidad para ahorrar, invertir y acumular, tan esencial para acelerar el crecimiento del fondo de retiro. Esta contradicción se traduce en un déficit financiero recurrente, que equivale a la diferencia entre el creciente costo de las pensiones de por vida, y el limitado fondo de retiro acumulado durante la etapa laboral, una brecha que tiende a ensancharse, en la medida en que se estrecha la relación entre la cantidad de cotizantes y de pensionados, acelerando el endeudamiento intergeneracional y la dependencia de subsidios gubernamentales.

Además, demostramos que el problema se agudiza al permanecer prácticamente invariables los principales factores estructurales que determinan el ingreso regular del sistema (el

247

porcentaje, los años de cotización y los requisitos para el retiro), mientras se registra un aumento sostenido del costo de la vejez, gracias a la extensión de la esperanza de vida. La carencia de un diseño lo suficientemente flexible para adaptarse a las transformaciones sanitarias, demográficas y laborales, determina la *obsolescencia actuarial* del viejo sistema de reparto público, colocándolo ante la disyuntiva de continuar realizando simples ajustes paramétricos cíclicos en cada crisis, o abocarse de una vez por todas a su rediseño integral, con la finalidad de recuperar la capacidad de ahorro e inversión, una condición sine qua non para asegurar pensiones dignas y sostenibles para todos. El presente capitulo está orientado a exponer y justificar las líneas maestras del rediseño del sistema público de reparto, basado en una política previsional inclusiva, universal y sostenible.

a) *Ahorrar e invertir para asegurar el equilibrio actuarial*

Ahorrar o no ahorrar, esa es la disyuntiva. Las opciones son claras: mantener el estatus quo, a pesar de su falta de autonomía y de sostenibilidad financiera, o enfrentar el reto ineludible de rediseñarse, de manera flexible y dinámica, de acuerdo a las transformaciones y cambios inevitables que se derivan del desarrollo tecnológico. Creemos firmemente que la primera opción sólo equivale a continuar haciendo más de lo mismo, y que no es posible mantener por mucho tiempo un sistema que, además de *funcionar de espalda a los grandes avances de la humanidad*, sólo puede sostenerse reduciendo gradualmente las prestaciones y la calidad de vida de los jubilados y pensionados, y elevando la carga fiscal de todos los contribuyentes. En cambio, la segunda opción, permite rescatar las fortalezas del sistema, superando en forma gradual y progresiva sus desequilibrios y rigideces, a fin de llenar las expectativas de los trabajadores, sin enajenar los aportes ajenos, ni penalizar al resto de la sociedad.

Nuevamente, ¿qué pasaría si no pasara nada? Al final del Capítulo II respondimos a esta pregunta señalando: 1) la existencia de un creciente desequilibrio estructural y actuarial, tanto del sistema público de reparto, como de capitalización individual, que acentuará su incapacidad para asegurar pensiones dignas y sostenibles para todos; 2) la insuficiente acumulación de recursos para asegurar los niveles de pensiones y jubilaciones prometidos a una población cada vez más longeva; 3) un creciente costo fiscal, bajo la modalidad de subsidios públicos, para compensar la reducción y/o el agotamiento de las reservas financieras de los modelos públicos de reparto; 4) la generalización de ajustes paramétricos orientados a reducir las pensiones y jubilaciones y/o a elevar las cotizaciones, sin llegar a la raíz del problema; 5) la creciente insatisfacción e inseguridad de los trabajadores y de la población en general, ante la reducción del poder adquisitivo y del nivel de vida de los jubilados y pensionados; y 6) una inestabilidad social y política capaz de erosionar las instituciones y el propio sistema democrático.

Este desequilibrio previsional, y el pronóstico de que continuará agudizándose con el tiempo debido a su creciente contradicción con los beneficios del desarrollo y del progreso en general, tiene todo el potencial endógeno para pasar de una crisis sectorial a una crisis nacional, acentuando las desigualdades sociales y amenazando la capacidad de gobernanza de sus instituciones. Como concluyen los estudios señalados, de no introducirse las transformaciones estructurales necesarias y urgentes, existe el riesgo real de un proceso de empobrecimiento relativo de los envejecientes al ver reducidos sus respectivos niveles de vida, sin éstos estar debidamente informados ni preparados para enfrentar los retos ineludibles de una creciente longevidad.

El potencial de la crisis será mucho mayor en la medida en que la mayoría de la población tome consciencia real del enorme costo que pende sobre sus hombros por el mantenimiento de un sistema de pensión actuarialmente desequilibrado, que se contrapone al avance general de la humanidad, y que se resiste a rediseñarse para asegurar su sostenibilidad por cuenta propia. Es un proceso muy complejo, con expresiones nacionales diferentes, pero lo cierto es que la bomba previsional pronosticada por el Foro Económico Mundial y otras instituciones de gran solvencia técnica, continúa acumulando energía expansiva, capaz en las próximas décadas, de comprometer sensiblemente, incluso los cimientos del sistema económico y social vigente. Sus repercusiones serían tan profundas que su impacto podría implosionar en los propios fondos de retiro acumulados por los trabajadores a nivel mundial.

Al menos cuatro de cada cinco noticias sobre pensiones resultan inquietantes para los jubilados y pensionados de todo el mundo. Cada vez es mayor la proporción de los trabajadores, así como de los jubilados y pensionados, que se expresan con pesimismo sobre su futuro y el de su familia. Los reportes de la OIT, y de la FIAP, revelan que en las dos décadas del presente milenio se han producido más cambios, ajustes y reformas a los sistemas de pensiones que durante las últimas cinco décadas, casi siempre para reducirlas. Y todo luce indicar que el proceso continuará y que pronto les tocará a los demás países donde las precariedades financieras todavía no han tocado fondo.

Ya hemos señalado que la gran mayoría de los ajustes paramétricos responden a urgencias coyunturales, sin tocar para nada, la esencia del problema, por lo que es muy probable que las recetas aprobadas solo mejoren al paciente, y que, dentro de unos años, el problema hará crisis, volviendo a aliviar al paciente, evadiendo una cirugía de raíz que extirpe el cáncer una vez por todas. Mientras tanto, las evidencias no dejan lugar a dudas de que, en la inmensa mayoría de los casos, cada ajuste y reajuste se traduce, inevitablemente, en una reducción del ingreso real y del nivel de vida de los pensionados y jubilados.

La realidad es que en cada ciclo de ajustes y reajustes se reduce el margen de maniobra que tienen las autoridades nacionales para mantener con vida a un sistema incapaz de valerse por sí mismo. ¿Cuál es el futuro, en términos de gobernanza y de sostenibilidad, de un país con un sistema cuyo funcionamiento requiere que la cantidad de pensionados y jubilados crezca más rápidamente que el número de cotizantes, cuando todas las evidencias y estudios señalan lo contrario? ¿Cuál será la presión fiscal cuando sea necesario aumentar los subsidios, aunque los trabajadores coticen durante 40 años? ¿Qué pasará cuando el aumento de la longevidad continúe acentuando la brecha entre el fondo de retiro y el costo promedio de las pensiones y jubilaciones? ¿Cuál es el futuro de las mujeres que no acumulen lo suficiente para una pensión, o que reciban ingresos inferiores, a pesar de su capacidad y mayor longevidad? ¿Cómo será la vejez de los trabajadores marginados, obligados a trabajar por cuenta propia, y a sobrevivir con ingresos insuficientes? ¿Qué pueden esperar del sistema vigente los trabajadores agrícolas, los inmigrantes y las minorías étnicas? ¿Cómo se manejarán las crecientes presiones sociales y políticas por mayores pensiones no contributivas, a favor de los envejecientes más necesitados?

¿Por qué soslayar las claras advertencias de los organismos internacionales e institutos especializados sobre el futuro incierto y la inminencia de una bomba previsional con una capacidad expansiva capaz de sacudir a las economías más poderosas del mundo? ¿Qué pasará cuando, a pesar de pagar más y recibir menos, a la gran mayoría de los pensionados y jubilados no les alcancen los ingresos, y tengan que trabajar hasta el día de su muerte como ya ocurre en Japón y USA? Estas son, entre muchas otras, las 5 preguntas que los estudiosos responsables nos hacemos cada día, y que los políticos y técnicos tradicionales pretenden ignorar. Las consecuencias de no hacer nada, o de persistir en ajustes superficiales, resultarían tan comprometedoras, que sería una gran irresponsabilidad y falta de visión de futuro, no asumir con tiempo y determinación las transformaciones necesarias para evitar situaciones políticas, económicas y sociales, potencialmente catastróficas e inmanejables, en perjuicio de los envejecientes, como apuntan los estudios y pronósticos citados en el Capítulo II.

Ajustes crecientes para garantizar el pago de las pensiones. Para ponerle número a la casa, vamos a hacer un ejercicio para estimar cuál será el porcentaje y los años de aporte que serán necesarios para pagar las pensiones cuando se reduzca la cantidad de cotizantes por cada jubilado y se eleven los años promedio de pensión. A continuación, describimos y estimamos la posible evolución del sistema público de reparto durante las próximas décadas, presentando los reajustes paramétricos necesarios para garantizar las pensiones y jubilaciones prometidas, durante la cuarta etapa del sistema, en la que el sistema depende totalmente de todos los ingresos para cubrir la nómina mensual. En interés de simplificar los cálculos, mantenemos constante los 1,000 de salario mensual real, y los 75.83% de la tasa de reemplazo. En cambio, asumimos tres escenarios diferentes: una relación de cotizantes/pensionados de 5/1, 4/1, 3/1; un incremento de los meses promedio de pensión de 200, 220 y 240; y un incremento de los meses de cotización de 360, 464 y 480.

Tomemos como un punto de partida un escenario de referencia, basado en un 9% de aporte mensual, 360 meses de cotización y 5 cotizantes por cada jubilado. En estas condiciones, el saldo del fondo ascendería a 10,340, lo que indica que la cotización de por vida de 5 cotizantes sólo cubriría el costo de la pensión total de un jubilado promedio, quedando incluso un pequeño remanente. Téngase en cuenta que, dado que en esta etapa todos los aportes son empleados para financiar la pensión de Juana Promedio, los cinco cotizantes que financian su pensión con sus aportes totales, no acumulan prácticamente nada en su cuenta personal. De modo que se trata de una solución unilateral, equivalente a *vestir un santo para desvestir a otros cinco*.

Cuadro 8.01
Reducción de los cotizantes y aumento de los meses de pensión
90 aporte mensual, 360 meses, 758.33 pensión mensual

Cotizantes	*Meses pensión*	*Pensión total*	*Ingreso total*	*Saldo final*
5	200	151,660	162,000	10,340
4	220	166,826	129,600	(37,226)
3	240	181,992	97,200	(84,792)

Fuente: Cálculos del Autor

Cuadro 8.02
Reducción de los cotizantes y aumento de los meses de aporte
90 aporte mensual, 360 meses, 758.33 pensión mensual

Cotizantes	*Meses pensión*	*Pensión total*	*Aporte al mes*	*Meses aporte*	*Ingreso total*	*Saldo final*
5	200	151,660	90	360	162,000	10,340
4	220	166,826	90	464	167,040	217
3	240	181,992	126	480	182,016	24

Fuente: Cálculos del Autor

Cuando dentro de un tiempo indeterminado, la cantidad de cotizantes por jubilado se reduzca de 5 a 4 como han previsto los especialistas y ya existe en algunos países y, al mismo tiempo, la esperanza de vida se eleve de 200 a 220 meses de pensión promedio, paradójicamente estos avances sociales provocarán un déficit de 37,226 por jubilado. Pero, una o dos décadas más tarde, cuando los cotizantes por jubilado se reduzcan a sólo 3, y, además, la longevidad promedio llegue a 240 meses, el saldo negativo ascenderá a 84,792, como indica el Cuadro 8.01. En cualquiera de los escenarios, más tarde o más temprano, *el déficit tendría que ser cubierto con recursos fiscales pagados por todos los contribuyentes.*

En esas condiciones críticas, el crecimiento del subsidio fiscal obligaría a comprimir el gasto, especialmente en el área social, acentuando las precariedades y la desigualdad social. Además, en poco tiempo las insatisfacciones sociales crecerían y las autoridades se verían obligadas a recurrir a más ajustes cíclicos para reducir el equilibrio y el subsidio fiscal. Por el lado de las pensiones las posibilidades son mínimas, debido al aumento de la longevidad y a la natural resistencia de los jubilados a la reducción de sus pensiones. Por el lado de los ingresos, la situación resultará igualmente difícil ya que, por ejemplo, en el escenario 2 para eliminar el déficit sería necesario elevar de 360 a 464 los meses de cotización, lo que supone un fuerte enfrentamiento con los trabajadores. Pero, aun así, cuando continúen las transformaciones demográficas y laborales y los cotizantes se reduzcan a sólo tres por jubilado, el déficit más que se duplicará, por lo que, aun aumentando a 480 los meses de aporte (40 años), será necesario elevar el porcentaje de cotización del 9% al 12.6%, de acuerdo al ejemplo del Cuadro 8.02. Al tocar fondo en esa crítica situación, y ante la insostenibilidad de esta pesada carga, tanto para el Estado como para los trabajadores, es posible que estén dadas las condiciones para el rediseño del sistema, a pesar de las protestas y movilizaciones y a un costo mayor por la tardanza.

Grandes decisiones, nada simpáticas, pero necesarias. El reto de rediseñar un sistema de pensiones como el público de reparto, en muchos casos con más de un siglo de vigencia, implica tomar grandes decisiones, de manera integral, ninguna de las cuales constituye una tarea fácil, ni mucho menos simpática. Ello así, por la fuerza de la tradición durante largas décadas y porque, aunque son absolutamente necesarias para resolver de raíz el desequilibrio actuarial, y eliminar la inseguridad social que se cierne sobre las actuales y futuras generaciones de trabajadores, provocan una fuerte resistencia ante la reducción de prestaciones ancestrales. Ello no sólo requiere de una gran visión de futuro y sentido de responsabilidad fiscal, social y política sino, además, de una fina estrategia y de una labor sistemática de información y orientación a toda la población, como señalaremos más adelante.

La **primera gran decisión, la decisión maestra,** consiste en trazarse como meta diseñar y establecer *un sistema previsional autosuficiente*: a) que garantice un retiro digno a todas las personas, evitando el empobrecimiento de la población envejeciente; y b) que asegure el equilibrio financiero y actuarial, *sin déficits, sin tocar las reservas de las futuras generaciones, y sin subsidios fiscales recurrentes e inmanejables*. La sostenibilidad financiera es una característica esencial de todo sistema previsional, ya que de lo contrario la misma continuaría dependiendo de los demás, constituyéndose en una carga social interminable, siempre a costa de los grupos y sectores más débiles y vulnerables. Si la economía formal, con capacidad contributiva sólo puede depender de un sistema previsional incapaz de valerse por sí mismo, ¿qué pueden esperar los trabajadores con ingresos inferiores del sector informal de la economía y el resto de la población en estado de necesidad? Si los sectores con capacidad contributiva no pueden garantizarse su propia pensión, ¿de dónde van a salir los recursos para las pensiones solidarias de los grupos sin capacidad contributiva?

Resulta contrario al principio de solidaridad social pretender que el Estado destine cuantiosos subsidios recurrentes para garantizar la nómina de los pensionados y jubilados *contributivos*, a costa de la debida atención a los grupos sociales más pobres y vulnerables, con legítimo derecho a recibir una pensión no contributiva. No resulta equitativo que el sector formal de la economía, con ingresos mensuales regulares y suficientes, reciba subsidios fiscales que, a la postre, limitan los recursos destinados a los programas sociales para las familias marginadas del sector informal de la economía. *Es como si en el seno de una familia el hermano más rico, que disfruta de amplias comodidades, pretendiese que sus hermanos más pobres le ayuden a pagar sus facturas sacrificando el pago de las suyas.*

Diseñar y aprobar sistemas previsionales que ofrezcan pensiones desproporcionadas resulta una tarea bien simple y fácil, sin mayores dificultades, especialmente *cuando no se asume la responsabilidad de garantizar el necesario equilibrio entre los aportes acumulados y los beneficios recibidos, trasmitiéndole ese fardo tan pesado a las otras generaciones.* La inobservancia del principio elemental de la ciencia económica de "necesidades crecientes frente a recursos limitados", no sólo elimina el compromiso con la eficiencia sino, además, fomenta la demagogia y el uso inadecuado de los ingresos de los trabajadores, así como de los recursos públicos aportados por todos los contribuyentes. *En consecuencia, el gran reto consiste en garantizar pensiones dignas asegurando, al mismo tiempo, que sean sostenibles en el largo plazo y que no comprometan las oportunidades de progreso y superación de los demás grupos sociales, ni de las próximas generaciones.*

En un análisis de la situación del modelo previsional español titulado *Retos más allá de la sostenibilidad financiera*, el Fondo Monetario Internacional (FMI) señala que "la sostenibilidad no es algo negociable, es una condición necesaria para que el Sistema Público de Pensiones sobreviva. En esencia, nada es gratis, porque si se hace peligrar la sostenibilidad alguien tendrá que pagar y tendrá consecuencias sobre el empleo y las empresas, y enfatiza que cualquier reforma que se haga debe mantener la sostenibilidad y abordarse de una forma integral[172].

---

[172]*https://elpais.com/economia/2018/03/16/actualidad/1521232709_187761.html*

Restablecer la capacidad de ahorro e inversión. Una premisa fundamental es que *ningún sistema previsional será sostenible sin fomentar el ahorro*, tanto colectivo como individual. No parece sensato, ni responde a la experiencia previsional, subestimar la rentabilidad de la inversión a largo plazo del ahorro para el retiro. En la medida en que se obtiene una adecuada capitalización del ahorro, tienden a desaparecer los desequilibrios y déficits, así como el sacrificio fiscal recurrente de los contribuyentes. El subestimar el ahorro para el retiro conduce a un error con un costo multimillonario, y a un fuerte dolor de cabeza para las autoridades, para los contribuyentes y a la postre, para los propios pensionados y jubilados que viven en la incertidumbre ante la reducción cíclica de su nivel de vida, como se mostró en el Capítulo II.

Recordemos que el fondo para el retiro no puede provenir solamente de las cotizaciones de los trabajadores activos y de sus empleadores, por elevadas que éstas sean. Aún con una cotización del 20% anual, habrían de transcurrir 3.8 meses para obtener el equivalente a un mes de pensión al 4% de interés. El razonamiento es muy simple, de no existir la capitalización acumulativa, para cubrir una pensión durante 15 años cotizando durante 30 años, un trabajador tendría que apartar el 50% de su ingreso mensual, lo que es un imposible, o en su defecto, contar con el subsidio permanente de los demás, sean cotizantes o contribuyentes al fisco. Sería como caminar con una muleta prestada.

La clave del rediseño del sistema público de reparto consiste en restablecer la capacidad de ahorro e inversión. La potencia y el impacto favorable de la capitalización del ahorro, es independiente de que la misma sea individual o colectiva. Esta es una realidad objetiva, matemática y financieramente comprobada, que debiera ser objeto de una mayor ponderación, desde el punto de vista previsional. Con gran frecuencia se critica y menosprecia la capitalización del ahorro para el retiro, pretendiendo ignorar todas sus ventajas, no sólo para los propios trabajadores, sino para el propio plan de retiro y muy en especial, para toda la sociedad. El hecho de que la mayoría de los modelos de beneficios definidos hayan reducido o eliminado su capacidad de capitalizar, de ninguna manera quiere decir que la misma haya perdido la facultad de multiplicar el fondo de retiro de los trabajadores. El pecado original de cualquier plan previsional, y por vía de consecuencia de toda la sociedad, reside en la reducción progresiva de la capacidad de ahorro, inversión y acumulación, marcando un punto de inflexión regresivo en la sostenibilidad de los sistemas previsionales.

Cuadro 8.03

Reparto: Fondo acumulado en valores reales

Salario 1,000; aporte neto 9%, tasa interés 4% anual

Años	Aporte total	Utilidad activa y pasiva	Fondo total acumulado	Aporte % del fondo	Interés % del fondo
25	27,000	25,426	52,426	51.5%	48.5%
30	32,400	40,868	73,268	44.2%	55.8%
35	37,800	44,710	102,836	36.8%	63.2%
40	43,200	101,453	144,653	29.9%	70.1%

Fuente: Cálculos del Autor

El Cuadro 8.03 refleja los resultados de Juana Promedio con un salario de 1,000, una cotización del 9%, invertida al 4% anual real durante 40 años. Al final del año 30, el aporte ascenderá a 32,400 y la rentabilidad será de 40,868, incluyendo intereses en la etapa pasiva, para una acumulación de 73,268 de cuyo monto, los aportes equivalen al 44.2% y los intereses nada menos que el 55.8%, mucho más de la mitad. De aportar durante 40 años, el fondo acumulado llegaría a 144,653, con sólo un 29.9% de aporte y un 70.1% de rentabilidad. Esta ganancia es posible siempre que el sistema no toque el ahorro y lo invierta en las condiciones promedio señaladas.

Detengámonos por un momento a examinar las opciones de Juana Promedio a partir de los resultados del citado cuadro. ¿Qué sistema, que no se apoye en el ahorro y la capitalización, le garantizaría un patrimonio equivalente al 335% de su aporte, luego de 40 años de acumulación y sin perjudicar a nadie? En la cuarta etapa del sistema de reparto, luego de 40 años de aporte Juana Promedio IV sólo contaría en su cuenta con los 43,200, dejando de obtener 101,453, debido a que los mismos fueron utilizados de inmediato para pagar pensiones ajenas. Corregir esta irracionalidad constituye una condición sine qua non para asegurar la sostenibilidad a largo plazo y evitar el desasosiego actual donde, cíclicamente, los pensionados y jubilados ven como se reducen sus niveles de vida respectivos, a pesar de sus protestas.

La **segunda gran decisión**, consiste en extender de manera gradual los años de cotización. Es imprescindible e impostergable restablecer, y luego preservar, la necesaria correspondencia entre los años como cotizante activo, y los años pasivos como pensionado o jubilado promedio. En esta creciente desproporción reside una de las fuentes principales del desequilibrio de ambos sistemas previsionales. En este punto tan delicado y polémico, es necesario tener en cuenta que cuando los planes previsionales fueron establecidos, el rigor del trabajo manufacturero, minero y agrícola, así como la duración de la jornada de trabajo, los bajos ingresos y las limitaciones sanitarias, determinaban un envejecimiento prematuro, limitando los años de retiro. Sin embargo, los extraordinarios avances de la tecnología han eliminado los trabajos físicos extenuantes y se ha reducido la jornada de trabajo a 8 horas diarias, y hasta a menos en varias de las naciones más avanzadas.

En adición, la ciencia médica ha disminuido la morbilidad y mortalidad y se ha avanzado en la reducción de los accidentes de trabajo y en la prevención de las enfermedades profesionales. Todos estos cambios positivos determinan que ahora, a diferencia de hace más de un siglo cuando se crearon los sistemas actuales de pensiones, al llegar a los 60 años la inmensa mayoría de la población trabajadora continúa con capacidad para laborar varios años más, un avance social que seguirá expandiéndose gradualmente. La mejor prueba es la cantidad de personas que, al retirarse formalmente, continúa realizando actividades productivas remuneradas, ya sea en relación de dependencia o por cuenta propia, como se reseñó en el Capítulo II, en el caso de dos potencias económicas tan importantes como Japón y los Estados Unidos.

Desde el punto de vista del objetivo de una pensión adecuada y sin déficit actuarial, es crucial reconocer la íntima correspondencia entre los años como trabajador activo, cotizando para el plan de retiro, y los años pasivos, como pensionado o jubilado. En esta relación años activos/años pasivos es donde reside el meollo del tema que nos ocupa. Los diseñadores iniciales la tuvieron en cuenta al establecer, por ejemplo, un estándar de 20 años de cotización para tener derecho a una pensión ya que entonces la esperanza de vida promedio de los trabajadores rondaba los 45 años. Así las cosas, luego de 20 años de cotización, el trabajador promedio sólo llegaba a disfrutar de unos cuatro o cinco años de jubilación. De modo que, podríamos decir, que en ese tiempo la relación años activos/años pasivos era, más o menos, de 4 a 1.

Rápidamente la clase trabajadora, y la población en general, entendieron que para recibir una pensión sólo hacía falta trabajar unos 25 o 30 años. Y, desde luego, por tratarse de una reivindicación importante, los políticos han continuado anidando ese falso parámetro, presentándolo como una premisa inmutable. No obstante, todos reconocemos las grandes transformaciones registradas desde entonces, como resultado del desarrollo tecnológico, de la liberación de la fuerza de trabajo del esfuerzo muscular extenuante, de la reducción de la jornada de trabajo, de la elevación del nivel de vida y del impacto en la salud de los grandes avances de la ciencia médica.

Sin embargo, a pesar de esos grandes avances, la gran mayoría de los planes de retiro continuaron manteniendo el umbral de unos 25 años para el retiro, lo que ha dado como resultado una disrupción adversa en la relación años cotizados/años pensionados. Ello explica, en buena medida, los déficits de la gran mayoría de los planes de reparto público, ya que tanto el porcentaje como los años de cotización se han quedado rezagados, respecto al costo adicional que implica la extensión de la esperanza de vida en más de 20 años. El resultado es que, en el sistema de reparto público tradicional, cada vez son más frecuentes los casos en donde los años de disfrute de una pensión resultan cercanos, iguales y hasta superiores al período correspondiente de cotización, lo cual constituye una distorsión social y financiera a todas luces insostenible.

Más años de cotización, mejores pensiones sostenibles. Estamos conscientes de la resistencia popular a extender los años de aporte, pero es necesario informar e insistir en que es el propio trabajador el mayor beneficiario, asegurando más años de una pensión digna y sostenible. La extensión de los años de cotización fomenta el influjo multiplicador de los intereses sobre las inversiones. El Cuadro 8.04 ha sido elaborado, como siempre, sobre la base de un salario mensual de 1,000, aportes del 9% mensual, 4% de interés anual y 15 años de pensión del titular más 3 años del cónyuge sobreviviente.

Cuadro 8.04

Saldo y años de pensión asegurados, según años de aporte

1,000 salario; 4% interés; 9% aporte neto; 18 años de pensión

Años de aporte	*Fondo acumulado*	*Pensión 15 + 3 años*	*Saldo al final*	*Años de Pensión*
20 años	37,120	155,610	(118,490)	4.1 años
25 años	52,426	155,610	(103,184)	5.8 años
30 años	73,268	155,610	(82,342)	8.1 años
35 años	102,836	155,610	(52,774)	11.3 años
40 años	144,653	155,610	(10,957)	15.9 años

Fuente: Cálculos del Autor

Resulta más que obvia, la existencia de *una correlación muy positiva entre los años de cotización y el monto del fondo acumulado, gracias al concurso de los intereses obtenidos por la inversión.* Por ejemplo, en los planes con sólo 20 años de cotización, el fondo acumulado asciende a 37,120 monto que sólo asegura 4.1 años de *pensión sostenible*, lo que arroja un saldo negativo de 118,490 por cada pensionado promedio. Si todas las demás condiciones permanecen invariables, el fondo acumulado continuará creciendo en la medida en que se extiendan los años de cotización, multiplicando el saldo final del fondo de retiro y aumentando los años de pensión garantizados. En una situación intermedia, basada en aportes continuos durante 30 años, el fondo acumulado por Juana Promedio ascenderá a 73,268 suficiente para cubrir 8.1 años, poco más del 47.4% del período promedio de retiro, con un saldo negativo menor de 82,342.

De continuar este proceso, cinco años después, al final del año 35, el fondo continuaría creciendo llegando a 102,836, con un déficit de 52,774, y una *cobertura autónoma* de 11.3 años, justamente más de la mitad de la duración de la pensión media. Durante 40 años, el fondo acumulado ascendería a 144,653, garantizando 15.9 años, con un déficit de solo 10,957. Estos cálculos indican claramente que las posibilidades de garantizar una pensión del 75.83% durante 15 años del titular y 3 del sobreviviente, con un aporte neto del 9% del salario y una tasa de rendimiento del 4% anual real, todavía resultan insuficientes, incluso en aquellos casos en que las cotizaciones se extiendan hasta los 40 años. Imagínese el lector la situación en la etapa de madurez del sistema, sin ahorro ni capitalización.

Vale la pena resaltar que en la medida en que se extienden los años de cotización y se acumulan e invierten las aportaciones, los intereses superan con creces el monto aportado por los trabajadores, llegando a representar más de las dos terceras partes del total. El rápido crecimiento de los intereses es posible debido a que las aportaciones mensuales son fijas (asumimos constante el salario real), mientras los intereses crecen más rápidamente gracias al interés compuesto, cuyo impacto se multiplica en forma cuasi exponencial. Estos resultados explican porque muchos países están extendiendo el período de cotización, no sólo, debido al incremento sostenido de la esperanza de vida sino, además, para aumentar el período en el cual las utilidades e intereses logran superar el monto de las aportaciones. *Al aprovechar mejor el carácter reproductivo de los intereses devengados, se reduce considerablemente el sacrificio que habría que imponerles a los trabajadores activos para asegurar un retiro digno y sostenible y, más adelante, a los contribuyentes, mediante el pago de mayores impuestos.*

Lamentablemente, una de las características del sistema público de reparto es que, como ya hemos explicado, llega un momento en que el déficit que le es inherente, obliga a consumir las reservas financieras disponibles, proceso que inevitablemente conduce a su agotamiento, como está ocurriendo en muchos de los países analizados en el Capítulo II. En ese momento se produce un punto de inflexión doblemente negativo, ya que no sólo se deja de acumular recursos, sino también, de invertir y de obtener utilidades, como expusimos en el Capítulo IV. Este proceso regresivo termina acentuado el desequilibrio y el déficit, ya que, *al no generar intereses, el sistema pierde la principal fuente de alimentación a largo plazo de los fondos de retiro.* De todo lo anterior se desprende que, para garantizar una pensión digna del 75.83% del salario promedio durante unos 17.1 años, es necesario un rediseño del sistema público de reparto para introducir gradualmente cambios importantes, elevando tanto el porcentaje del aporte, como los años de cotización. En el caso del reparto, también conviene determinar el monto de la pensión considerando el *record sa-*

larial completo en términos reales, variable que todavía no hemos tomado en cuenta debido a que, para simplificar el ejemplo, asumimos un salario real fijo.

Cuadro 8.05
Años de pensión asegurada y déficit, según % de cotización
1,000 salario; 4% tasa de interés; 70% tasa reemplazo; 30 años de cotización

% de cotización	Acumulado en 30 años	Pensión 15 + 3 años	Resultados financieros	Años pensión sin déficit
8%	50,138	155,610	(105,472)	5.5 años
10%	62,672	155,610	(92,938)	6.9 años
12%	75,207	155,610	(80,403)	8.3 años
14%	87,742	155,610	(67,868)	9.6 años
16%	100,276	155,610	(55,334)	11.0 años
18%	148,518	155,610	(7,092)	16.3 años
20%	165,019	155,610	9,409	18.1 años
22%	181,522	155,610	25,912	19.9 años
24%	198,024	155,610	42,414	21,8 años

Fuente: Cálculos del Autor

Correspondencia entre el porcentaje de aporte y la tasa de reemplazo. La tercera gran decisión es elevar el porcentaje de cotización, consciente de que, *ya no es posible asegurar una pensión digna, mediante aportes marginales, sobrantes o residuales.* La extensión de los años de vida del jubilado, representa un gasto mucho mayor, e inevitable, lo cual requiere de aportes igualmente mayores durante el ciclo de la actividad productiva. *No resulta sostenible extender los años de pensión, manteniendo intactas las cotizaciones y las condiciones establecidas hace casi un siglo, cuando las expectativas de vida eran entre veinte y veinticinco años menores.* Y menos aún, ante una clara tendencia a continuar elevando los años de vida a partir de la edad promedio de retiro. En adición, no hay que olvidar que el gasto en el cuidado de la salud crece en forma casi exponencial durante un envejecimiento prolongado, debido entre otros, al creciente costo de los exámenes, intervenciones, medicamentos y rehabilitación, entre otros.

La cantidad de años de pensión garantizados sin déficit, guarda una relación directa con el porcentaje de cotización del modelo previsional. Obviamente, a mayor aporte, mayor crecimiento del fondo para el retiro (reservas invertidas y rendimientos obtenidos), y mayor cantidad de años de pensión garantizados, *sin provocar endeudamientos ni déficits*, y viceversa. Esta relación resulta lógica, ya que equivale a decir que mientras más ahorro realice una familia, mayor seguridad y recursos tendrá para enfrentar los tiempos difíciles que, inevitablemente, le presenta la vida. Y lo saben muy bien los diseñadores de los modelos públicos de reparto, por lo que la falta de correspondencia obedece a la premisa, o más bien a la seguridad de que, en última instancia, y por razones políticas y sociales, el Estado terminará cargando con el enorme costo de esta imprevisión. *Paradójicamente, al tiempo que se pretende garantizar la seguridad de un retiro digno a los envejecientes, se empuja a todo el país a una mayor inseguridad social, financiera y fiscal, al tener que enfrentar un endeudamiento creciente, interminable e insostenible*. Veamos estos resultados mediante el ejemplo del Cuadro 8.05.

Naturalmente, el saldo negativo tiende a reducirse en la medida en que se eleva el porcentaje de cotización. Por ejemplo, con un aporte del 8% sólo se cubrirían unos 5.5 años, arrojando un déficit de 105,472 por jubilado promedio; de subir al 10%, los años garantizados sin desequilibrio serían 6.9, con un saldo negativo menor de 92,938. Pero en aquellos países o sistemas cuyo aporte asciende al 14%, la situación resulta menos crítica, ya que el déficit se produciría a partir de los 9.6 años de pensión, con un desequilibrio menor, de sólo 67,868. Y, en los planes en que la cotización se sitúa en el 20%, los años garantizados llegan a 18.1, superando ligeramente la meta establecida de 17.1 años, con un saldo positivo de 9,409. Desde luego, más allá del 20% de cotización, la pensión asegurada se acerca a los 20 años promedio, arrojando resultados financieros más positivos. De todo lo anterior, queda claro que *la elevación de la cuota del aporte mensual es absolutamente necesaria para enfrentar una creciente longevidad.* Recordemos la recomendación de Swiss Re Institute de aportar un 11% más para asegurar la pensión actual de manera sostenible.

Desde luego, para la gran mayoría de los trabajadores con salarios de sobrevivencia relativa, estos aumentos resultan desproporcionados, especialmente cuando se analiza desde una óptica tradicional que subestima el costo de la vejez, que privilegia el consumismo, y que destina al retiro, sólo los ingresos sobrantes, o marginales. Tampoco podría cotizar la gran mayoría de las empresas con tecnologías tradicionales y baja productividad. Vale la pena recordar que los países con modelos de reparto con cotizaciones cercanas o superiores al 20% del salario, son precisamente los que registran la mayor solvencia y sostenibilidad financiera para las próximas décadas. Ello explica, además, porque varias naciones están avanzando en esa dirección, aun enfrentando la tradicional resistencia de los grupos sociales acostumbrados a una cotización considerablemente menor. Dado que se trata de un sacrificio socialmente inaceptable para la gran mayoría de los países, de los trabajadores y de las empresas, el porcentaje de cotización debe ser menor y estar acompañado de otros ajustes paramétricos para alcanzar la sostenibilidad.

b) *Pensión basada en el salario real promedio de por vida*

La **cuarta gran decisión** implica calcular las pensiones basadas en el salario promedio de, por lo menos, los últimos 20 años para asegurar una mayor correspondencia entre el fondo acumulado y el costo creciente de la vejez, medida que debe ser aplicada gradualmente. Además, con ello se impide que minorías utilicen su influencia y capacidad de presión para obtener jubilaciones mucho más elevadas, agravando el déficit previsional y las desigualdades sociales. Todavía muchos planes de retiro asignan las pensiones en función del último salario, lo que induce a aumentos desproporcionados antes del retiro, provocando serios desequilibrios y privilegios inaceptables, ya que sólo los grupos con posiciones políticas y burocráticas pueden lograr estos aumentos. Muchos planes de retiro otorgan una pensión privilegiada por haber ocupado determinadas posiciones dirigenciales.

Cuadro 8.06
Reducción de las pensiones de reparto para reducir el déficit
1,000 salario mensual, 1.0% aumento anual, 75.83% tasa real reemplazo

Cantidad de años considerados	Salario anual promedio	Pensión Anual total	Costo pensión en 17.1 años	Reducción de la pensión media
Salario año 30	16,014	12,144	207,662	-
Últimos 5 años	15,700	11,906	203,593	4.069
Últimos 10 años	15,319	11,617	198,651	9,011
Últimos 15 años	14,950	11,337	193,863	13,799
Últimos 20 años	14,524	11,014	188,339	19,323
Últimos 25 años	14,248	10,805	184,766	22,896
Últimos 30 años	13,914	10,551	180,422	27,240

Fuente: Cálculos del Autor

El Cuadro 8.06 muestra un ejemplo de la reducción de la pensión en la medida en que se aumentan los años base para el cálculo de la pensión. Se asume un salario anual de 12,000 con un incremento anual del 1.0% acumulativo, durante 30 años, y una pensión real del 75.83% del salario promedio. Por ejemplo, al tomar en cuenta el salario promedio del último año (año 30) el costo de la pensión en 15 años ascendería a 207,662. Sin embargo, al considerar el salario promedio de los últimos cinco años, la pensión total bajaría a 203,593, una reducción de 4,069, igual al 2.9%, en tanto que, si el período de cálculo se extendiese a los últimos 10 años, el ahorro subiría a

9,011, el 4.33%, y si fuese de 20 años, la economía llegaría a 19,323, o sea, un 9.3% menor. Y, de tomarse en cuenta el período completo, la pensión sólo sería de 180,422, es decir, 27,240 menos, alrededor del 13.1%, en este ejemplo.

Y aunque muchos países han logrado extender el período de cálculo del salario promedio, esta medida por sí sola, no es suficiente para asegurar la sostenibilidad del sistema, pero al menos están mejor preparados para enfrentar los retos previsionales de las próximas décadas. El cálculo basado en todo el historial laboral constituye un punto vital de convergencia entre ambos sistemas previsionales, por lo que avanzar en ese sentido resulta muy alentador. Una de las principales diferencias entre los dos sistemas previsionales consiste en la forma de calcular las pensiones: mientras el primero no toma en cuenta los aportes de por vida para establecer la prestación, sino sólo el promedio de los últimos años, la segunda sí, debido a que la pensión depende del fondo acumulado durante toda la vida laboral. Lógicamente, en la medida en que el reparto avanza hacia considerar el historial completo de cada trabajador, no sólo tienden a eliminarse las distorsiones al interior del sistema sino, además, las diferencias entre el reparto público tradicional y la capitalización individual[173]. Según un estudio del Instituto Aviva sobre los sistemas de pensiones en casi una veintena de países, en la medida en que se agudizan los desequilibrios y los déficits financieros, en esas naciones se registra una clara tendencia a *ampliar la historia salarial que sirve de cálculo para determinar el monto de la pensión.*[174]

Las cuentas nocionales reducen el monto de las pensiones. Las cuentas nocionales constituyen la más reciente mo-

---

[173]*http://www.elmundo.es/econo-mia/2017/11/13/5a033026268e3e93128b462a.html*
[174]*https://www.nostrumconsultores.es/el-instituto-aviva-presenta-un-estudio-glo-bal-que-analiza-19-paises-y-6-modelos-de-pensiones/*

dalidad de ajustes paramétricos frente al creciente desequilibrio de los sistemas públicos de reparto. Se trata de una metodología de cálculo de las pensiones que se aparta un poco de la ortodoxia tradicional de los sistemas públicos y, en consecuencia, se acerca a los sistemas de capitalización individual. Esta modalidad fue establecida en Suecia en la década de los 90 y luego reproducida en Italia, Letonia y Polonia y actualmente está siendo considerada por otras naciones de Europa.

El sistema de cuentas nocionales funciona creando una *cuenta ficticia* a cada trabajador desde la primera vez que se incorpora al mercado laboral en la cual se registran sus cotizaciones a la Seguridad Social. El sistema totaliza el monto de las cotizaciones acumuladas, le estima el rendimiento ficticio que se asume obtendría ese fondo de ser invertido, para llegar a un cálculo de lo que sería su patrimonio final. Luego, para determinar el monto de la pensión, el sistema estima un porcentaje en función de la esperanza de vida y de las principales variables macroeconómicas. Este cambio en el cálculo de la pensión, no invalida la naturaleza del reparto de las pensiones ya que no se ahorra, ni acumula, y los trabajadores activos continúan financiando a los jubilados[175]. En esencia, es una forma, más racional, moderna e individualizada de asignar las pensiones, reduciendo la brecha existente entre el porcentaje de las aportaciones y la tasa de reemplazo.

Desde luego, al considerar todo el historial del cotizante, obviamente, indexando los aportes para conservar su poder adquisitivo real[176], al final del día, el resultado arroja una tasa de reemplazo más reducida. Simulaciones realizadas por expertos tomando como base casos reales, indican que "con los parámetros actuales, las futuras pensiones equivaldrían a entre el 65% y el 85% de las actuales prestaciones de jubilación,

---

[175]*https://www.finect.com/blogs/aprendiendo-sobre-inversiones/articulos/que-cuentas-nocionales-como-funcionan*
[176] *Ver informe de Delevoye: https://www.vie-publique.fr/sites/default/files/rapport/pdf/194000596.pdf*

dependiendo de cómo se determinen los rendimientos del capital que se va acumulando"[177]. Esta conclusión tiene mucho sentido, ya que nuestros cálculos indican que, aun asumiendo un salario real, libre de cualquier perturbación inflacionaria, el monto de *la pensión tiende a bajar en la medida en que la base del cálculo se acerca al salario promedio de por vida*.

Otra de la similitud del sistema de cuentas nocionales con el sistema de capitalización individual es que presupone una participación más consciente y responsable de los trabajadores activos y pasivos, ya que su pensión guarda una más estrecha correspondencia con la cantidad y el monto de las cotizaciones. Por ejemplo, mientras en el reparto público que conocemos basta con cumplir con el requisito de una cantidad de cotizaciones y de edad del afiliado, en este caso se agrega, además, el monto real aportado durante el ciclo completo de la vida laboral de cada trabajador, imprimiéndole una mayor transparencia y equidad al modelo. Como dicen los expertos, esta modalidad contribuye a convertir a los afiliados en ciudadanos más conscientes y comprometidos con la construcción de su propio retiro, con lo cual se excluye para siempre, cualquier privilegio proveniente de alzas injustificadas de los salarios en la etapa final de la actividad laboral. En adición, este modelo estimula al trabajador a extender voluntariamente los años de cotización, a cambio de recibir una mayor pensión al momento de su retiro[178].

Los expertos más familiarizados con su funcionamiento y que han analizado sus resultados, reconocen la existencia de ventajas y desventajas[179]. Entre las ventajas, aseguran que es

---

[177] *https://cincodias.elpais.com/cincodias/2017/11/27/midinero/1511799733_683451.html*

[178] *https://www.libremercado.com/2017-11-28/la-ultima-propuesta-para-reformar-las-pensiones-cuentas-nocionales-y-varias-decadas-de-transicion-1276609833/*

[179] *https://cincodias.elpais.com/cincodias/2017/11/27/midinero/1511799733_683451.html*

un sistema "más justo", porque los pensionistas "se llevan lo que han puesto". La edad de jubilación es flexible, dado que la cuantía de la pensión del monto y del tiempo de cotización y de su revalorización en términos de su poder adquisitivo. Entre las desventajas reconocen que, aunque actuarialmente es más equitativo, "no resulta tan solidario y no garantiza la sostenibilidad financiera del sistema, ni la suficiencia de las pensiones". "El principal inconveniente de la fórmula de las cuentas nocionales es que *las necesidades mínimas de los jubilados no están garantizadas*, sobre todo, para aquellos trabajadores que han entrado y salido en varias ocasiones del mercado laboral"[180], pero tampoco en el reparto convencional. Lo cierto es que, en la práctica, obligado por la creciente brecha financiera, las cuentas nocionales se apartan un poco de la modalidad de "beneficios definidos", que ha sido la principal característica de los tradicionales sistemas públicos de reparto. Los críticos más ortodoxos opinan que el sistema público pierde cierto sentido, y se preguntan *si a cada cual se le da lo que ha aportado, ¿para qué mantener un modelo público?, y* consideran que *los sistemas de jubilación basados en las cuentas nocionales se parecen a los planes de pensiones privados*[181].

Finalmente, la gran limitación es que, como han calificado algunos expertos, se trata de una cuenta individual *ficticia*, con asientos solos contables y con estimados de una rentabilidad teórica, debido a la ausencia de ahorro e inversión real. Esta realidad obliga a formular las siguientes preguntas. ¿De dónde van a salir los recursos para pasar de la simulación a la realidad? ¿Quiénes financiarán la brecha financiera? ¿De qué manera el modelo garantizará la sostenibilidad de las pensiones? Al reiterar que *el ahorro y la inversión previsional constituyen una condición sine que non para la sostenibilidad de cualquier*

---

[180] *http://planesypensiones.com/cuentas-nocionales-pensiones.html*
[181] *http://planesypensiones.com/cuentas-nocionales-pensiones.html*

sistema previsional, llegamos a la conclusión de que, sin un rediseño profundo del sistema público de reparto, este cambio paramétrico no dejará de ser un paliativo, un recurso incapaz, por sí sólo, de asegurar pensiones dignas y sostenibles para todos. Las respuestas a estas interrogantes se resumen en que, en realidad, *las cuentas nocionales constituyen una forma más elegante y racional, de reducir el costo de las prestaciones del sistema público de reparto.*

c) *Eliminar la deuda pública previsional, entre otros cambios*

En función de todo lo expuesto, a continuación, presentamos las principales combinaciones posibles entre el porcentaje de aporte y la cantidad mínima de años de cotización, y delineamos las posibles modalidades para eliminar gradualmente la deuda pública previsional, una condición sine qua non para garantizar una pensión digna y sostenible a todos los trabajadores. Como siempre, en este ejercicio se asume una pensión del 75.83%, un salario mensual de 1,000, unos 15 años promedio de pensión del titular más otros 3 del cónyuge sobreviviente. Además, una tasa de interés del 4.0% anual real, la cual se mantiene invariable habida cuenta de que, si bien la misma ejerce una gran influencia sobre el monto de las pensiones y jubilaciones, su modificación no depende de los trabajadores, ni del sistema de seguridad social. En consecuencia, las propuestas girarán en torno a la cantidad de años de cotización, y al porcentaje de aporte (independientemente de su distribución interna entre el trabajador y su empleador).

Porcentajes de cotización para una pensión del 75.83% con 35 años de aporte. Al final del ciclo completo, y ahora asumiendo una tasa de cotización del 11%, los ingresos ascenderían a unos 133,718, incluyendo tanto las aportaciones acumuladas, como los intereses devengados durante los períodos activos y pasivos, como indica el Cuadro 8.07. En cambio, el monto total de la nómina asciende a 155,610, como resultado de un desembolso de 136,500 para las pensiones por vejez, más otros 19,110 para cubrir las pensiones de sobrevivencia, de acuerdo a los supuestos establecidos. En este escenario, basado en un aporte durante 35 años, el fondo acumulado apenas cubriría 14.7 años, dejando un saldo negativo de 21,892, por cada pensionado o jubilado promedio del sistema. Esta opción, no garantizaría la sostenibilidad ya que obligaría al sistema a asumir un déficit de casi 22,000 por afiliado, durante un promedio de 2.4 años.

Cuadro 8.07
Saldo financiero con 35 años de aporte, según años de cotización
Pensión del 75.83%, al 4% de interés real y 1,000 de salario mensual

Conceptos	*Porcentaje cotización salario 1,000 mensual*		
	11%	*12%*	*13%*
Total aportes + intereses	**133,718**	**150,885**	**169,451**
Aporte acumulado en 35 años	**46,200**	**50,400**	**54,600**
Intereses totales	**87,518**	**100,485**	**114,851**
Período activo	54,645	59,613	64,581
Período pasivo	32,873	40,872	50,270
Nómina pensión 15 + 3 años	**155,610**	**155,610**	**155,610**
Balance financiero	**-21,892**	**-4,725**	**+13,841**
Años de pensión sin déficit	**14.7 años**	**16.6 años**	**18.6 años**
Años de pensión subsidiados	**2.4 años**	**0.5 años**	**-1.5 años**

Fuente: Estimados del Autor

Al elevar al 12% las cotizaciones, la situación mejoraría garantizando 16.6 años de pensión y dejando un saldo negativo de sólo 4,725, por lo que tampoco sería recomendable ya que no cumpliría con la meta establecida. En cambio, asumiendo un aporte del 13% del salario sólo para nutrir el fondo de retiro, el monto acumulado ascendería a 169,451, superando los 17.1 años promedio, equivalente a los años mínimos necesarios para asegurar una pensión digna y al mismo tiempo sostenible en el tiempo, obteniendo un saldo positivo de 13,841, como indica el Cuadro 8.07

Porcentajes de aporte para una pensión del 75.83% con 40 años de cotización. En este escenario el monto total de la nómina de 15 años de jubilación al 70%, más 3 años de pensión de sobrevivencia al 75.83% de la pensión del titular, continúa siendo el mismo del ejercicio anterior, habida cuenta de que todos los factores son comunes e invariables. En consecuencia, el costo de los 17.1 años promedio de pensión se mantiene en 155,610, como se describió más arriba. Lo que, si cambia, y de manera significativa, es el monto del fondo acumulado, ahora bajo la premisa de 480 aportaciones mensuales, es decir, 40 años. En este nuevo escenario, las tres opciones contempladas arrojan saldos positivos debido al doble cambio simultáneo: aumento de la cotización (entre el 10% y el 13%) y de los años de aporte (de 30 a 40).

Asumiendo un aporte del 10% para el plan de retiro, el fondo llegaría a 169,248, como sigue: 48,000 como aporte durante 40 años, más 70,590 por los intereses devengados durante los meses de acumulación, más otros 50,658 que corresponden a la rentabilidad estimada durante los años de entrega de las pensiones, hasta agotarse el fondo. Este primer escenario sería suficiente para alcanzar una pensión del 75.83%, asegurando su sostenibilidad en el largo plazo. En efecto, como indica el Cuadro 8.08, el mismo arrojaría un saldo positivo de 13,638, con 18.6 años de pensión autónoma, superando ligeramente los 17.1 años promedio de pensión, en las condiciones descritas.

Desde luego, los resultados estimados con una contribución del 11% y 40 años de aporte, manteniendo los demás factores constantes, serían más promisorios aún. El patrimonio acumulado llegaría a 198,223, un saldo que superaría con creces los requerimientos del pensionado promedio (155,610), con un balance positivo de 42,613, suficiente para agregar 3.2 años adicionales de jubilación. En adición, se presenta la opción de un aporte del 12% mensual, el cual, por su holgura, garantizaría 25.4 años, más de un cuarto de siglo de jubilación promedio.

Cuadro 8.08

Balance financiero con 40 años de aporte, según tasa de cotización

Pensión por 17.1 años al 75.83%, salario de 1,000 y 4% de interés

Conceptos	*Porcentaje de cotización de 1,000 mensual*		
	10%	*11%*	*12%*
Total aportes + intereses	169,248	198,223	230,751
Aporte total en 40 años	48,000	52,800	57,600
Intereses totales	121,248	145,423	173,151
Período activo	70,590	77,649	84,708
Período pasivo	50,658	67,774	88,443
Nómina pensión 17.1 años	155,610	155,610	155,610
Balance financiero	+13,638	+42,613	+75,141
Años de pensión sin déficit	18.6 años	21.8 años	25.4 años
Años pensión subsidiada	-1.5 años	-4.7 años	-8.3 años

Fuente: Estimados del Autor

De lo expuesto se desprende que esta combinación (11% de aporte durante 40 años), sería capaz de garantizar más o menos 21.8 años de pensión de vejez, siempre que la tasa de rentabilidad real fluctúe alrededor del 4.0% durante todo el período, y, sobre todo, *que todos los aportes sean invertidos.* No obstante, debe quedar absolutamente claro que esa configuración del plan de retiro no sería permanente, y que debería ser flexible, debiendo ser monitoreada, evaluada y ajustada, de acuerdo a los cambios en las variables endógenas y exógenas que intervienen en el proceso. Para dejar atrás las rigideces y limitaciones de los modelos actuales, y mantener el equilibrio entre las pensiones y las aportaciones en el largo plazo, cada cierto tiempo el modelo deberá realizar los ajustes necesarios, en estrecha correspondencia con las transformaciones demográficas y los cambios en el mercado laboral, entre otros. Además, es importante señalar que siempre es posible, y hasta recomendable, aplicar el principio de la gradualidad, como explicaremos en el Capítulo X, a fin de reducir la resistencia natural a los cambios.

No podemos dejar de llamar la atención en el sentido de que, en todas las opciones presentadas, los intereses devengados durante los años activos y pasivos superan con creces el monto de los aportes de los trabajadores. Por ejemplo, con una tasa del 11% y sólo 35 años de aporte, los intereses (133,718) casi triplican (289.4%) las cotizaciones de los trabajadores (46,200), aun suponiendo una tasa de interés modesta de sólo el 4% anual. Cuanto el período activo se extiende a 40 años, con sólo una cotización del 11%, la rentabilidad acumulada (198,223) logra superar en un 375.4% el monto de las aportaciones de por vida del trabajador (52,800). *Insistimos en que la pérdida de esta capacidad constituye la causante principal del desequilibrio creciente del sistema público de reparto.*

Cuadro 8.09
Crecimiento de los intereses según años de cotización
1,000 salario mensual, 12% aporte neto, 4% de interés

Años	*Fondo total acumulado*			*Relación porcentual*		*Años de*
	Total	*Aportes*	*Intereses*	*Aportes*	*Intereses*	*más*
30	99,598	43,200	56,398	43.3%	56.7%	
35	150,885	50,400	100,485	33.4%	66.6%	5.6 años
40	230,751	57,600	173,151	25.0%	75.0%	11.0 años

Fuente: Cálculos del Autor

De acuerdo al Cuadro 8.09, el fondo acumulado en 30 años de cotización al 12% del sueldo mensual asciende a 99,598, de los cuales los aportes equivalen al 43.3%, mientras a los rendimientos corresponden al 56.7%. Pero con sólo aportar 7,200 más, (entre el trabajador y su empleador), al extender a 35 los años de cotización, el patrimonio aumentaría en 51,287, agregando 5.6 años de pensión una proporción 7.1 veces mayor (más de un año de pensión por cada año de cotización). En el caso de llegar a 40 años como activo, el incremento del aporte de solo otros 7,200, permitiría recibir 79,866, es decir, 11.0 veces más, agregando 8.8 años más de pensión.

Cómo eliminar gradualmente la deuda pública previsional. El déficit actuarial y financiero que genera, desde sus inicios, el sistema público de reparto, forma parte de la deuda pública interna, ya que se trata de una afiliación obligatoria y que la gestión del sistema está a cargo de una institución gubernamental, y porque el Estado en todo momento funge como el garante final del pago a los pensionados y jubilados. Sin embargo, la misma presenta algunas características que la diferencian de las demás. En primer lugar, constituye una deuda pública de largo plazo *infinita*, ya que la misma se recicla, multiplica y nunca se salda, habida cuenta de que se propaga de generación en generación en una espiral ascendente; en segundo lugar, a diferencia de las demás deudas públicas, la misma se genera en forma espontánea, por lo que no ha sido autorizada de manera específica, por ninguno de los órganos competentes del Estado; en tercer lugar, generalmente no es cuantificada ni catalogada como tal en los informes financieros oficiales, lo cual dificulta su administración; y en cuarto lugar, con frecuencia, se desconoce el valor presente de tan importante compromiso estatal.

En principio, la deuda pública previsional equivale a la diferencia entre el aporte total del cotizante promedio y el monto total de la pensión media. Por ejemplo, en la primera etapa del sistema, Juana Promedio termina aportando un total de 32,400, obteniendo otros 40,868 de intereses para un total acumulado de 73,268. Dado que estimamos una esperanza de vida promedio de 15 años como pensionada, más otros 3 años de su cónyuge, sus prestaciones equivalen a 155,610, calculadas a partir de los parámetros señalados, en su caso el déficit o deuda pública equivale a 82,342 per cápita. En la etapa madura, ya agotado el fondo de retiro de los descendientes de

Juana, la deuda pública aumenta progresivamente en la medida en que disminuyen el ahorro y la inversión. En ese caso, el fondo de retiro del afiliado se reduce al aporte total (32,400), ampliando el déficit y la deuda pública a 123,210, lo que eleva considerablemente la carga social y fiscal a largo plazo.

Este ejemplo demuestra que, en las siguientes etapas del sistema público, esta diferencia se acentúa en la medida en que se agota el fondo de retiro individual acumulado, apelando a la llamada solidaridad (en realidad, endeudamiento) intergeneracional, tomando prestado una parte cada vez mayor de los aportes de los trabajadores activos para pagar las pensiones de los pasivos. Estos resultados financieros se agravan con la reducción de la cantidad de trabajadores activos por cada pasivo, y por la longevidad, obligando incluso, a depender de subsidios fiscales como forma de evitar el colapso del sistema. Y así funciona, hasta encontrar la coyuntura propicia para introducir algunos ajustes paramétricos que alivien el problema. Se trata de un ciclo regresivo, interminable y progresivo.

En términos macroeconómicos, este compromiso fiscal es igual al fondo total aportado por todos los pensionados menos el costo de por vida de la pensión promedio, más el fondo acumulado por los trabajadores activos, menos la porción de los derechos adquiridos a la fecha por cada uno. En esas condiciones, tanto en primera como en última instancia, el Estado se erige en el garante de este compromiso gubernamental con los descendientes de Juana Promedio, contraído a través del sistema público de reparto. Los teóricos del sistema señalan que esa pensión se paga con los nuevos aportes de los trabajadores activos, pero como a éstos también se les garantizarán sus respectivas pensiones, no existe forma racional alguna, de evitar el apalancamiento que supone la acumulación de esta deuda pública previsional, generación tras generación.

Desde cualquier punto de vista, especialmente para fines del rediseño del sistema público de reparto, más que importante, es trascendente, tomar consciencia de esta modalidad de deuda pública, la cual, por su naturaleza, generalmente pasa desapercibida y es subestimada, incluso por los expertos en el tema previsional. El reconocimiento de su existencia, sentaría las bases para su cálculo y, por ende, para su análisis desde el punto de vista actuarial, financiero, fiscal y social, así como para el planteamiento de alternativas de solución. El antecedente de este compromiso, es el llamado *bono de reconocimiento* que asume el Estado en la transición de un sistema de pensión a otro, con la diferencia de que en este caso se refiere al monto de los derechos adquiridos *antes* del cambio del sistema, lo cual, por su carácter concreto y finito, puede ser estimado, facilitando su planificación y manejo.

El cálculo de la deuda pública previsional es fundamental para viabilizar el rediseño del sistema público de reparto el cual, como hemos señalado, esencialmente depende y gira alrededor de la recuperación de la capacidad de ahorro, inversión y acumulación. Ello así, porque este cambio implica un sacrificio fiscal de corto, mediano y largo plazo que es necesario afrontar racionalmente, a fin de evitar trastornos financieros y macroeconómicos. En este orden de idea, existen diferentes opciones de reducción de la deuda, hasta lograr su extinción mediante una transición gradual, las cuales podrían adoptarse tomando en cuenta el nivel de desarrollo económico y social, y el grado de agudización del problema previsional en cada país.

No tocar e invertir los aportes de los nuevos afiliados al sistema. Una forma podría ser que las cotizaciones de los nuevos afiliados y cotizantes se destinen en su totalidad a un fondo individual de retiro, cuyo saldo sea invertido con rentabilidad y seguridad, sin ser tocado hasta la jubilación, aprovechando así todo el potencial multiplicador del interés compuesto. Sería una modalidad de las cuentas nocionales, pero con ahorro real y cuentas reales. Este proceso, unido al necesario aumento del porcentaje de aporte y de los años activos, garantizaría el fondo suficiente para solventar la pensión, eliminando a largo plazo los déficits y subsidios de las nuevas generaciones. Como contrapartida, el Estado aportaría un subsidio equivalente al monto dejado de aportar por los nuevos afiliados para pagar las viejas pensiones y jubilaciones. Esta opción tendría la ventaja del pago gradual de la deuda pública previsional comenzando, al mismo tiempo, a sentar las bases para una solución definitiva del desequilibrio actuarial, así como del déficit entre los ingresos y egresos del sistema.

A simple vista parecería una solución más de "capitalización individual" que de reparto. Sin embargo, es importante recordar: 1) que el reparto se inició mediante la capitalización del ahorro, por lo que el mismo no necesariamente es un atributo exclusivo de la capitalización individual, razón por la cual siempre hablamos de "restablecer" la capacidad de ahorro del reparto; y 2) que existen modelos públicos de reparto que utilizan la metodología de las "cuentas nocionales" para estimar el monto de las pensiones y jubilaciones, las cuales podrían pasar de asientos contables "ficticios" a reales y de acumulación "ficticia" a real.

Otra forma podría basarse en calcular el valor presente de la deuda pública previsional para conocer la diferencia o ahorro implícito de optar por su cancelación mediante la entrega a la administración del sistema de su valor actual para fines de inversión a largo plazo, siempre que la tasa de interés sea mayor que la tasa de descuento por la compra de la deuda. Esta podría ser una solución viable especialmente si la misma se destina a cubrir las obligaciones fiscales de más largo plazo ya que, a mayor plazo de la deuda, menor es el valor presente de la misma. Ello supone, desde luego, que el Estado continuaría subsidiando el *diferencial* entre el monto de la nómina y las aportaciones de los *viejos* cotizantes activos.

Como se observa, ambas opciones no son excluyentes, por lo que podrían complementarse entre sí como parte de una solución integral, dependiendo del monto de ambas y de la situación económica y fiscal de cada país en cada etapa del proceso. La primera es una deuda con muy poco margen de maniobra, porque su vencimiento es a corto plazo, mientras que la segunda resulta mucho más flexible, al tratarse de un compromiso de largo plazo que, además, puede segmentarse de acuerdo a la disponibilidad financiera. Los especialistas pueden aportar otras opciones de redención de la deuda pública previsional. Al final de este largo proceso, la sociedad contará con un sistema público de reparto, totalmente renovado, sostenible en el tiempo, compatible con la universalidad de las pensiones para todos los envejecientes en estado de necesidad, y suficientemente flexible para adaptarse a las transformaciones demográficas, tecnológicas y laborales, contando con una población más consciente y responsable de los retos de una creciente longevidad.

¿Por qué la sostenibilidad del sistema público de reparto depende fundamentalmente de la capitalización del ahorro? Porque sin la capitalización del ahorro, el aporte mensual que el trabajador tendría que realizar estaría cercano al 20% de su salario bruto para alcanzar una pensión digna y sostenible, un nivel fuera del alcance de la gran mayoría de los asalariados, aun contando con el aporte solidario de su empleador. Además, porque el rendimiento creciente de la capitalización del fondo de retiro, termina superando el aporte acumulado, reduciendo así la carga mensual de los cotizantes y de los contribuyentes.

El sistema público de reparto que conocemos, por sí mismo, resulta incapaz de garantizar una pensión digna y sostenible a largo plazo, debido a la falta de correspondencia entre el porcentaje de cotización y la tasa de reemplazo, así como entre el período de aporte y los años promedio de pensión. Con el doble envejecimiento de la población y del sistema, los pensionados crecen más rápidamente que los cotizantes, acentuando el pecado original del desequilibrio actuarial, que termina en un déficit financiero incontenible. Esta tendencia agudiza el endeudamiento intergeneracional y la dependencia de subsidios gubernamentales, con ajustes recurrentes que reducen las prestaciones y la calidad de vida de los pensionados y jubilados, provocando mayores incertidumbres e inseguridad social a largo plazo.

El rediseño del sistema público de reparto implica tomar grandes decisiones ya que, además de garantizar una pensión suficiente, debe asegurar el necesario equilibrio financiero y actuarial, *sin déficits, sin tocar las reservas de las futuras generaciones, y sin subsidios fiscales recurrentes e inmanejables*. Cualquier desequilibrio de las pensiones y jubilaciones de los trabajadores de la economía formal, reduce la posibilidad del Estado de otorgar pensiones solidarias a los envejecientes más pobres y vulnerables.

En consecuencia, es imprescindible extender de manera gradual los años de cotización y de retiro, en correspondencia con el aumento de la esperanza de vida de la población, y elevar gradualmente el porcentaje de cotización. La extensión de los años de vida del retirado, implica un gasto mucho mayor del jubilado, requiriendo de aportes igualmente mayores durante el ciclo de la actividad laboral. *Ya no es posible asegurar una pensión digna con simples aportes marginales, sobrantes o residuales*. Es esencial calcular el monto de la pensión considerando el record salarial completo del afiliado, para asegurar una mayor correspondencia entre el fondo acumulado y el costo creciente de la vejez, evitando las distorsiones y privilegios de las minorías, que acentúan la desigualdad social.

El rediseño integral del sistema público de reparto es perfectamente posible y factible, a pesar del enorme peso de la tradición y de la resistencia de poderosos intereses económicos, políticos y gremiales que durante largas décadas se han beneficiado de su desequilibrio actual. La transición de un sistema deficitario e inviable a un sistema equilibrado y sostenible en el largo plazo, implica la recuperación de la capacidad de ahorro, inversión y acumulación, así como la eliminación gradual de la deuda pública previsional.

Finalmente, el rediseño del sistema público de reparto debe ser flexible, con una ejecución monitoreada, evaluada y ajustada periódicamente, a fin de mantener una estrecha correspondencia con los avances en la esperanza de vida y con los cambios en el mercado laboral, entre otros factores. Muchas de estas recomendaciones son aplicables al rediseño del sistema de capitalización individual, como veremos en el siguiente capítulo.

Capítulo IX

CAPITALIZACIÓN INDIVIDUAL DIGNA, SO-LIDARIA Y SIN LUCRO

¿Es posible diseñar un sistema de capitalización individual público, solidario y con pensiones dignas?

El sistema de capitalización individual (SCI) surgió en competencia con el tradicional sistema público de reparto en una etapa en que éste comenzaba a dar muestras claras de agotamiento y desequilibrios financieros, cuya proyección en el largo plazo auguraba un panorama sombrío sobre las futuras generaciones de jubilados y pensionados, y, sobre todo, sobre el equilibrio fiscal en la mayoría de los países. Ello explica, el énfasis tan especial en fomentar el ahorro para el retiro mediante la inversión de las aportaciones, a fin de alcanzar un nivel de acumulación suficiente para asegurar una pensión igual o mayor que la del reparto, pero sin comprometer los ahorros de los demás trabajadores, ni los recursos públicos de todos los contribuyentes.

Sin embargo, como vimos en el Capítulo V, al final del día, los resultados financieros del sistema de capitalización individual se han traducido en pensiones insuficientes, de corta duración y con un alto riesgo de orfandad y desamparo social, alejado de la verdadera protección social. La experiencia demuestra que también es muy fácil diseñar y aprobar planes de retiro que garanticen la sostenibilidad financiera, sacrificando la tasa de reemplazo y/o la continuidad de las prestaciones y

284

la solidaridad social, sin ninguna responsabilidad sobre el resultado final de la protección individual y social.

El sistema de capitalización individual, tal y como lo conocemos, si bien garantiza la sostenibilidad financiera, presenta dos características que resultan lesivas a los intereses de los trabajadores: una administración privada lucrativa y la ausencia de solidaridad social. En adición, al igual que como vimos en el reparto, adolece de la falta de correspondencia entre el porcentaje de cotización y la tasa de reemplazo, también afectando, y de manera notable, la capacidad de asegurar pensiones dignas y sostenibles. De igual forma, y aunque en menor grado, muestra resistencia a las grandes transformaciones demográficas y a los cambios laborales, los cuales, por su carácter universal e irreversible, gravitan de manera indistinta, sobre todos los sistemas previsionales.

En este capítulo presentamos el perfil del rediseño actuarial del sistema de capitalización individual, capaz de superar los errores y las fallas de origen y, al mismo tiempo, de corregir los desequilibrios actuariales que determinan las pensiones insuficientes y de corta duración. Además, esbozamos alternativas a la administración privada de los fondos de pensión de los trabajadores y, presentamos opciones orientadas a compatibilizar el principio de solidaridad social con la capitalización individual, a fin de eliminar el riesgo de orfandad y de desamparo social.

a) *Correspondencia entre el porcentaje de aporte y la tasa de reemplazo*

Necesidad de elevar el porcentaje de aporte mensual. El cuestionamiento de un sistema de reparto centenario, vigente en tantos países y con tantos beneficiarios, constituyó un hito sin precedentes. Pero, el hecho de que el diseño original del nuevo sistema se orientara a desplazar a los viejos modelos de reparto, indujo a sus promotores a incurrir en varios errores en el cálculo actuarial. El más importante de todos fue pretender una mayor pensión a partir de una cotización similar y libre de subsidios, sobrestimando el impacto positivo de la rentabilidad de las inversiones en el largo plazo, un factor sin dudas importantísimo, pero fuera del control del sistema previsional.

Cuadro 9.01
CCI: Tasa de reemplazo en función del porcentaje de cotización
1,000 salario, 758.3pensión, 30 años aporte, 4% de interés anual, 1.25% comisión

Conceptos	10%	12%	14%	16%	18%
Ingreso bruto total	**73,086**	**89,911**	**107,655**	**126,484**	**146,512**
Aporte 30 años	**36,000**	**43,200**	**50,400**	**57,600**	**64,800**
Intereses totales	**37,086**	**46,711**	**57,255**	**68,884**	**81,712**
Intereses 30 años	29,034	34,841	40,648	46,455	52,262
Intereses finales	8,052	11,870	16,607	22,429	29,450
Menos Comisión	**11,564**	**14,566**	**17,843**	**21,433**	**25,349**
Comisión 30 años	9,104	10,924	12,745	14,566	16,386
Comisión final	2,460	3,642	5,098	6,867	8,963
Ingreso neto total	**61,522**	**75,345**	**89,812**	**105,051**	**121,163**
Costo pensión total	**155,610**	**155,610**	**155,610**	**155,610**	**155,610**
15 años titular	136,500	136,500	136,500	136,500	136,500
3 años cónyuge	19,110	19,110	19,110	19,110	19,110
Déficit per cápita	**(94,088)**	**(80,265)**	**(65,798)**	**(50,559)**	**(34,447)**
Tasa reemplazo	**27.7%**	**33.9%**	**40.4%**	**47.3%**	**54.5%**
Comisión/intereses	31.2%	31.2%	31.2%	31.2%	31.2%
Años pensión	**6.8 años**	**8.3 años**	**9.9 años**	**11.5 años**	**13.3 años**
Años no protección	**10.3 años**	**8.8 años**	**7.2 años**	**5.6 años**	**3.8 años**

Fuente: Cálculos del Autor

Un análisis más sereno y sopesado de las consecuencias financieras y actuariales, hubiese aconsejado mayor prudencia y, sobre todo, la elevación del porcentaje de cotización. Es posible que ello haya sido considerado, pero si así se hizo, fue desestimado ante la "conveniencia" de presentar un sistema capaz de garantizar mejores pensiones que el reparto público, pero con la misma cuota de aporte mensual. Y las consecuencias de este error comenzaron a aflorar, con el descenso de la rentabilidad real, luego de más de dos décadas de acumulación acelerada, y el costo elevado de las comisiones. Como veremos a continuación, los resultados del sistema de capitalización individual confirman nuestra tesis de que, *es prácticamente imposible garantizar una pensión digna y sostenible en un escenario de crecimiento sostenido de la longevidad, sin una mayor correspondencia entre el porcentaje de aporte y la tasa de reemplazo.*

El Cuadro 9.01 sintetiza los cálculos realizados para determinar la tasa de reemplazo del sistema de capitalización individual. Como siempre, asumimos un salario de 1,000, un aporte del 10% (incluyendo la comisión administrativa de la AFP), una tasa de interés del 4.0%, una comisión del 1.25% del saldo acumulado, 30 años de cotización, una pensión promedio del titular del 75.83% durante 15 años, más otra adicional de 3 años para el sobreviviente igual al 70% de la del titular.

Como ya habíamos señalado en el Capítulo V, con un aporte de sólo el 10% del salario, Juana Promedio apenas logra una acumulación bruta de 73,086, incluyendo 36,000 como aporte directo acumulado, 29,034 por el rendimiento de las inversiones durante el periodo activo, más otros 8,052 obtenidos durante los años pasivos mientras se consume su fondo de retiro. A este ingreso bruto, habría que descontarle unos 11,564 cobrados por la Administradora de Fondos de Pensiones (AFP) como sigue: 9,104 de comisión en los 30 años activos, más otros 2,460 durante el retiro, hasta agotar su fondo. En estas condiciones, el ingreso neto sería de 61,522 el cual, al dividirlo entre el promedio ponderado de los 17.1 años de pensión y luego entre 13 pagos al año, arroja una tasa de reemplazo real del 27.7%, resultado apenas equivalente a menos de la mitad del 70% considerado como la meta de una pensión digna. A pesar de la notable mejoría debido a esta rentabilidad, los años de pensión cubiertos sólo llegarían a 6.8, gracias a que, al no tocarse los aportes e invertirse, el rendimiento superaría el aporte real de nuestra trabajadora. Pero, como puede observarse, en este escenario el sistema cubriría menos de la mitad del retiro, dejando desamparado a nuestro jubilado durante el resto del período.

Por supuesto, este cálculo no es el que utiliza el actual sistema de capitalización individual para asignar la pensión. Sólo lo hacemos para obtener resultados comparables con la tasa de reemplazo del sistema público de reparto. En este caso, asumiendo una pensión real del 75.83%, el monto del fondo acumulado solo garantizaría unos 6.8 años de pensión, quedando el afiliado y su cónyuge en la completa orfandad durante los 10.3 años restantes para completar la pensión promedio de 15+3, del ejemplo. (O, conformarse con una pensión mensual de solo el 277, durante 17.1 años promedio). Nuestros cálculos arrojan un déficit de 94,088 por cada trabajador promedio, de acuerdo a los supuestos señalados. Vale la pena señalar que el monto de la comisión cobrada por la AFP, a razón del 1.25% del fondo acumulado, asciende a 11,564, equivalente al 31.2% del total de los intereses obtenidos en ambas etapas. Exceptuando esta diferencia, todos los demás cálculos son aplicables al sistema público de reparto, lo que explica que éste también presente una tasa de reemplazo insuficiente para alcanzar la meta establecida. Como ya hemos señalado, la diferencia reside en que el reparto completa la pensión prometida con aportes ajenos y, más adelante, con subsidios gubernamentales recursos que, por definición, no dispone el sistema de capitalización individual.

Luego de esta detallada explicación, nuestro lector podrá entender e interpretar los resultados financieros de los demás escenarios construidos asumiendo un porcentaje de cotización mayor, manteniendo los demás factores invariables. Por ejemplo, de aumentar el aporte al 12%, lógicamente la situación mejoraría, pero todavía no lo suficiente como para garantizar pensiones dignas y sostenibles: la tasa de reemplazo pasaría del 27.7% al 33.9%, se garantizarían 1.5 años más de pensión, fruto del aumento del ingreso neto de 61,522 a 75,345. Resultados similares, aunque en menor grado, se reportarían con una cotización del 14% y del 16%. Aun logrando un aporte del 18% no se alcanzaría la meta establecida ya que en este escenario la tasa de reemplazo llegaría al 54.5%, garantizando sólo 13.3 años de pensión combinada. Todas las estimaciones presuponen estabilidad macroeconómica y una rentabilidad promedio del 4% de la inversión del patrimonio de los trabajadores, un porcentaje necesariamente conservador tratándose de una proyección de largo plazo.

Obviamente, para los países en vías de desarrollo, e incluso, para muchas naciones industrializadas, un aporte del 18% luce excesivo, especialmente si tomamos en cuenta que actualmente la mayoría no llega al 12%, como el caso de Chile y más aún de México. No obstante, dado el costo de la vejez, acentuado por la incontenible longevidad, este porcentaje no debería sorprendernos, y la mejor prueba es que ya decenas de países incluso superan este nivel de contribución, logrando sistemas financieramente más estables. Pero, afortunadamente, como señalamos en el caso del reparto, este no es el único recurso con que cuentan las naciones para rediseñar sus respectivos modelos previsionales.

Correspondencia necesaria entre años de aporte y años promedio de retiro. Al igual que lo ocurrido en el sistema de reparto, la falta de correspondencia entre los años de aporte y los años de retiro, constituye un importante factor de desequilibrio, que aleja la posibilidad de asegurar pensiones dignas y sostenibles en el régimen contributivo. Hasta un adolescente puede entender que, por ejemplo, no resulta sostenible un sistema basado en 30 años de cotización y en la entrega de pensiones y jubilaciones suficientes por 20 años. Matemáticamente hablando, no es imposible, pero en tal caso el porcentaje de cotización sería demasiado elevado, por lo que la gran mayoría de los trabajadores no podría cubrirlo con sus salarios limitados. El hecho comprobado de que la generalidad de los jubilados y pensionados conservan suficiente energía y salud para emprender una actividad remunerativa complementaria, indica que el aumento de la esperanza de vida, puede estar acompañada con la extensión de los años productivos, salvo determinadas excepciones sociales que confirman la regla.

A pesar de que ya en el capítulo anterior aportamos suficientes elementos de juicios y resultados financieros sobre la necesidad de un mejor balance entre los años de aporte y los años de pensión, y su impacto en la sostenibilidad de los planes de retiro, no está demás insistir en el tema, debido a la fuerte resistencia de la mayoría de los trabajadores a cualquier extensión del período de aporte, aun reconociendo los grandes avances en la extensión de la esperanza de vida promedio.

Cuadro 9.02

Saldo financiero per cápita con aumento de los años de la pensión promedio

1,000 salario, 4% tasa de interés, 75.33% reemplazo

Cotización/ pensión	*10% de cotización*			*12% de cotización*		
	Ingreso neto	*Pensión total*	*Saldo final*	*Ingreso neto*	*Pensión total*	*Saldo final*
30/15	61,522	136,500	(74,978)	75,345	136500	(61,155)
30/17	61,522	154,700	(93,178)	75,345	154700	(79,355)
30/19	61,522	172,900	(111,378)	75,345	172900	(97,555)
30/21	61,522	191,100	(129,578)	75,345	191100	(115,755)

Fuente: Cálculos del Autor

El Cuadro 9.02 demuestra que, dado un determinado nivel del ingreso neto total, en la medida en que aumentan los años (o meses) de jubilación promedio, el déficit per cápita se va elevando, agudizando la insostenibilidad financiera a consecuencia de la brecha existente entre los años de aporte y los años promedio de jubilación o pensión. Por ejemplo, cuando la relación es 30 a 15 (30 años de aporte versus 15 años de pensión), el saldo negativo es 74,978, asumiendo un aporte del 10% del salario de 1,000 mensual. En el caso de que el aporte fuese del 12%, el saldo sólo bajaría a 61,155 por jubilado, un nivel a todas luces inmanejable a largo plazo. Pero cuando la esperanza de vida continúa aumentando llegando, por ejemplo, a 19 años (30/19) mientras los ingresos permanecen inmutables, los resultados se tornan más críticos, aún en el caso de una cotización del 12%. De ello se deriva que, la sostenibilidad de un sistema de pensión depende, entre otros factores, de su capacidad para lograr que el período de aportación se mueva en la misma dirección que el avance de la longevidad, y/o, del incremento proporcional del porcentaje de cotización.

El planteamiento de esta realidad objetiva requiere de un fuerte convencimiento y de mucho valor para desmitificar más de un siglo de creencia errónea de la capacidad milagrosa de los sistemas previsionales para resolver estos desequilibrios con simples cambios paramétricos. Al menos en estos tiempos modernos, caracterizados por el avance progresivo de la esperanza de vida, y los cambios laborales, la realidad es otra y muy distinta ya que, afortunadamente, estos grandes avances de la humanidad demuestran que ya no es posible seguir subestimando la importancia, ni el costo, de una pensión digna cada vez más extendida. Por ejemplo, cuando se implantó el sistema de pensión español, en el 1919, sólo el 30% de la población llegaba a 65 años, pero un siglo después, el 90% ya alcanza este umbral, con un 30% que llega a los 89 años, y todavía el proceso no se detiene. De todo lo anterior se desprende que, si bien es cierto que la sostenibilidad de las pensiones dignas depende de múltiples reformas, no es menos cierto que la extensión de los años de aporte, constituye una de las más importantes, habida cuenta de que la misma guarda una relación directa con la capacidad del sistema para ahorrar, invertir, obtener rentabilidad y acumular.

b) *Limitar el costo administrativo a lo estrictamente necesario*

Las altas comisiones comprimen el monto de las pensiones y jubilaciones. Actualmente, la administración privada de los fondos de pensiones es una de las diferencias fundamentales entre el reparto y la capitalización individual: su alto costo contribuye a *comprimir innecesariamente la tasa de reemplazo*, especialmente considerando que, a diferencia del reparto público, en este sistema se respeta el aporte y el esfuerzo individual ajeno, y tampoco se recurre a subsidios gubernamentales. El costo de la comisión que cobran las AFP por la administración del patrimonio acumulado de los trabajadores, constituye un punto crítico y altamente polémico. Mientras unos tienden a minimizar su impacto en el saldo final del patrimonio, elogiando los beneficios de la competencia, otros resaltan su costo elevado, señalado que contribuye a reducir el crecimiento del fondo para el retiro.

El nivel de la pensión que recibirán los trabajadores en su etapa de retiro laboral está en función de los aportes, de la rentabilidad acumulada del fondo de retiro y de las comisiones que cobran las AFP. Algunos técnicos consideran que en la actualidad el reto consiste en garantizar el adecuado equilibrio entre los ingresos de las AFP, los riesgos efectivos que enfrentan y el logro del objetivo social de elevar el beneficio de los afiliados[182], mientras otros abogan por su eliminación total.

En la práctica, el cobro de las comisiones por parte de las AFP varía de país en país, expresadas con una complejidad técnica y financiera, más allá de la información y la capacidad analítica del trabajador común. Dependen de los servicios prestados, tales como, comisión por la administración del fondo de retiro, comisión por los depósitos de los afiliados, comisión

---

[182] *Franklin Díaz Casado, Análisis de las Comisiones Cobradas por las AFP a los Afiliados en el Sistema Dominicano de Pensiones*

por el retiro programado de los pensionados y jubilados, así como comisión por la transferencia de cotizaciones del afiliado voluntario, entre otras. En esta obra resumimos todas esas modalidades, en una sola comisión sobre el fondo administrado, no sólo por ser la más común, sino en interés de simplificar la exposición, ya que cualquier combinación de comisiones diferentes entre las AFP de un mismo país dificultaría, de manera notable e innecesaria, su explicación, cuantificación y comparación[183].

Cuadro 9.03

Impacto de la comisión AFP en los años de pensión sostenible

1,000 salario; 10% aporte; 30 años de aporte, pensión del 75.83%, 17.1 años pensión promedio, 4% tasa de interés anual real

% comisión	Comisión acumulada	Interés total	Saldo del fondo	Comisión/ Intereses	Años de pensión
1.00%	9,678	38,795	65,117	24.9%	7.2 años
1.25%	11,563	37,085	61,522	31.2%	6.8 años
1.50%	13,269	35,463	58,194	37.4%	6.4 años
1.75%	14,858	34,027	55,169	43,7%	6.1 años
2.00%	16,303	32,678	52,357	50.0%	5.8 años
2.25%	17,627	31,393	49,766	56.1%	5.5 años
2.50%	18,858	30,222	47,364	62.4%	5.2 años
2.75%	20,001	29,146	45,145	68.6%	5.0 años

Fuente: Cálculos del Autor

El Cuadro 9.03 muestra el saldo del patrimonio, los intereses y la comisión acumulada, así como su posible impacto en el total del fondo de retiro y en los años garantizados de pensión, dependiendo del porcentaje de la comisión cobrada por las Administradoras de Fondos de Pensión (AFP) sobre el saldo mensual del fondo de retiro. Aquí continuamos asumiendo los supuestos y parámetros señalados: salario de 1,000, con 30 años de cotización, porcentaje de aporte del

---

[183]*http://repositorio.uchile.cl/bitstream/handle/2250/146943/Estructura-de.pdf?sequence=1&isAllowed=y*

10%, tasa de remplazo real del 75.83%, tasa de interés del 4%, entre otros, sólo modificando el porcentaje de la comisión. A fin de medir en forma objetiva su impacto en los años de pensión sostenible, el saldo acumulado lo hemos dividido entre 9,100 que corresponde al costo de la pensión o jubilación anual promedio.

Por ejemplo, cuando la comisión equivale al 1.0% del fondo disponible, el saldo acumulado total para un trabajador típico con un salario mensual de 1,000, llegará a 65,117 con una comisión total ascendente a 9,678, con intereses acumulados por 38,795, cubriendo sólo 7.2 años de una pensión del 75.83% del salario promedio. En cambio, si la comisión equivale al 1.5%, el fondo se reduciría a 58,194, contrayendo también los intereses a 35,463, mientras la comisión se elevaría a 13,269 per cápita. Pero, de elevarse al 2%, la comisión subiría a 16,303 por trabajador, en tanto que su fondo de retiro se contraería a sólo 52,357. En los casos extremos, con una comisión del 2.75% el saldo acumulado bajaría a 45,145, mientras la comisión superaría los 20,000, reduciendo a sólo 5.0 los años garantizados con el fondo acumulado.

Observando más de cerca los resultados del citado Cuadro, podemos apreciar el porcentaje que representa la comisión de la AFP, en relación al monto acumulado por el rendimiento de las inversiones. Mientras, por ejemplo, con una comisión del 1% el ingreso de la AFP representa el 24.9% comparado con los intereses obtenidos, cuando dicha comisión es del 2%, el monto cobrado equivale justamente a la mitad de lo que recibe el trabajador como rentabilidad de su inversión. Desde luego, estas distorsiones son mayores aún, llegando al 68.6%, en los casos extremos en que la comisión fuese del 2.75%, siempre que permanezca invariable la tasa de rentabilidad del 4% promedio real. Obviamente, los resultados indican una relación inversamente proporcional entre el saldo acumulado para cada nivel de la comisión y la cantidad de meses de pensión garantizada con el mismo, salvo en aquellos casos en que la tasa de rentabilidad también se eleve, y viceversa. Conviene señalar que, si bien la limitación razonable del gasto administrativo indudablemente mejoraría las oportunidades de los pensionados y jubilados, esta reforma, *por sí sola, no constituye un factor suficiente* para alcanzar la meta social de asegurar una pensión digna y sostenible para todos.

La estructura de la comisión que cobran las AFP, especialmente cuando se basa en un determinado porcentaje del *saldo disponible,* termina inclinando la balanza hacia las grandes corporaciones financieras, a expensas de las oportunidades de los trabajadores cotizantes. Por ejemplo, cuando se producen crisis financieras, sea a nivel nacional o mundial, que reducen la rentabilidad general, lo más probable es que los trabajadores obtengan pérdidas (o reducciones) durante el período, como ya ha ocurrido con los fondos de pensiones en los Estados Unidos y Europa, y que las AFP continúen cobrando su comisión, ya que ésta depende mucho más del total del fondo acumulado, que de la rentabilidad obtenida durante ese período. Cierto que, a la larga, la crisis financiera también afectará el monto de sus ingresos, pero siempre en menor proporción que su impacto en el patrimonio de los trabajadores cotizantes.

Dada la tradicional deficiencia y la falta de transparencia de la administración pública de la mayoría de los países, uno de los principales argumentos esgrimidos por los diseñadores de la capitalización individual fue la conveniencia de fomentar la competencia entre diversas administradoras de fondos de pensiones (AFP), señalando que la misma redundaría en beneficio de los trabajadores, mejorando la acumulación para su retiro, y, por ende, la tasa de reemplazo. Bajo este supuesto, el diseño del sistema de capitalización individual creó las condiciones para fomentar y desarrollar múltiples AFP, con la acomodaticia condición de que sean *necesariamente privadas y lucrativas,* para asumir la captura de los aportes, su asiento en las cuentas individuales, e inversión en actividades seguras y rentables, bajo la promesa adicional de generar un gran impacto en el crecimiento económico y social.

Sin embargo, salvo en una primera etapa, donde sí hubo una amplia concurrencia de decenas de AFP, la estrechez relativa de los mercados locales de inversión, junto a prácticas espurias y puramente mercuriales, dieron como resultado la quiebra y fusión de la mayoría de las AFP, quedando al final sólo una minoría que terminó concentrando y controlando el mercado bajo modalidades oligopólicas. Con el tiempo y muchas quiebras y fusiones, la prometida competencia pasó a un plano muy secundario, mientras la progresiva concentración consolidaba el poder de una ínfima minoría sobre un mercado financiero cautivo y en constante crecimiento en relación al PIB. El triste resultado de esta imposición neoliberal ha sido un alto costo administrativo, a pesar de un desempeño limitado del patrimonio de millones y millones de trabajadores de todo el mundo.

Lo más importante es limitar el costo administrativo. Esos resultados también serían igualmente perjudiciales en las naciones con una administración pública onerosa. La experiencia demuestra que, si bien la administración privada lucrativa no ha resultado suficientemente provechosa para los trabajadores, de ello no se colige, necesariamente, que la pública siempre lo haya sido. Existen muchos ejemplos de administraciones estatales ineficientes, debido a malversaciones, improvisaciones, irresponsabilidad, corrupción e impunidad. Pero también, abundan los ejemplos de AFP privadas con beneficios desproporcionados e inaceptables. En tal sentido, consideramos que lo más importante y útil no es mantener una polémica entre lo público y lo privado, *sino discernir entre una administración eficiente y austera, y una gestión costosa y dispendiosa.* En pocas palabras, convendría coincidir en que lo que más le conviene al trabajador son los *resultados* en términos de costo, garantía, solvencia y magnitud de su pensión, sin importar la naturaleza de la entidad gestora.

Desde ese punto de vista, una reforma importante consiste en fijar un tope máximo por la administración del fondo de pensión, independiente de su naturaleza pública, privada o mixta, sin fines de lucro. La administración privada de los fondos para el retiro no puede condicionar la esencia ni el funcionamiento del sistema, y tampoco los planes de retiro pueden ser reducidos a una "área más de negocio lucrativo". Pero también es inadmisible que la gestión pública de los fondos de retiro de toda la población sea politizada y convertida en una fuente de empleos, dispendios y privilegios de las autoridades de turno, a expensas de los trabajadores y del erario público. Y este riesgo es mayor en los sistemas públicos caracterizados por una alta discrecionalidad en el reparto del fondo de retiro, y por la falta de racionalidad propia de la "solidaridad intergeneracional".

Con frecuencia, en no pocos países sectores sociales importantes desconfían de la capacidad, eficiencia y transparencia de la administración pública, mientras otros grupos objetan el alto costo y la falta de compromiso social de una gestión privada lucrativa. Esta polarización induce a contemplar la posibilidad de crear institutos y/o fundaciones, para asegurar una administración independiente y eficiente de los fondos de pensiones, bajo la estrecha vigilancia de los derechohabientes. Cualquiera que sea la solución, lo más importante es asegurar el cumplimiento de estos tres requisitos esenciales: 1) establecer un tope porcentual del costo administrativo, igual para una institución pública, como para una empresa privada o mixta sin fines de lucro; 2) establecer políticas y previsiones específicas tendentes a evitar, o minimizar, el riesgo del uso del patrimonio de los trabajadores por las autoridades políticas para fines contrarios y ajenos al objetivo esencial de maximizar su acumulación para el retiro; y 3) asegurar una adecuada participación en el Consejo de Administración de personal técnico y financiero altamente calificado, seleccionado por los trabajadores como sus representantes, independientemente de la naturaleza pública o privada de la institución o empresa administradora. Además de las otras reformas señaladas, estos tres requisitos podrían marcar la diferencia en el futuro de la administración de los fondos de pensiones.

Dada la diversidad de culturas, principios éticos, capacidades y niveles de desarrollo económico, político, social e institucional, existe una gran variedad de opciones en cuanto a la administración previsional, siempre que, reiteramos, su desempeño y transparencia garanticen el crecimiento sostenido del fondo para el retiro, para lo cual lo más aconsejable es establecer de antemano un límite razonable sobre su costo. Por ejemplo, en países con un mercado de valores incipiente y con áreas de inversión limitadas, convendría definir las normas mínimas de gestión y los parámetros de desempeño, incluyendo el tope administrativo, y luego llamar a licitación para seleccionar a la entidad pública o privada que cumpla mejor con las bases del concurso, otorgándoles una concesión exclusiva por cuatro o cinco años, renovable.

Lo más importante, lo verdaderamente trascendente, es reconocer que, desde el punto de vista administrativo, el sistema de capitalización individual puede funcionar y llenar plenamente su cometido social, independientemente de la naturaleza pública o privada, o mixta, sin fines lucrativos, *siempre que esta función esté sujeta a un tope o techo proporcional al volumen y a la complejidad de las operaciones regulares*. Ahí está, entre otros, el caso de Canadá, nación que cuenta con una administración mixta, totalmente despolitizada, con personal altamente calificado y bajo la estricta supervisión de entidades públicas de gran capacidad técnica y credibilidad. En esencia, el desempeño de la administración de los fondos de pensión está íntimamente vinculado a la vigencia de un estado de derecho, que respete las normas jurídicas, y fomente el fortalecimiento permanente de sus instituciones.

Modelo de rediseño garantizando pensiones dignas y sostenibles a largo plazo. En el rediseño del sistema de capitalización individual orientado a lograr una pensión digna y sostenible, es posible realizar diversas combinaciones actuariales, de acuerdo a la situación y a la política social de cada país. A continuación, presentamos nuestro modelo, sólo con el objetivo de demostrar que es posible alcanzar esta meta social, superando las limitaciones y condicionantes innecesarios, manteniendo la esencia del sistema, y cumpliendo con las normas generalmente aceptadas de los sistemas universales de seguridad social.

En efecto, mantenemos el salario real en 1,000, la tasa de interés en el 4%, una tasa de reemplazo real del 75.83% y los años promedio de pensión del titular y del sobreviviente en 15 y 3 respectivamente. En adición, ahora asumimos una cotización del 13% durante un período de 40 años (480 meses), y una comisión de sólo el 0.8% anual sobre el saldo, pagadera mensualmente. En estas condiciones, como señala el Cuadro 9.04, al concluir la cotización regular, tendríamos un saldo acumulado de 126,542, fruto de aportes por 60,000, más 80,245 de rentabilidad, menos 16,103 de comisión cobrada por la AFP.

Durante el primer año de pensión, los 126,542 generarían intereses anuales por 4,981 para un total de 131,523, a los cuales habría que deducirles 1,000 por la comisión anual, más los 9,100 de la pensión anual, para un balance al final del año de 121,425. Obsérvese que este saldo sólo se redujo en 5,117 durante el año, habiendo pagado una pensión de 9,100, lo que se explica porque el fondo acumulado generó unos 4,981 de interés. Este proceso se repite, año tras año, registrando desde luego una reducción paulatina del saldo final, ya que los intereses y la comisión van disminuyendo, mientras el monto anual de la pensión real permanece invariable. Al finalizar el año 15, donde se asume que, en promedio, concluye la pensión del titular, todavía el fondo cuenta con unos 29,622, suficiente para cubrir un año adicional del titular y más de tres años promedio de la pensión de sobrevivencia. A partir de ese momento, y en la medida en que la esperanza de vida se extienda, el sistema debería realizar los reajustes necesarios para mantener la correspondencia entre los años de aporte y los años promedio de pensión y jubilación, a fin de evitar los indeseables desequilibrios financieros.

Cuadro 9.04

Saldo financiero con rediseño de la capitalización individual

13% de aporte, 40 años, 0.8% comisión, 9,100 pensión anual

Pensión	*Saldo inicial*	*Inte res*	*Comi- sión*	*Pensión anual*	*Saldo final*
Saldo año 40	60,000	80,245	16,103	-	126,542
Pensión año 1	126,542	4,981	1,000	9,100	121,425
Pensión año 2	121,425	4,773	958	9,100	116,140
Pensión año 3	116,140	4,559	915	9,100	110,684
Pensión año 4	110,684	4,337	870	9,100	105,051
Pensión año 5	105,051	4,109	825	9,100	99,236
Pensión año 6	99,236	3,873	777	9,100	93,231
Pensión año 7	93,231	3,629	728	9,100	87,032
Pensión año 8	87,032	3,377	678	9,100	80,632
Pensión año 9	80,632	3,118	626	9,100	74,024
Pensión año 10	74,024	2,849	572	9,100	67,201
Pensión año 11	67,201	2,572	516	9,100	60,158
Pensión año 12	60,158	2,287	459	9,100	52,885
Pensión año 13	52,885	1,991	400	9,100	45,377
Pensión año 14	45,377	1,687	338	9,100	37,625
Pensión año 15	37,625	1,372	275	9,100	29,622
Pensión año 16	29,622	1,094	219	9,100	21,396
Sobrevivencia 1	21,396	871	175	6,370	15,722
Sobrevivencia 2	15,722	640	128	6,370	9,863
Sobrevivencia 3	9,863	402	81	6,370	3,815
Sobrevivencia 4	3,815	384	77	6,370	(2,249)

Fuente: Cálculos del Autor

Obviamente, estos resultados podrían variar ya que, como hemos señalado, el sistema de capitalización individual puede ser perfectamente gestionado por el Estado, bajo otra modalidad administrativa, siempre que reúna las características y los límites de costo señalados más arriba. De este ejemplo, se desprende que *el rediseño adecuado del sistema de capitalización individual, incluyendo un aumento de la tasa y de los años de cotización mensual, permite alcanzar pensiones dignas y sostenibles,* quedando sólo pendiente introducir los cambios necesarios para, además, garantizar la solidaridad social.

c) *Garantizar la necesaria solidaridad social*

Ciertamente la ausencia de solidaridad social constituye una de las grandes debilidades del sistema de capitalización individual, tal y como se nos vendió. Con sobrada razón, muchos expertos señalan que, más que un esquema de seguridad social, de lo que se trata es de un sistema de ahorro privado. En consecuencia, cualquier rediseño del sistema pasa, necesariamente, por un esfuerzo de compatibilizar la acumulación individual del ahorro para el retiro, con el principio de solidaridad social. En la presente sección no sólo demostraremos que la solidaridad social es compatible con un rediseño del sistema de capitalización individual sino, además, trazaremos algunas pautas metodológicas para su introducción, manteniendo intacta la verdadera esencia de la capitalización individual.

Propuestas multipilares que no tocan el problema de raíz. Una modalidad de solidaridad social consiste en un sistema multipilar, con un fondo de reparto para garantizar una pensión básica, esencial, y otro de capitalización individual con carácter obligatorio y complementario. En la actualidad, hacia esta modalidad de solución es que se orientan los mayores esfuerzos de actualización de los sistemas previsionales. De un lado, la mayoría de las naciones con sistemas públicos de reparto han optado, o están pensando optar, por un sistema mixto, basado en un matrimonio entre el reparto público y la capitalización individual. De igual forma, los países con sistemas de capitalización individual, ante las fuertes críticas por la falta de solidaridad social, están aceptando la inclusión de un pilar básico de reparto público para garantizar una pensión básica solidaria.

De hecho, en muchos países de Europa y de América Latina se han establecido sistemas mixtos, multipilares, orientados en esa dirección, al combinar un primer pilar de reparto básico y obligatorio, con un segundo de capitalización individual también obligatorio, y hasta un tercero, voluntario, con incentivo al ahorro personal. En esencia, el objetivo es crear un modelo previsional que reúna los aspectos más positivos de los dos sistemas tradicionales de retiro. No obstante, si bien este constituye un paso positivo que tiende a desmontar el carácter mutuamente excluyente de ambos planes de retiro, no es menos cierto que *esta fusión o complementación se realiza sin que necesariamente se resuelva la falta de correspondencia entre los factores que generan los desequilibrios actuariales y financieros.*

En concreto, el primer pilar, de puro reparto público, continúa sin fomentar el ahorro y la inversión, dejando en pie todas las condiciones actuariales para los déficits financieros que les son inherentes, por lo que no cumple con el requisito de sostenibilidad en el largo plazo. Y, de igual forma, el pilar de capitalización individual continúa bajo administración privada lucrativa, con desequilibrios estructurales que elevan el riesgo de una pensión complementaria insuficiente, reduciendo el ingreso y el nivel de vida de una buena parte de los pensionados y jubilados. De lo anterior se desprende que se trata de una yuxtaposición de dos modelos actualmente desequilibrados, incapaces por sí mismos de garantizar pensiones dignas y sostenibles para todos en el largo plazo. En síntesis, por el lado del sistema público, se formulan propuestas orientadas a fortalecer el reparto, contemplando la capitalización individual como un sistema complementario u opcional sólo para los segmentos laborales con ingresos medios y altos. Y, por el otro lado, se plantea un primer pilar sólo con una pensión básica, manteniendo intacto el sistema de capitalización individual privatizado.

Un ejemplo de solidaridad social compatible con la capitalización individual. A título de ejemplo, exponemos una metodología para aplicar el principio de solidaridad social al sistema de capitalización individual, fortaleciendo su esencia, como parte de su rediseño integral de acuerdo a la lógica de la seguridad social. Para ello, como siempre, recurrimos a un modelo simple y representativo de la realidad previsional. Pero esta vez, tendremos que referirnos a un colectivo de afiliados y pensionados, ya que la solidaridad social implica, necesariamente, una transferencia real de recursos de los trabajadores cotizantes con mayor capacidad contributiva, hacia los trabajadores con menores salarios. Ahora partimos de la existencia de 1,000 trabajadores con un salario mensual real promedio de 1,000, lo que implica una masa salarial mensual de 1,000,000, con un aporte del 13.0% mensual, lo cual supone una cotización de 130,000, equivalente a 1,560,000 real por año.

En adición, hemos utilizado información real para clasificar a los 1,000 trabajadores en función de su nivel salarial. De acuerdo al Cuadro 9.05, el 72% percibe un salario promedio de 1.5 salarios mínimos; el 25% cuenta con un ingreso medio, entre 2 y 7 veces el salario mínimo, en tanto que el restante 3% supera los 8 salarios mínimos. Además, el 72% más pobre recibe sólo el 40% de la masa salarial total; el 25% percibe el 45%, mientras el 3%, el restante 15%. Desde luego, esta distribución, así como los respectivos porcentajes pueden variar de acuerdo a cada país, por lo que con los mismos sólo pretendemos explicar una modalidad de solidaridad social apoyada en una estructura salarial lo más representativa y razonable posible.

Cuadro 9.05
Un modelo de aplicación de la solidaridad social
1,000 afiliados, 13% aporte, 0.8% comisión, 40 años aporte, 17.1 años pensión

Conceptos	*Bajo - 2 SMN*	*Medio 2-7 SMN*	*Alto Más 7 SMN*	*Gran Total*
% total afiliados	72%	25%	3%	100%
% del salario	40%	45%	15%	100%
Salario total	400,000	450,000	150,000	1,000,000
Cantidad afiliados	720	250	30	1,000
Salario promedio	556	1,800	5,000	1,000,000
Aporte mensual	52,000	58,500	19,500	130,000
Porcentaje de aporte al fondo de solidaridad social				
% ajuste solidaridad social	**3%**	**5%**	**8%**	
Aporte anual	624,000	702,000	234,000	1,560,000
Fondo sin solidaridad	67,409,701	75,835,914	25,278,638	168,524,252
Fondo con solidaridad	65,387,410	72,044,118	23,257,267	160,687,894
Fondo solidaridad social	**2,022,291**	**3,791,796**	**2,022,291**	**7,836,378**
Pensión total por afiliado	90,816	288,176	775,242	
Pensión mes afiliado	408.53	1,296.34	3,487.37	
Tasa de reemplazo	**73.5%**	**72.0%**	**69.7%**	

Fuente: Cálculos del Autor

Los cálculos indican que los 720 trabajadores de bajos ingresos reciben un salario mensual total de 400,000, los del nivel intermedio 450,000 y los superiores los otros 150,000, valores que, al dividirlos entre la cantidad de trabajadores, arroja un salario promedio por grupo, como sigue: 556, 1,800 y 5,000, respectivamente. Ello indica que los ingresos de los trabajadores de la escala superior son 9.0 veces mayores, y que los niveles intermedios superan 3.2 veces al salario medio de la escala inferior, valores y porcentajes que, en sentido general, se corresponden con la realidad de muchos países. Además, asumimos la creación de un Fondo de Solidaridad Social para garantizar las pensiones mínimas, financiado de la siguiente manera: un 3.0% de la cuenta de capitalización individual de los trabajadores de bajos ingresos; un 5.0% en el caso de los cotizantes de ingresos intermedios, y un 8.0% a cargo de los empleados del nivel superior. Vale la pena resaltar la característica especial del descuento al grupo de bajos ingresos ya que, a diferencia de los grupos intermedio y superior, su aporte solidario es en beneficio de su propio grupo.

El fondo de retiro acumulado por los 1,000 trabajadores promedio del ejemplo, asciende a 168,524,252, incluyendo los intereses en la etapa pasiva, producto de un 13.0% de cotización durante 40 años de aporte, una tasa de rentabilidad del 4% anual y una comisión de las AFP de sólo el 0.8%. Al prorratear el fondo acumulado en proporción directa al monto de las cotizaciones de cada uno de los tres grupos del ejemplo, tenemos que a los trabajadores de bajos ingresos les correspondería un fondo de 65.4 millones, con un aporte de 2.0 millones al fondo de solidaridad social; el grupo intermedio acumularía 72.0 millones, con un descuento solidario de 3.8 millones; en tanto que el grupo superior recibiría 23.3 millones con 2.0 millones para el fondo de solidaridad social.

En total, en este ejemplo, el fondo de solidaridad social llegaría a 7.8 millones, equivalente al 4.6% del fondo total acumulado, como indica el referido Cuadro. De esta forma se concretaría una transferencia solidaria de recursos para el retiro de los jubilados y pensionados más necesitados, demostrando que es perfectamente posible diseñar un sistema de capitalización individual solidario, sin comprometer los recursos fiscales, a favor de aquellos trabajadores que no acumularon lo suficiente para alcanzar la pensión mínima. Recordemos que los casos más críticos pasarían a ser beneficiarios de subsidios estatales, como parte de las pensiones no contributivas.

A pesar de esta transferencia a favor del Fondo de Solidaridad Social, los tres grupos disfrutarían de una tasa de reemplazo suficiente. En efecto, de acuerdo al ejemplo, los jubilados de menores ingresos tendrían una pensión mensual promedio de 408.53, la cual, comparada con el salario promedio de 556, representa una tasa de reemplazo del 73.5% (90,816/17.1/13), superior a la meta del 70%, igualmente para los cotizantes intermedios, mientras el estrato superior llegaría al 69.7%. No está demás insistir en que sólo tratamos de demostrar, mediante una metodología sencilla, que es posible aplicar la solidaridad social al sistema de capitalización individual, conscientes de que pueden existir otras formas con propósitos y resultados similares. Además, que se trata de un ejemplo simplificado basado en tres grupos laborales por lo que, en la realidad, lo más aconsejable sería crear más grupos para garantizar una mayor equidad y solidaridad social, exonerando del mismo a los cotizantes con el salario mínimo.

Aquí vale la pena una mención especial del caso de la República Dominicana. Los diseñadores del Sistema Dominicano de Seguridad Social (SDSS), conscientes de la limitación del modelo chileno debido a la ausencia de solidaridad social, establecieron un Fondo de Solidaridad Social (FSS)[184] financiado con un 0.4% del salario cotizable, a cargo exclusivo del empleador, con el objetivo de *complementar* la pensión mínima de los trabajadores de bajos ingresos, cuando su fondo de retiro individual no alcance para ello. Aunque con el tiempo, los cálculos indican que posiblemente este fondo no será suficiente para garantizar la pensión mínima a los trabajadores de bajos ingresos, el mismo constituye un modelo y un punto de partida para garantizar una mayor solidaridad, por ejemplo, agregándole un 2% a cargo del trabajador y de su empleador, a fin de ampliar el componente solidario para reducir las desigualdades y el riesgo de la inestabilidad y los cambios laborales.

---

184 *El autor de esta obra dirigió el equipo técnico que diseñó el SDSS y redactó la Ley 87-01 que lo creó.*

¿Por qué es necesario aplicar la solidaridad social? La solidaridad social es necesaria para contar con un fondo capaz de enfrentar el riesgo de la inestabilidad laboral subyacente, y de evitar una carga fiscal adicional para combatir la pobreza extrema. En primer lugar, porque la mayor parte de los trabajadores con un historial laboral "atípico", pertenecen a los estratos más bajos de ingresos, debido a su baja calificación y a que laboran en empresas de baja productividad; en segundo lugar, porque son estos trabajadores las mayores víctimas de las grandes fluctuaciones del empleo durante los períodos de contracción económica general, y de estacionalidad productiva como en la construcción y en la agropecuaria; en tercer lugar, para compensar la mayor inestabilidad contributiva del sexo femenino durante períodos de larga duración; y en cuarto lugar, tomando en consideración las desventajas y la vulnerabilidad de los trabajadores inmigrantes y/o pertenecientes a las minorías étnicas. En pocas palabras, constituye un esfuerzo del sistema de protección social para reducir las desigualdades de los grupos laborales, cuya mayor vulnerabilidad reduce sus oportunidades de acumular lo necesario para asegurar una pensión digna.

La universalidad implica mayor solidaridad social. Es muy importante no perder de vista que un sistema previsional de carácter universal, o que avance en esa dirección, sólo es posible aplicando el principio de la solidaridad social, vale decir, transfiriendo ingresos a los menos favorecidos. Y esa solidaridad social puede, y debe, expresarse tanto al interior de las pensiones contributivas con sus propios afiliados, como a nivel nacional para sustentar las pensiones subsidiadas o no contributivas para los envejecientes de escasos recursos. En ese sentido, la universalidad de la cobertura previsional obliga a definir el monto, la fuente y la modalidad del financiamiento, bajo la premisa de que el mismo sólo puede provenir de los sectores sociales con capacidad contributiva y susceptibles de tributación.

Algunos países prefieren un financiamiento mediante impuestos generales, a través del presupuesto general de la nación, incluyendo una partida suficiente para garantizar estas pensiones, mientras otros, en cambio, prefieren una tributación especializada. No obstante, en la mayoría de los casos, el financiamiento proviene de una combinación de recursos públicos generales y de aportaciones a la seguridad social. Desde una perspectiva nacional, cualquiera de esas modalidades, e incluso su combinación, constituye una expresión de una auténtica solidaridad social. Esta realidad explica porque determinados grupos y sectores económicos siempre se oponen a las políticas sociales inclusivas, conscientes de que la protección universal de los grupos más pobres y vulnerables, de una u otra forma, implica una mayor tributación, una transferencia de los más hacia los menos. Y cuando esta resistencia se desvanece y el subsidio resulta inevitable, defienden reformas fiscales basadas en el predominio de los impuestos indirectos por su carácter regresivo.

Todo este razonamiento es para llegar al punto neurálgico de que, *más tarde o más temprano, aún los beneficiarios del sistema privatizado de capitalización individual terminarán contribuyendo a la solidaridad social.* En un sistema de protección universal, están obligados a contribuir con los trabajadores asalariados de bajos ingresos, y con el pago de las pensiones no contributivas de los envejecientes carentes de recursos, ya sea en forma directa, aportando a un fondo de solidaridad social, o mediante el pago de mayores impuestos, directos e indirectos. La única forma de librarse de esta responsabilidad, es mediante políticas neoliberales basadas en la sentencia de "sálvese quien pueda" según la cual, cada quien es el único responsable de producir los recursos para asegurar un retiro digno y sostenible, o evadiendo millonarios impuestos a través de las lagunas impositivas y de los paraísos fiscales. La justificación económica de este aporte solidario bajo cualquier modalidad de financiamiento, reside en el hecho de que los sectores de ingresos medios y altos no sólo reciben una pensión mayor sino, además, con alta frecuencia, llegan a la vejez con mayor holgura, ya que, a diferencia de los envejecientes de a pie, cuentan con ahorros, propiedades y medios de transporte propios.

Fomentar la cultura previsional desde la niñez. Es de trascendental importancia el fomento de una cultura previsional mediante el involucramiento directo de la población en los retos del envejecimiento, a consecuencia de las transformaciones demográficas y de los cambios en el mercado laboral. Para lograr este objetivo, la mejor vía es la educación, desde la primaria hasta los niveles superiores, a fin de formar ciudadanos que, desde muy temprana edad, valoren el retiro y comprendan la necesidad del sacrificio presente, para asegurar un futuro aceptable y compatible con una longevidad en aumento. En ese orden, es vital la comprensión individual y colectiva, de los factores que determinan el nivel y la calidad de vida durante el retiro, así como de las acciones necesarias para asegurar un balance adecuado en el nivel de vida, tanto en la etapa laboral-productiva, como durante los años de retiro. El empoderamiento de la población de las diferentes edades y niveles de ingreso contribuirá a una mayor comprensión de los retos del envejecimiento, así como a reducir la resistencia a los cambios necesarios, y a eliminar políticas y ofertas demagógicas insostenibles a mediano y largo plazo. Y, por último, y no por ello menos importante, contribuirá a alcanzar un pacto social equilibrado que defina una política previsional inclusiva, universal, sostenible y flexible.

Uno de los obstáculos de esta estrategia reside en el predominio de modelos de crecimiento económico basados en la exacerbación extrema de un consumismo vanidoso y desproporcionado, en extremo enajenante. Lejos de inducir a las familias a un estilo de vida acorde con su nivel de ingreso y posibilidades, cada vez se ofrecen mayores facilidades crediticias, las cuales, junto con una propaganda impresionante y con frecuencia engañosa, conducen a un endeudamiento excesivo, comprometiendo la posibilidad de un mayor ahorro para el retiro. *Cada exceso durante los años activos enajena y limita el disfrute de una vejez digna, segura y sostenible.* En ese contexto, la educación previsional permite a las personas informarse bien antes de tomar las s decisiones y de establecer sus prioridades en la asignación de los recursos, conscientes del impacto directo de determinados estilos de vida en su bienestar futuro, durante la vejez[185].

¿Es posible diseñar un sistema de capitalización individual público, solidario y con pensiones dignas? Los cálculos actuariales demuestran que el actual sistema de capitalización individual no garantiza una tasa de reemplazo suficiente a la mayoría de los trabajadores asalariados, aun cotizando durante todo el tiempo establecido. La falta de correspondencia entre el porcentaje de aporte y la tasa de reemplazo, así como entre los años de cotización y de retiro, constituye un importante factor de desequilibrio, que aleja la posibilidad de asegurar pensiones dignas y sostenibles.

No obstante, es posible una reingeniería del sistema de capitalización individual para asegurar pensiones dignas y sostenibles de por vida, aprovechando su gran capacidad para fomentar el ahorro, la inversión y la acumulación, sin tocar los aportes ajenos, ni depender de subsidios fiscales. Esta meta social es posible, siempre que se restablezca el equilibrio actuarial a largo plazo, se limite el gasto administrativo y se introduzca un componente de solidaridad social en beneficio de los

----

[185] *Solange Berstein, Implementación de la reforma previsional en Chile*

trabajadores de bajos ingresos y/o con un historial laboral inestable. Es perfectamente posible incorporar al sistema modalidades de solidaridad social que eliminen el riesgo de orfandad y de desamparo social.

La administración privada de los fondos de pensión no constituye una condición esencial del diseño, ni del funcionamiento del sistema de capitalización individual. El establecimiento de un tope administrativo, independientemente de la naturaleza pública o privada de la institución o empresa encargada, acelera el crecimiento del patrimonio previsional, mejorando las pensiones y jubilaciones. En adición, conviene asegurar una representación técnicamente calificada de los trabajadores en la administración del sistema.

Dada la natural resistencia de los grupos y sectores interesados, estas transformaciones requieren del involucramiento directo de la población, mediante el fomento una cultura previsional basada en la entrega de información y orientación permanente sobre los retos de una vez cada vez más prolongada. De igual forma, resulta pertinente alcanzar un pacto social que garantice la vigencia en el tiempo de una nueva política previsional, así como de un nuevo sistema de capitalización individual solidario que, no sólo garantice la sostenibilidad financiera sino, además, otorgue pensiones dignas para todos durante la vejez, eliminando la orfandad.

Capitulo X

VISIÓN FUTURA DE LOS SISTEMAS PREVISIONALES

¿Cuál es el futuro previsible de los jubilados y pensionados ante las transformaciones demográficas y los cambios laborales?

Mediante cálculos y análisis de los principales factores endógenos que determinan la viabilidad de los planes de ahorro para el retiro, concluimos que tanto el sistema público de reparto, como de capitalización individual, en sus respectivas versiones actuales, son incapaces de garantizar una adecuada protección social a toda la población en condiciones sostenibles en el tiempo.

En los capítulos anteriores concluimos que la sostenibilidad de ambos sistemas previsionales requiere de un rediseño estructural, mediante procesos graduales, en cinco direcciones: 1) recuperar y fortalecer la capacidad de ahorro, inversión y acumulación, para garantizar la sostenibilidad del sistema a largo plazo; 2) elevar los años de aporte y de retiro, acorde con el avance de la esperanza de vida; 3) aumentar el porcentaje de las contribuciones, en correspondencia con la tasa de reemplazo y los años promedio de jubilación; 4) extender los años mínimos del salario cotizable a considerar para calcular el monto de la pensión; y 5) readecuar los planes de retiro de acuerdo a los cambios en la relación entre la cantidad de cotizantes y de pensionados y jubilados.

En adición, justificamos la necesidad de una nueva política previsional orientada a garantizar pensiones dignas y sostenibles para todos, desde la perspectiva de una mayor responsabilidad del Estado para asegurar una protección social adecuada a toda la población, en particular, a los envejecientes de escasos recursos. Y, a partir de los desequilibrios actuariales existentes, perfilamos las principales características del rediseño de los viejos sistemas previsionales para asegurar la suficiencia y la sostenibilidad de las pensiones. Demostramos que tanto el sistema público de reparto, como el de capitalización individual, pueden y deben ser rediseñados para cumplir con el triple objetivo de universalizar la cobertura, garantizar pensiones dignas y asegurar su sostenibilidad en el largo plazo. Desde luego, en cada caso, dependiendo de las características del plan de retiro y de la situación económica, política y social de cada país, así como de los factores que interactúan al interior de los propios modelos.

El presente capítulo está dedicado a presentar, hasta donde sea posible, una visión del futuro de ambos sistemas previsionales durante las próximas décadas, a partir de las transformaciones demográficas y de los cambios laborales, con un énfasis especial en cómo los resultados financieros proyectados impactarán en el nivel de vida de los pensionados y jubilados, en la cobertura de las pensiones no contributivas para los envejecientes en estado de necesidad, incluyendo a la mujer y a las minorías, así como en la situación fiscal. Además, se perfilará una estrategia general para empoderar a la población del proceso, como una condición sine qua non para aprobar una nueva política previsional y viabilizar el rediseño de los viejos sistemas pensionales.

a) *Un mundo con menores pensiones y mayores incertidumbres*

Proyección a largo plazo del sistema de reparto. Desde el punto de vista del futuro de los sistemas previsionales, la mayor preocupación es el impacto de las transformaciones demográficas y de los cambios en el mercado laboral en las prestaciones, en la calidad de vida y en la tranquilidad y el sosiego de los pensionados y jubilados de todo el mundo. Para estimar la sostenibilidad de cualquier sistema previsional a largo plazo, lo más aconsejable es partir del comportamiento previsible de los principales factores endógenos y exógenos que determinan el equilibrio financiero de los planes de retiro.

Recordemos que en el Capítulo III, explicamos que el número de meses (años) garantizados de pensión depende de la relación entre el porcentaje de aporte y la tasa de reemplazo, multiplicada por la relación entre la cantidad de trabajadores cotizantes y el número de pensionados y jubilados, multiplicado por la cantidad de meses de cotización, como indica la formula siguiente:

$$MPEN = \frac{(\%COT * SAPM) * CCOT}{(\%REEP * SAPM) * CPEN} * MCOT = \frac{\%COT}{\%REEP} * \frac{CCOT}{CPEN} * MCOT$$

Donde:

$$\frac{\%COT}{\%REEP} = \text{Relación porcentaje de aporte/tasa de reemplazo}$$

$$\frac{CCOT}{CPEN} = \text{relación cantidad de cotizantes/número de pensionados}$$

Dado que, en la inmensa generalidad de los casos, la cantidad de meses de cotización es fija, así como también, la relación entre el porcentaje de cotización y la tasa de reemplazo, *la cantidad de meses garantizados en forma autónoma y sostenible por el sistema público de reparto está en relación directa del número de cotizantes, e inversa de la cantidad de pensionados y jubilados.* En función de lo anterior es posible derivar el futuro de los trabajadores y de los pensionados y jubilados, en términos del nivel de ingreso y de la calidad de vida, a partir del curso previsto de las transformaciones demográficas y de los cambios laborales en el largo plazo según los expertos, en los dos escenarios posibles: con y sin un rediseño integral.

Desde el punto de vista teórico, es fácil inferir el futuro del sistema público de reparto, con sólo observar más de cerca la fórmula que determina su equilibrio financiero. De la misma se deriva una mayor insostenibilidad, en la medida en que el sistema madura y se acentúa la brecha entre los afiliados activos y los pasivos, así como entre los años de aporte y los años promedio de pensión y jubilación.

De acuerdo a las investigaciones, estudios e informes, y a los diagnósticos presentados en los Capítulos II y III, no cabe la menor duda de que los desbalances financieros se agudizarán ya que, mientras el sistema contará con una cantidad *relativamente menor* de cotizantes (con ningún, o muy pocos cambios en la tasa de aporte), al mismo tiempo, *crecerá la cantidad relativa de pensionados y jubilados*, fenómeno que elevará en forma creciente la nómina pasiva, dejando un déficit crónico, cada vez más acentuado, gracias a una mayor longevidad promedio de los pensionados y jubilados. Todas las evidencias presentadas por los estudios e investigaciones, así como por los demógrafos señalan que, mientras la población económicamente activa (PEA) reducirá su crecimiento a alrededor del 1%, la envejeciente lo acelerará a un ritmo dos o tres veces mayor. En pocas palabras, *mientras el pasivo previsional tenderá a expandirse, el activo se contraerá en términos relativos.*

Se trata de un proceso irreversible no sólo porque es una consecuencia espontánea del incesante desarrollo de la ciencia y la tecnología sino, además, porque es absolutamente beneficioso y deseado por la humanidad, cuya aspiración máxima es extender, cada vez más, los años de vida saludables y productivos. Además de irreversible, constituye un proceso de carácter universal, lo que explica porque su impacto recae en ambos sistemas previsionales, en todos los demás ámbitos de la sociedad, y en todos los países, independientemente de su nivel de ingreso, de su cultura y del carácter público o privado de su sistema de retiro.

En el caso del reparto público, se trata del desarrollo de una contradicción interna al depender del aporte intergeneracional, el cual continuará generando desequilibrios y déficits mientras no se produzcan cambios estructurales que la erradiquen de raíz. No queda dudas, de que su influjo será lento o agitado, dependiendo de las características específicas en cada país, y que tenderá a acelerarse en la medida en que la brecha se ensanche. Este proceso degenerativo es inevitable, y avanza día a día de manera silenciosa como un cáncer, por lo que es cuestión de tiempo para que haga metástasis y estalle como una bomba previsional, según las previsiones de los organismos internacionales citados.

Proceso de agotamiento del fondo de retiro en el sistema público de reparto. Cualquier proyección aumenta la posibilidad de errores, especialmente cuando se trata del largo plazo, por lo que los resultados que a continuación presentamos sólo deben interpretarse como el reflejo de una tendencia general, cuya utilidad es, sobre todo, delinear el proceso general del agotamiento del fondo de retiro, presentando los principales resultados financieros, a partir de los supuestos incluidos. Asumimos escenarios más o menos representativos de la evolución del sistema durante décadas donde, en la medida en que se consume el fondo de retiro acumulado, el sistema comienza a depender de las aportaciones mensuales para pagar la nómina de los pensionados y jubilados (pay as you go), requiriendo subsidios fiscales y obligando a ajustes paramétricos, como ya hemos explicado.

Cuadro 10.01

Resultados financieros a largo plazo, según relación activos/pasivos

1,000 salario; 9% de aporte, 4% tasa interés, 9,100 pensión anual

Década	*Promedio Acti/pasi.*	*Ingresos Aportes*	*Egresos Pensiones*	*Saldo Corriente*	*Intereses ganados*	*Acumulado Final*
Primera	12.2 a 1	182,330	114,459	67,871	119,610	407,481
Segunda	9.7 a 1	235,685	186,441	49,243	206,731	663,455
Tercera	7.7 a 1	304,653	303,693	959	321,492	985,907
Cuarta	6.1 a 1	393,803	494,684	(100,882)	458,619	1,343,644
Quinta	4.8 a 1	509,040	805,789	(296,748)	595,824	1,642,719
Sexta	3.8 a 1	658,000	1,312,545	(654,545)	675,711	1,663,884
Séptima	3.0 a 1	850,549	2,137,998	(1,287,448)	572,494	948,930
Octava	2.4 a 1	1,099,444	3,482,573	(2,383,129)	128,634	(1,305,565)

Fuente: Cálculos del Autor

El agotamiento del fondo de retiro del sistema público de reparto se produce lentamente, dependiendo de la interacción de varios factores, cuya evolución suele tomar varias décadas, proceso un tanto imperceptible, incluso para muchos especialistas en el tema. Depende, en primer lugar, de la magnitud del fondo original acumulado, durante la etapa de oro primaria, caracterizada por una alta proporción de cotizantes y muy pocos pensionados; en segundo lugar, de la capitalización del ahorro a una tasa de rentabilidad anual adecuada, especialmente durante los años dorados, en la que nadie toca los ahorros ni los nuevos aportes; y, en tercer lugar, de la relación entre la cantidad de cotizantes activos y de jubilados y pensionados. Vamos a ilustrar este proceso mediante un ejemplo basado en nuestro modelo y experiencia profesional.

Supongamos un fondo de retiro inicial de unos 220,000, equivalente al aporte acumulado de unas 204 cotizaciones a razón de 1,080 anual. Además, que este fondo todavía permanece virgen, sin tocar, invertido a una tasa de rentabilidad del 4.0% anual, con una relación activos/pasivos de 15 cotizantes por cada pensionado, la cual se va reduciendo gradualmente a un ritmo del 2.6% y del 5%, respectivamente, descendiendo lentamente a 2.4 activos por cada pasivo en el transcurso de ocho décadas, tendencia que refleja el movimiento real, como pronostican los estudios e informes reseñados en los Capítulos II y III. También, se asume una pensión anual de 9,100 (758.33 x 12), y que todos los cálculos están libres de inflación.

Por razones de simplicidad, los resultados obtenidos año tras año se resumen en décadas, por lo que la relación activos/pasivos es el promedio resultante. Al concluir la primera década, el fondo de retiro acumulado pasaría de 220,000 inicial a 407,481, como fruto del aporte de 15 cotizantes por 182,330, más 119,610 por intereses obtenidos, para un total de 521,940, a los cuales se les deducen 114,459 pagados a un promedio de 1.3 pensionados, para un saldo de 407,481, como muestra el Cuadro 10.01[186]. Observen que, de acuerdo al modelo, durante la primera década el saldo acumulado crece rápidamente, debido a dos factores claves: 1) a los altos intereses, fruto de la capitalización del ahorro; y 2) al saldo positivo (67,871) entre los aportes y las pensiones pagadas. Esa doble ventaja se produce en las dos siguientes décadas, pero el saldo corriente desciende hasta 959 al final de la tercera, debido al supuesto del crecimiento mayor de los pensionados y jubilados.

De acuerdo al modelo, en el transcurso de la cuarta década se produce el primer punto de inflexión, al descender la cantidad de cotizantes por debajo de 8.4 por pensionado que, en nuestro ejemplo, marca el equilibrio corriente entre el monto de las cotizaciones y de las pensiones, debido al crecimiento

---

[186] *La relación activos/pasivos que figura en el cuadro corresponde al promedio de la década*

mayor de éstas últimas sobre las primeras. En efecto, cuando la relación activos/pasivos es de aproximadamente 6 a 1, los aportes (393,803) resultan inferiores a la nómina de los pensionados y jubilados (494,684), provocando un déficit corriente de 100,882, invirtiendo el proceso al desaparecer el ahorro corriente que alimentaba al fondo acumulado. A partir de ese momento, el crecimiento del patrimonio de los trabajadores sólo dependerá de la rentabilidad del ahorro y de las inversiones anteriores. Obsérvese que, aún en estas condiciones el fondo continúa creciendo, pasando de 985,907 a 1,343,644 al final de la cuarta década, porque todavía la capitalización del ahorro genera ingresos superiores (458,619) al déficit del saldo corriente (100,882).

Aunque, como muestra el ejemplo del citado cuadro, el déficit (saldo) corriente continúa aumentando, el fondo acumulado sigue creciendo (aunque más lentamente) durante las próximas tres décadas, porque todavía los intereses superan el déficit corriente. Es importante resaltar que al principio de la séptima década se produce el segundo punto de inflexión, ya que ahora los intereses devengados resultan inferiores al saldo negativo corriente. A partir de este momento, el fondo de retiro definitivamente comienza a agotarse en forma progresiva, salvo que se produzca algún ajuste paramétrico que detenga este proceso regresivo. De lo contrario, la octava década, con una relación promedio de 2.6 cotizantes por pensionado, concluirá con un déficit general de 1,305,565, según el modelo, como resultado de una nómina de pensiones de 3,482,573 que supera con creces, tanto los 1,099,444 de las cotizaciones, como los 128,634 ganados por intereses. Ese es el momento de la quiebra financiera definitiva del sistema de reparto, en donde el Estado se ve obligado a acudir en su auxilio.

Una sociedad que avanza hacia una economía envejecida. De las simulaciones expuestas se deduce que en la medida en que aumenta la cantidad de jubilados y pensionados en relación al número de cotizantes activos, la nómina de los afiliados pasivos crece en comparación con el monto total de las aportaciones, reduciendo el margen de maniobra del sistema público de reparto frente al desequilibrio actuarial. Veamos un ejemplo asumiendo un salario mensual promedio de 1,000, una cotización del 10%, una pensión mensual de 750 y una proporción decreciente de activos sobre los pasivos.

El Cuadro 10.2, muestra que cuando existen 10 cotizantes y un solo pensionado la relación es de 0.75 (750/1,000), generando un ahorro previsional de 250 mensual a favor del fondo de retiro. Sin embargo, cuando la relación desciende a 5/1 (10/2 en el ejemplo) las pensiones duplican el monto de las aportaciones, con un desahorro de 500, y cuando la misma disminuye a 5/2 (10/4), las aportaciones (1,000) apenas cubren una tercera parte del monto de la nómina pasiva (3,000), obligado al consumo acelerado de 2,000 unidades mensuales de las reservas financieras.

Cuadro 10.2
Monto de las pensiones en relación al aporte y al salario total
10% aporte, pensión 750 mensual

Cotizantes/pensionados	*10/1*	*10/2*	*10/3*	*10/4*
Cotizantes	**10**	**10**	**10**	**10**
Salario	1,000	1,000	1,000	1,000
Salario total	10,000	10,000	10,000	10,000
Aporte	1,000	1,000	1,000	1,000
Pensionados	**1**	**2**	**3**	**4**
Pensión	750	1,500	2,250	3,000
Pensión/aporte	0.75	1.5	2.25	3.0
Pensión/salario	7.5%	15%	22.5%	30%
Capacidad de ahorro	**250**	**(500)**	**(1,250)**	**(2,000)**

Fuente: Cálculos del Autor

En adición, del ejemplo se deriva que el peso específico del monto global de las pensiones y jubilaciones crece en la medida en que se reduce la relación entre los activos y pasivos. En la etapa de oro de 10 cotizantes por pensionado, el monto de la pensión apenas llega al 7.5% del salario total (750/10,000); en cambio, más adelante, con sólo 5 cotizantes por pensionado (10/2), la nómina de los pasivos pasa a representar el 15% de la nómina total de los asalariados activos. Este crecimiento continúa aumentando su ponderación dentro de la actividad económica general, llegando a representar el 30% en las naciones con sólo 2.5 cotizantes por jubilado (10/4), siempre de acuerdo al ejemplo. Esta tendencia confirma el pronóstico de los expertos que señalan que a consecuencia de las transformaciones demográficas y de los cambios laborales, la sociedad del futuro se encamina hacia una *economía envejecida*, con una gerontocracia más y más influyente.

Todos estos resultados, confirman nuestros principales planteamientos: 1) la acumulación del fondo de retiro aumenta cuando los cotizantes superan los 8.4 por pensionado, arrojando un excedente ordinario a favor del sistema; 2) de igual forma, se obtienen resultados muy beneficiosos cuando la capitalización del ahorro reporta dividendos superiores a cualquier saldo negativo corriente; 3) el fondo de retiro comienza a reducirse cuando la cantidad de cotizantes promedio resulta inferior a 8.4 por pensionado, generando un saldo ordinario negativo; 4) cuando las cotizaciones resultan inferiores a la nómina de los pensionados y jubilados, el déficit corriente obliga a utilizar las reservas financieras del fondo de retiro; 5) los ajustes paramétricos para reducir el déficit erosionan las pensiones y el nivel de vida de los jubilados; y 6) este proceso resulta inevitable gracias a las transformaciones demográficas y a los cambios en el mercado laboral, con un efecto lento y gradual, siendo subestimado durante décadas. Dada la relativa rigidez por el lado de los ingresos, en donde permanecen constantes tanto la tasa como los años de aporte, el desequilibrio tiende a acentuarse con mayor rapidez debido a la combinación de un doble incremento de la nómina: una mayor cantidad de los pensionados y jubilados, con una esperanza de vida en crecimiento.

Estamos conscientes de que esta simulación está basada en variables y parámetros cuya expresión cuantitativa puede variar de país en país. No obstante, estamos seguros que las conclusiones expuestas serán más o menos similares, siempre que se asuma un fondo acumulado original, una tasa de interés real sostenible en el largo plazo, y una reducción progresiva de la cantidad de cotizantes por pensionado o jubilado promedio. Por lo tanto, lo más importante es la utilización de una metodología sencilla, a fin de que los resultados obtenidos puedan ser asimilados por los lectores no especializados, principal blanco de público de esta obra.

Todo desequilibrio demanda un nuevo equilibrio basado en recortes. De una u otra forma este desequilibrio obliga a un nuevo equilibrio, ya sea elevando los ingresos con mayores aportes de los trabajadores activos y/o recortando la nómina de los pensionados y jubilados. Este ajuste no sólo es necesario, sino urgente, ya que de lo contrario el sistema dejaría de pagar las pensiones a millones de personas creando grandes protestas y mayores incertidumbres. Ante la urgencia de correctivos, en esas condiciones críticas el Estado tendrá que buscar los recursos para evitar males peores, que generen mayor inseguridad y protestas que comprometan la gobernanza. Si bien es cierto que son soluciones superficiales, inmediatas y paliativas, no es menos cierto que su recurrencia provocará grandes trastornos en la dinámica gubernamental, ya que obligará a introducir más recortes a las pensiones y jubilaciones.

¿Cuáles programas recortar? Casi siempre serán los planes sociales los que sufrirán las consecuencias, abriendo otros frentes de quejas, luchas y presiones sociales. Mientras tanto, el costo de este desequilibrio interno del sistema de reparto, recaerá sobre todos los contribuyentes y sobre los demás sectores sociales cuyos programas serán recortados, o reducida su cobertura. La experiencia demuestra que los grupos dominantes harán todo lo que sea necesario para que estos recortes no comprometan los planes y proyectos de su especial y particular interés.

En estas condiciones, ¿cuáles son las opciones de las autoridades sobre las fuentes de financiamiento necesarias para restablecer el equilibrio financiero del sistema previsional? Todas las opciones implican un alto costo financiero, político y social, por lo que generarán grandes resistencias de parte de los principales actores que podrían ser afectados: 1) lucha de los pensionados y jubilados contra la reducción de sus pensiones; 2) oposición de los cotizantes (trabajadores y empleadores) al aumento de las cotizaciones mensuales; 3) resistencia de los contribuyentes a pagar más impuestos para cubrir los subsidios; 4) lucha de las familias más pobres y vulnerables para impedir la reducción o congelación de sus programas sociales; y 5) campaña de los grupos económicos para evitar mayores impuestos directos a las ganancias y a la propiedad inmobiliaria.

La experiencia demuestra que, con mucha frecuencia, la solución resulta mediatizada, penalizando a los grupos menos organizados y con menor capacidad de presión: los pensionados y jubilados y los envejecientes más pobres y vulnerables. Como vimos en el Capítulo II, prácticamente todos los ajustes introducidos durante las últimas décadas, o han reducido y limitado las prestaciones, o han aumentado y extendido las contribuciones, procesos que, independientes o combinados, les reducen su nivel de vida, generando mayores incertidumbres, ante la certeza de que los ajustes continuarán en el futuro.

Dado que, en la generalidad de los casos, las reformas surgen como un paliativo a la agudización de los desequilibrios y de los déficits financieros, prácticamente todas terminarán reduciendo el nivel de vida de los jubilados y pensionados. Debido su carácter recurrente y progresivo, salvo excepciones, *cada generación recibirá menos que la anterior*, ya que los reajustes serán más frecuentes e intensos. La única excepción son los planes de retiro cerrados y excluyentes, que disfrutan determinadas instituciones públicas[187], cuya autonomía les asegura un financiamiento directo y regular del presupuesto gubernamental.

Proyección a largo plazo de la capitalización individual. El proceso degenerativo del sistema de capitalización individual será más o menos similar al reparto, pero con la particularidad de que, dadas sus características, posiblemente será más intenso y acelerado. Su intensidad se explica porque, salvo que la tasa de rentabilidad de las inversiones se eleve y mantenga en un nivel más alto, la tasa de reemplazo real que recibirá la mayoría de los jubilados y pensionados tenderá a ser inferior a la que entregará el sistema público de reparto, lo cual lo colocará en desventaja. Además, protestas y críticas contra las AFP y las presiones por cambio serán más inmediatas en la medida en que las pensiones sean inferiores, debido a que la capitalización individual no cuenta con el colchón del subsidio fiscal que apoya al reparto público.

En la capitalización individual el monto mensual de la pensión es la resultante de dividir el saldo final de la cuenta personal, menos el costo de la comisión cobrada por la AFP, entre la cantidad de meses estimados de pensión de por vida, tanto del titular como del cónyuge sobreviviente. Al igual que en el reparto público, si reforma la mayoría de los factores tendrán muy poca flexibilidad. Por el lado del denominador, tal es el

---

[187] *Ejemplo, los planes de retiro de los congresistas, de los empleados bancarios estatales, de las fuerzas armadas, de los maestros, profesores y médicos, así como de una cantidad innumerable de instituciones públicas autónomas y descentralizadas, que disfrutan de asignaciones presupuestales privilegiadas. Además, casi siempre estos grupos elaboran y modifican los reglamentos según sus propios intereses y se auto asignan los salarios para fines de jubilación. Claro, no en todos los países es igual.*

caso del porcentaje de aporte, del salario mensual promedio, así como de los meses de cotización, por lo que el principal factor es la tasa de rentabilidad (interés), una variable exógena al sistema. En adición, la comisión cobrada por la AFP dependerá del saldo acumulado. En cambio, el denominador tendrá mayor movilidad, debido al incremento gradual de los meses (años) promedio de jubilación. Al final del día, la pensión mensual será una resultante directa de las fluctuaciones de la tasa de interés real, e inversa del monto de la comisión y de los meses (años) de la jubilación promedio.

Cuadro 10.03
Años autónomos de una pensión digna, según la tasa de interés
1,000 salario, 75.83% pensión, 17.1 años, 1.25% comisión

Tasa de rentabilidad	*Total intereses activos y pasivos*	*Total comisiones activas y pasivas*	*Saldo total activos y pasivos*	*Años de pensión digna sostenible*
4.0%	37,086	11,564	63,983	7.0 años
5.0%	56,267	14,044	82,030	9.0 años
6.0%	85,790	17,854	110,216	12.1 años
6.5%	107,732	20,702	131,400	14.4 años
7.0%	139,088	24,825	161,929	17.8 años

Fuente: Cálculos del Autor

A pesar de la rigidez de los factores que determinan la pensión mensual, es posible contemplar algunos escenarios durante las próximas décadas. Por ejemplo, para garantizar una pensión digna obviando el rediseño del sistema, la capitalización individual tendría que tener la *suerte* de disfrutar de una rentabilidad mucho mayor para mejorar sustancialmente las pensiones, sin necesidad de elevar las cotizaciones, ni de extender los años de cotización, aunque este límite es flexible en el caso de la capitalización individual, pero no tanto para los trabajadores. Además, evitando el aumento de las comisiones. El Cuadro 10.03, muestra los niveles de rentabilidad anual, *promedio y permanente,* necesarios para alcanzar esta meta social en el futuro, sin cambios estructurales y sin desamparo social.

Como ya hemos señalado en los Capítulos V y IX, una tasa de rentabilidad promedio real del 4%, apenas garantiza unos 7 años de pensión de los 17.1 años promedio esperados, por lo que a partir de ese momento los pensionados se quedarían sin protección, a merced de una ayuda gubernamental, o tendrían que conformarse con una tasa de reemplazo inferior al 30%. Pero, asumiendo todos los demás factores constantes, de obtener una rentabilidad del 6% anual, el sistema mejoraría su capacidad de respuesta, al agregar 5 años más de pensión digna, llegando a 12.1, aun así, quedando por debajo de la meta establecida; los resultados serían mejores con una rentabilidad del 6.5%, aunque todavía insuficientes. Para asegurar los 17.1 años de una pensión suficiente, y con un aporte de sólo el 10% del salario, el sistema tendría que alcanzar una rentabilidad promedio real del 7% durante 30 años, en cuyo caso, como indica el Cuadro 10.03, el saldo acumulado superaría los 155,610 al llegar a 161,929 per cápita, equivalente al costo promedio de por vida de los pensionados y jubilados. En esas condiciones, el sistema de capitalización individual podría llenar su cometido, pudiendo retardar las reformas estructurales señaladas en el Capítulo anterior, sin necesidad de reducir el costo de las comisiones, ni introducir el componente de solidaridad social.

Lógicamente, aunque se trata de una posibilidad real en condiciones muy parecidas a las previstas por los diseñadores del sistema, la misma arrastra una gran debilidad al hacer descansar completamente su nivel de desempeño y su función social, de un factor exógeno al sistema y, además, muy incierto y volátil como la tasa de interés. En esas condiciones, cualquier crisis financiera local o internacional pondría en serias dificultades la sostenibilidad del sistema. Una posible solución que podría reducir este riesgo sería la reducción simultánea de la comisión de la AFP, la cual, si bien es absolutamente necesaria, por sí sola, no tendría un impacto suficiente como para reducir sustancialmente la dependencia de una tasa de rentabilidad alta y sujeta a las fluctuaciones del mercado financiero y al crecimiento económico en general.

Por ejemplo, como indica el Cuadro 10.04, una comisión del 1.25% y un crecimiento del 6.5% de rentabilidad real no serían suficientes para alcanzar la meta, ya que sólo garantizarían 14.4 años de pensión. Tampoco, manteniendo fija la rentabilidad y reduciendo al 1.0% la comisión de la AFP, ya que este cambio sólo agregaría unos 1.3 años a los jubilados promedio. Sin embargo, si la comisión descendiese al 0.74%, o sea, a las tres cuartas partes del uno por ciento, con una tasa de interés del 6.5 real promedio, el fondo acumulado llegaría a 158,032, superando ligeramente los 155,610, logrando 17.4 años de pensión.

Cuadro 10.04
Años autónomos de pensión digna, según el % de comisión
1,000 salario, 75.83% pensión, 17.1 años, 6.5% tasa de interés

Tasa de Comisión	*Intereses Acti y Pasi.*	*Comisión Acti y Pasi.*	*Saldo total*	*Pensión autónoma*
1.25%	107,732	20,702	131,400	14.4 años
1.00%	117,276	18,027	143,086	15.7 años
0.80%	126,605	15,569	154,238	16.9 años
0.74%	129,832	14,768	158,032	17.4 años

Fuente: Cálculos del Autor

Otra posibilidad que tendría el sistema de capitalización individual de sobrevivir más años eludiendo una reforma profunda, sería aprovechando cualquier aumento de la tasa de cotización del sistema público de reparto, para hacer lo mismo, elevando el fondo acumulado, sin perder competitividad frente al reparto. De todas maneras, sea cual sea la evolución futura de la capitalización individual, cualquier medida o ajuste que no contemple la solidaridad social y una reducción sustancial del monto de las comisiones, podrá aliviar la situación, pero mantendrá las críticas y protestas, y jamás resolverá el problema de raíz.

Crecientes presiones por pensiones universales contributivas y subsidiadas. Durante las próximas décadas es previsible una mayor demanda de recursos fiscales destinados a satisfacer las necesidades básicas de las familias más pobres y vulnerables, y muy en especial, de una masa creciente de adultos mayores marginados del sector formal de la economía, y del derecho a una pensión contributiva. Esta demanda no sólo se explica por una mayor consciencia sobre un derecho inalienable sino, además, por la necesidad de preservar la gobernanza social y política, evitando situaciones extremas de pobreza e indigencia. Como ya hemos señalado en el Capítulo VII, los recursos fiscales necesarios para financiar las pensiones no contributivas serán crecientes en el tiempo, requiriendo una mayor sostenibilidad del sistema previsional contributivo.

Las pensiones no contributivas para los envejecientes en estado de necesidad, se concentran especialmente en las mujeres, que constituyen uno de los grupos más vulnerables y perjudicados por las asimetrías del mercado laboral y por el diseño de los propios sistemas de pensiones, dada su participación mayoritaria en las actividades productivas informales a ser beneficiadas por la previsión subsidiada. Ante la realidad del avance progresivo de la tecnología y de la productividad, lo más aconsejable es considerar la posibilidad de una mayor demanda de subsidios para sostener a los jubilados y pensionados del régimen contributivo, quienes serán víctimas del desempleo tecnológico. Y, al mismo tiempo, contemplar una reducción relativa de los nuevos empleos decentes, así como una mayor cantidad de la población que calificará y reclamará una pensión no subsidiada.

De lo anterior se desprende lo siguiente: 1) el costo fiscal de garantizar una protección universal no contributiva contra la vejez y la discapacidad tenderá a incrementarse en relación inversa a la cobertura del sector formal de la economía; 2) el monto de los subsidios gubernamentales se incrementará en la medida en que los actuales sistemas previsionales contributivos resulten incapaces, por sí solos, de garantizar una pensión digna y sostenible para todos sus afiliados; 3) el costo fiscal por subsidios previsionales tenderá a aumentar con el crecimiento del sector informal de la economía, y viceversa; y 4) en la medida en que los sistemas previsionales contributivos arrojen déficits y requieran de subsidios fiscales recurrentes, se reducirá la posibilidad de alcanzar la protección universal de los envejecientes en estado de necesidad y en situaciones especiales. "El crecimiento del gasto social implicará que al considerar la sostenibilidad fiscal se deberá prestar especial atención al rol que la política fiscal desempeña en la sostenibilidad financiera de la protección social y, sobre todo, en la sostenibilidad de los sistemas de pensiones"[188]

Un futuro con mayor insatisfacción, presión fiscal y riesgo de gobernanza. A lo largo de esta obra, ha quedado claro que el desequilibrio actuarial y financiero conduce a crecientes déficits que obligan a las autoridades a reducir las prestaciones, por lo que los presentes y futuros pensionados y jubilados deberán prepararse para *un mundo caracterizado por el predominio de pensiones reducidas,* por el aumento de las tensiones, desigualdades e incertidumbres sociales, y por un riesgo mayor de caer en la pobreza e indigencia.

Si, como ya hemos señalado, incluso en los países más desarrollados como Japón y Estados Unidos, ya una buena parte de los jubilados están obligados a continuar trabajando para complementar sus pensiones, con mayor razón e intensidad esta práctica se extenderá a la mayoría de las naciones, cuando la pensión no alcance el umbral mínimo del 70% de reemplazo, y más aún, en la medida en que aumenten los años para el cálculo del salario promedio de por vida y se extienda

---

[188] *Alberto Arena de Mesa, Los sistemas de pensiones en la encrucijada, CEPAL*

la longevidad. En adición, si ya la tasa de reemplazo de las naciones más desarrolladas deja mucho que desear al estar distante del 70% promedio, es razonablemente previsible pronosticar que la situación no mejorará durante las próximas décadas, y que tenderá a agravarse. Para enfrentar con éxito esta preocupante realidad no sólo es preciso tomar consciencia de este riesgo adicional sino, además, asumir una mayor responsabilidad en la planificación de nuestro futuro. Ya no es posible vivir de espaldas al creciente costo del envejecimiento, dependiendo exclusivamente el destino de nuestro retiro de la discrecionalidad del Estado. Con la reducción sensible de la natalidad, quedó atrás la esperanza de que un hijo "agradecido" se haga cargo del costo de la vejez de sus padres.

¿Cómo contrarrestar la tendencia a la baja del nivel promedio de las pensiones? Una opción segura, razonable y disponible es crear y fortalecer la cultura del ahorro individual para el retiro. Es necesario abandonar definitivamente la idea de que el ahorro es un componente que se cubre con lo que nos sobra, una fracción residual, eventual y opcional del ingreso regular. La seguridad y tranquilidad de los futuros envejecientes no será real, ni estará garantizada, sin la toma de consciencia y sin una actitud proactiva frente a los retos que se derivan de una mayor longevidad y de los cambios laborales. "Para muchos la palabra "ahorrar" es algo que no tiene sentido o no saben cómo lograrlo, pues generalmente surgen excusas. Sin embargo, si en verdad quieres ahorrar, debes tomarlo como un hábito y pensar en cómo podrías incorporar esta práctica a tus actividades. El beneficio es grande y quizá no lo veas en el momento, pero sí después"[189].

Este tema es tan crucial, que vale la pena reiterarlo en forma permanente. *Sin ahorro regular no es posible un futuro digno ni sosiego en la vejez.* No se trata de una opción, sino de

---

[189]*https://www.condusef.gob.mx/Revista/index.php/ahorro/ahorro/719-el-ahorro-un-habito-de-todos-los-dias*

una obligación. Cierto que el cambio no es fácil, y que se necesita de mucha fuerza de voluntad para vencer la inclinación permanente al consumismo mercurialmente inducido. Ante el costo creciente de la vejez, del riesgo de reducción del ingreso y de tener que trabajar hasta el último día, se impone abandonar la ilusión de una vejez digna con aportes marginales y sobrantes. Sí se puede. Sólo hay que examinar los componentes del gasto y rechazar la propaganda que te induce a comprar para estar a la moda, por vanidad, por un falso estatus social, enajenando la seguridad de la vejez, sólo para garantizar una demanda creciente de los bienes y servicios ofertados por las grandes corporaciones, cuya meta es exacerbar la vanidad para maximizar la rentabilidad a cambio de hipotecar el futuro de la gente.

b) *El imperativo del rediseño previsional integral*

La mayoría de los informes, investigaciones y estudios evidencian un futuro cada vez más incierto para los millones de pensionados y jubilados, debido a la agudización de los desequilibrios de ambos sistemas previsionales. Sólo hay que observar los medios de comunicación escritos y digitales para llegar a la conclusión de que la incapacidad actuarial de los viejos sistemas está generando crecientes preocupaciones, tanto en el seno de las familias, como en la opinión pública y en el quehacer político. Frente a esta realidad objetiva, existe la disyuntiva de continuar "haciendo más de lo mismo" con ajustes paramétricos que no eliminan el desequilibrio, o acometer, de una vez por todas, los cambios estructurales que aseguren la necesaria sostenibilidad y suficiencia previsional a corto, mediano y largo plazo.

Reformas multipilares que no eliminan los desequilibrios. Las reformas en el mundo previsional basadas en un sistema mixto, que combina el sistema público de reparto y el de capitalización individual, si bien pueden considerarse como un paso de avance en la dirección correcta y que reduce las tensiones entre ambos sistemas, por sí mismas, no constituyen una solución tendente a mejorar la cobertura y a garantizar pensiones dignas, sustentables y universales, sencillamente porque esta complementación no suele estar precedida de una reforma estructural de ambos sistemas. Como ya hemos dicho, *se trata del matrimonio entre dos sistemas previamente contaminados y enfermos, obviando intencionalmente su necesario saneamiento estructural.* Desde luego, en el mejor de los casos, esta unión de pareja tiende a mejorar la solidaridad social a favor de los jubilados y pensionados más pobres y vulnerables, pero no toca las contradicciones de fondo ya que se soslayan sus principales debilidades, las cuales, más tarde o más temprano, volverán a aflorar t a pasar facturas.

Por ejemplo, en el caso del reparto no se restablece la capacidad de ahorro e inversión, ni se asegura la correspondencia entre los aportes y las tasas de reemplazo, y en muchos casos se afronta con timidez la extensión de los años de cotización y de retiro, salvo algunas honrosas excepciones. Por su parte, se acepta la administración privada de los fondos de pensiones, obviando el tema de limitar su costo. Se trata de una yuxtaposición que, si bien es un pequeño avance en la dirección correcta, no llega a la raíz del problema en pos de una solución más profunda y sostenible en el tiempo. La buena noticia es que estas iniciativas evidencian el reconocimiento general de que ambos sistemas tienen grandes fortalezas y sinergias que pueden accionar de manera complementaria para avanzar hacia pensiones dignas y sostenibles para todos, pero también contradicciones y debilidades que se acentúan con las transformaciones y cambios en la sociedad y en la economía.

En muchos países los intentos de enfrentar los desequilibrios actuariales y los déficits financieros han generado una firme resistencia popular, que han obligado a las autoridades a presentar como soluciones, cambios formales, que en nada tocan el problema de fondo y que apenas contribuyen a paliar la situación, agravándola en el largo plazo. Tal es el caso de la política de migración para aumentar los ingresos del sistema, esfuerzo que continuará acentuándose. La migración siempre es bienvenida porque es uno de los derechos humanos esenciales, pero presentarla como una solución al problema previsional, es una forma de evadir o dilatar las necesarias reformas estructurales, especialmente del sistema de reparto, cuyo funcionamiento se ralentiza con el aumento de la tasa de dependencia demográfica y la reducción de los cotizantes por pensionado. "En ocasiones se argumenta que las consecuencias del envejecimiento podrían compensarse con políticas que fomenten una mayor inmigración, una alta fecundidad o un crecimiento más rápido de la productividad de la mano de obra. Si bien todos estos avances serían útiles, es necesario acompañarlos de intentos para movilizar mejor las reservas laborales disponibles y así sostener el crecimiento económico."[190]

La migración no puede ser una solución, debido a que, si bien contribuye a aumentar las recaudaciones y a mejorar la capacidad inmediata para pagar la creciente nómina de pensionados y jubilados, no es menos cierto que este aporte también implica un pasivo previsional que terminará generando similares compromisos con los futuros pensionados y jubilados inmigrantes. Equivale al efecto de un préstamo: en lo inmediato, representa un gran alivio para cubrir deudas perentorias, pero al mismo tiempo, implica un compromiso de pago al vencimiento. *El desequilibrio financiero que genera cualquier sistema previsional sólo puede ser eliminado ingresando más recursos frescos que gastos de parte de los propios afiliados, acom-*

---

[190]*https://www.oecd-ilibrary.org/docserver/9789264288119-es.pdf?expires=1571856805&id=id&accname=guest&checksum=AB1365140135EC291C5C269550519875*

pañados del ahorro y su capitalización. Cualquiera otra modalidad es sólo un calmante que solamente retarda el detonante, una forma de prolongar el problema y su solución.

Otra modalidad, igualmente ilusoria, de enfrentar los desequilibrios es señalando la conveniencia de elevar los salarios reales de los trabajadores cotizantes, para aumentar las cotizaciones y disponer de mayores recursos para honrar las pensiones y jubilaciones. Nadie puede negar la necesidad y la ventaja de una elevación progresiva del salario promedio e individual de todos los trabajadores, como forma de disminuir la brecha entre productividad y el ingreso, y de reducir las desigualdades sociales. Pero, desde el punto de vista de la sostenibilidad de los sistemas previsionales a largo plazo, nuevamente estamos frente a un círculo vicioso. Es cierto que, aumentando el nivel general de los salarios, la seguridad social percibiría mayores recaudaciones con un gran alivio inmediato, pero también es cierto que ello igualmente aumentaría el pasivo previsional y los derechos adquiridos de los actuales cotizantes. En adición, posiblemente un aumento general del salario sólo sería traería un alivio coyuntural, ya que más temprano que tarde, los jubilados y pensionados también exigirán un aumento similar de sus pensiones. Indudablemente, los cambios macroeconómicos favorables mejoran la situación en determinados momentos y coyunturas, pero por sí mismos, no resuelven un desequilibrio que es intrínseco, un pecado original que es inherente al propio sistema de reparto, por más benefactor que sea el Estado. Por eso el enfoque de este libro se centra en resaltar la esencia del diseño interno de los planes tradicionales de retiro.

El Instituto AVIVA señala que "las medidas adoptadas para mejorar la sostenibilidad financiera del sistema público se han orientado a contener el colectivo de beneficiarios (alargando la edad legal de jubilación) y ajustando las cuantías de las prestaciones (ampliando el periodo de cómputo, cambiando el método de actualización o aplicando factores generacionales de sostenibilidad)[191]. Sin embargo, estas medidas sólo han aliviado la crisis financiera, sin posibilidad, por sí solas, de llegar a la raíz del problema. Y no necesariamente porque las autoridades nacionales no estén conscientes del carácter estructural del desequilibrio, ya que regularmente reciben estudios ponderados de especialistas calificados que les advierten de la crisis y de sus consecuencias fiscales. Pero, aun así, en la generalidad de los casos, optan por paliativos como forma de reducir el costo político y fiscal inmediato que las transformaciones estructurales encierran, transfiriéndoles el sacrificio a las futuras administraciones, una especie de *"transferencia intergeneracional de responsabilidad".* En esencia, esta evasión de responsabilidad gubernamental es posible cuando todavía no existe una consciencia colectiva sobre la gravedad de la situación y de los riesgos financieros y de gobernanza. Es la versión política de la llamada "solidaridad intergeneracional".

La pertinencia de la reingeniería estructural. El rediseño de los sistemas previsionales constituye uno de los mayores imperativos del presente siglo, ante la incapacidad de los ajustes paramétricos para lograr que los viejos sistemas respondan con propiedad a los nuevos retos de las transformaciones demográficas y de los cambios en el mercado laboral, ambos procesos actualmente en curso acelerado e indetenible. Cualquier rediseño tendrá importantes repercusiones en cuanto a los ingresos vía cotización, a las prestaciones garantizadas, así como a las implicaciones fiscales. La sostenibilidad previsional está íntimamente vinculada a la sostenibilidad fiscal, a la gobernanza institucional y a la universalidad del derecho a la protección social. "La sostenibilidad fiscal requiere, entre otros factores, establecer (estimar) cuáles serán los compromisos de gasto público que se asumirán en las próximas décadas y cuáles serán las principales fuentes de financiamiento,

---

[191] *Instituto AVIVA, Pensiones en transición*

en especial para asegurar la sostenibilidad del gasto social y de la protección social"[192]

Para comprender la verdadera dimensión de los grandes retos de la transformación de los sistemas de ahorro para el retiro que enfrentarán las naciones durante las próximas décadas, es importante tener presente que cualquier esfuerzo serio hacia la universalidad y sostenibilidad tendrá un costo mayor, tanto para los cotizantes del sistema de seguridad social, como para los demás contribuyentes. Ello así porque será necesario: 1) ir eliminando la brecha existente entre los ingresos regulares y el compromiso con los pensionados y jubilados; y 2) cubrir las pensiones y jubilaciones en curso, y reiniciar o fortalecer la capacidad de ahorro, particularmente del sistema público de reparto.

Dados los resultados ampliamente documentados, y las tendencias señaladas, cualquier rediseño estructural de los viejos sistemas que persiga eliminar los desequilibrios actuariales y financieros implicará, inevitablemente, un mayor sacrificio de los afiliados, quienes tendrán que continuar "*aportando más, para recibirlo mismo, en el mejor de los casos*". Lamentablemente, ese es el precio que habrá que pagar para garantizar una pensión digna y sostenible para todos, al menos durante la segunda mitad del presente siglo, debido a los desequilibrios actuariales de larga data. Al mismo tiempo, el carácter estructural e integral de esta reforma implicará una transición muy compleja y gradual; a mayor dilación, mayor costo para los trabajadores, para el Estado y para la sociedad en su conjunto.

Es imprescindible reconocer que, querámoslo o no, con el envejecimiento simultáneo de la población y de los sistemas previsionales, estamos presenciando *la etapa final del largo período de las vacas gordas; y que pronto la edad dorada de los planes de retiro será una nostálgica reminiscencia de "aquellos*

---

[192] *Alberto Arena de Mesa, Los sistemas de pensiones en la encrucijada*

*tiempos memorables" cuando los "perros se amarraban con lon-
ganiza".* La buena noticia es que estas añoranzas y quejas, estarán ampliamente compensadas por el disfrute de una mayor
esperanza de vida, con años más saludables y productivos.
Como todo en la vida, aquel es el costo inevitable de estos nuevos beneficios. Otra buena noticia es que, afortunadamente, la
humanidad cuenta con capacidad suficiente para rediseñar los
sistemas de retiro, adaptándolos a los nuevos requerimientos
de las transformaciones demográficas, tecnológicas y laborales. La humanidad nunca ha dado un salto al vacío ya que cada
problema constituye, en sí mismo, un nuevo reto y una nueva
oportunidad para superarlo.

Cuadro 10.05

**Rediseño básico de los dos sistemas previsionales para garantizar
pensiones dignas y sostenibles para todos**

Fortalecer el ahorro	Capitalizar el ahorro previsional, aumentar el fondo y elimi- nar la dependencia de aportes ajenos y de subsidios fiscales
Cero subsidio al contributivo	Reservar los subsidios para la población desempleada, indi- gente y más vulnerable
Elevar los años de cotización	Incrementar los años mínimos de cotización de acuerdo a la es- peranza de vida al nacer
Incrementar el % de aportación	Recuperar la necesaria proporción entre el porcentaje de aporte y la tasa de reemplazo
Elevar los años para el retiro	Garantizar la correspondencia entre los años de aporte, la es- peranza de vida y los años promedio de retiro
Establecer tope ad- ministrativo	Reducir la posibilidad de lucro y/o malversación a costa del re- tiro de la población trabajadora
Pensión según el sa- lario promedio	Evitar las alzas artificiales de los salarios para elevar las pen- siones en forma fraudulenta
Estimular el ahorro complementario	Crear conciencia y fomentar la necesidad del ahorro personal complementario mediante incentivos
Fomentar una cul- tura previsional	Explicar los retos y desafíos que implica el ahorro y la prepara- ción para el retiro en una sociedad más longeva

Un estudio del Banco de España así lo confirma: "dentro
del sistema de reparto actual, deben considerarse medidas
como el aumento de la edad de jubilación, el incremento del
número de años que se toman en cuenta en el cálculo de la base
reguladora, la reducción de las tasas de reemplazamiento, la

separación estricta de las fuentes de financiación de tal forma que todos los superávits del sistema contributivo engrosen el fondo de reserva y la revalorización estricta de las pensiones"[193]. Por su parte, la CEPAL considera que "Las reformas estructurales —al igual que las paramétricas— están destinadas a mejorar la cobertura, la suficiencia de las prestaciones y la sostenibilidad financiera de los sistemas"[194]. El Cuadro 10.05 condensa las principales reformas estructurales para el rediseño integral de ambos sistemas previsionales.

c) Estrategia para involucrar a la población

¿Cuál es el límite del déficit del viejo sistema? En términos cuantitativos, no es fácil determinar el límite del proceso regresivo de los viejos sistemas previsionales, ya que en el mismo intervienen tanto factores objetivos como subjetivos. No obstante, recordemos el diagnóstico del Foro Económico Mundial (FEM) de que en el 2050 explotará una bomba previsional de alcance mundial. Pero lo que sí es posible es delinear el límite y la reacción natural de cada uno de los actores principales involucrados. En ese sentido intervienen, en forma directa o indirecta, seis actores de primer orden: 1) los pensionados y jubilados; 2) los trabajadores activos cotizantes; 3) las autoridades gubernamentales; 4) los grupos económicos predominantes; 5) los envejecientes en estado de necesidad; y 6) los contribuyentes y la población en general.

Una parte del déficit lo están pagando los pensionados y jubilados con la reducción paulatina de sus prestaciones. Pero, dependiendo de su capacidad de protesta y movilización, y de la coyuntura política, esta solución sólo es aplicable en pequeñas dosis, por lo que nunca sería suficiente para alcanzar la sostenibilidad. Ya sea modificando el cálculo de la pensión y/o

---

[193] *Banco de España. La Reforma del sistema de pensiones en España*
[194] *Carlos Arena de Mesa, CEPAL, Los sistemas de pensiones en la encrucijada*

cambiando los criterios para su indexación, el resultado siempre será la reducción real de la tasa de reemplazo, erosionando el carácter "definido" de sus beneficios. En la práctica, esos ajustes equivalen a una *reducción ex post de la tasa de reemplazo del sistema,* lo que reduce el nivel de vida y genera inseguridad e insatisfacción. Siguiendo nuestro ejemplo, con un 9% de aporte y sin ahorro ni inversión, en 30 años de cotización el fondo apenas llega a 32,400, mientras que el costo promedio de por vida se sitúa en 155,610, para un saldo negativo de 123,210, de modo que estos ajustes paramétricos solo inciden modestamente en la sostenibilidad del sistema.

Otra cuota para financiar el desequilibrio les corresponde a los trabajadores cotizantes activos aportando más, ya sea través de la extensión de los años de aporte, de mayores requisitos para calificar para una pensión plena y/o elevando las cotizaciones mediante las llamadas "primas escalonadas" del reparto. La experiencia demuestra que difícilmente estos aportes adicionales lleguen más allá de aliviar la situación, no sólo por la resistencia de los trabajadores organizados sino, además, por los salarios limitados que recibe la mayoría de los cotizantes. Por ejemplo, de extender la aportación de 30 a 40 años, la cotización subiría de 32,400 a 43,200, unos 10,800, reduciendo el déficit nominal de 123,210 a 112,410. Pero, en el mejor de los casos, si al mismo tiempo se elevara el aporte al 12% mensual, el aporte total llegaría a 57,600, frente a un costo promedio de la pensión de por vida de 155,610, con lo cual el déficit básico bajaría a 98,010, un monto absolutamente inmanejable al multiplicarlo por millones de pensionados y jubilados, especialmente debido a la extinción del ahorro y la inversión. En ambas opciones existe un margen de tolerancia natural, más allá del cual se activan las protestas, se acelera el costo político y se arriesga la gobernanza. De aplicarse estos ajustes paramétricos, al final del día los trabajadores estarían *aportando más para recibir menos,* confirmando los resultados descritos en el Capítulo II. Conclusión: sin un mayor aporte y su inversión y acumulación, no existe salida sostenible en el largo plazo.

Más tarde o más temprano la carga se extenderá a todos los contribuyentes a través del pago de subsidios fiscales. Si bien, al principio a las autoridades no les quedará otra alternativa que sofocar la crisis mediante subsidios fiscales, para compensar la incapacidad del sistema de valerse por sí mismo, ante su recurrencia y crecimiento, los grupos económicos dominantes reaccionan oponiéndose al incremento del gasto social, por temor a tener que pagar más impuestos por sus ganancias y propiedades. En el mejor de los casos, aceptarían elevar la carga fiscal, siempre que la misma dependa fundamentalmente de impuestos indirectos, en donde el mayor sacrificio siempre recae sobre los estratos sociales medios y bajos de la población.

En cualquier caso, el crecimiento del subsidio obligará a reducir programas sociales sensibles para las familias más pobres y vulnerables. En estas condiciones, lo más probable es que, al final del día, tengamos una *solidaridad social inversa*, ya que el subsidio fiscal al régimen contributivo sería a expensas de los grupos sociales en estado de necesidad, posiblemente incluyendo la reducción del gasto fiscal en las pensiones no contributivas del sector informal de la economía. Finalmente, los contribuyentes también cuestionarán la injusticia y distorsión social de pagar más impuestos para subsidiar al sector de la economía con mayor capacidad contributiva y estabilidad en sus ingresos.

Más tarde o más temprano, cuando estén dadas las condiciones objetivas y subjetivas para el rediseño, la creciente presión social y política obligará a las autoridades a enfrentar el reto de transformar el viejo sistema previsional. Casi siempre esta decisión se impone cuando el sistema llega a un punto de inflexión en que no sólo compromete el equilibrio fiscal, sino también, la gobernanza y la estabilidad política e institucional. Los casos excepcionales sólo confirman esta regla. Entonces, lo más probable es que esa decisión conduzca a una nueva lucha entre los principales actores, cada uno tratando de traspasarle a los demás participantes el mayor financiamiento que implicará una política previsional universal y un nuevo sistema de retiro con pensiones dignas y sostenibles para todos, en una sociedad cada vez más longeva.

Lograr una consciencia colectiva sobre los retos de la vejez. Obviamente, el involucramiento de la población constituye uno de los requerimientos esenciales de las próximas décadas para viabilizar el rediseño de los tradicionales sistemas previsionales. *Ningún cambio sustancial será posible, ni sostenible, sin la toma de consciencia de la población en general* de los retos actuales y futuros, de los riesgos, del costo social y fiscal de no hacer nada, y de las mejores opciones para garantizar pensiones dignas y sostenibles para todos. La toma de consciencia colectiva es indispensable para vencer la natural resistencia a los cambios, especialmente de aquellos que se resisten a perder sus privilegios y de quienes tendrán que asumir mayores sacrificios y responsabilidades.

Ante la creciente incertidumbre derivada de los ajustes que erosionan las prestaciones previsionales, conviene profundizar en el análisis de la situación y realizar proyecciones realistas a fin de crear una conciencia colectiva sobre la magnitud del desequilibrio, así como de los retos y las oportunidades de una reforma profunda. A partir de estos resultados, convendría dirigir una campaña a toda la población explicando: 1) que los sistemas previsionales existentes son incapaces de garantizar una pensión digna y sostenible para todos; 2) que los desequilibrios del régimen contributivo se traduce en subsidios insostenibles, incontenibles e interminables; 3) que la longevidad imposibilita cubrir el costo de la vejez con aportes residuales y marginales; 4) que el otorgamiento de subsidios fiscales beneficia más a las personas con pensiones elevadas, que a los más necesitados; 5) que, sin embargo, ese gasto recae sobre todos los contribuyentes, incluyendo a los más pobres; 6) que esos subsidios acentúan la desigualdad social y la pobreza, ya que limitan los recursos para los programas a favor de las familias más necesitadas; 7) que esos recursos deben destinarse a mejorar las pensiones de los envejecientes más pobres y vulnerables; 8) que no es justo endeudar a las futuras generaciones desde antes de nacer y sin su consentimiento; 9) que una deuda generacional indefinida contraviene la aspiración familiar de dejar una herencia positiva a sus descendientes; y 10) que es posible diseñar sistemas de retiro con pensiones dignas y sostenibles para todos.

El resultado final de este esfuerzo informativo y participativo debe ser una mayor conciencia colectiva del costo creciente de una vejez digna y prolongada y, consecuentemente, de la necesidad de prepararse desde temprano para asegurar un retiro decoroso. No está demás insistir en una estrategia orientada a inculcar una nueva cultura previsional, basada en una mayor valoración del ahorro colectivo e individual. Además, a fin de asegurar la sostenibilidad de estas transformaciones, y convertirlas en una política de Estado de largo plazo, lo más conveniente es lograr una gran concertación o pacto social, experiencia que ha sido muy positiva en países democráticos y con instituciones fortalecidas. En un estudio del Banco de España se señala que "la dimensión del problema requiere que éste se afronte a través de una estrategia que reúna tres características: la estrategia debe ser amplia, es decir, debe combinar medidas en distintos frentes, la discusión de estas medidas no debería dilatarse en el tiempo, y, finalmente, las reformas deben tener un alcance suficiente[195].

Un pacto social para garantizar la continuidad. De lo anterior se deriva la necesidad de que un proceso de esta importancia y magnitud, esté acompañado por una amplia campaña

---

[195] *Banco de España. La Reforma del sistema de pensiones en España.*

de concientización que culmine con un gran pacto social, que defina el alcance de la reforma, así como los medios, recursos y los tiempos para lograrla, con la participación activa de los sectores productivos, de las fuerzas políticas, del movimiento sindical, de la sociedad civil y de las organizaciones populares. Este acuerdo debe incluir un firme compromiso con las reformas básicas para avanzar en la cobertura de las pensiones no contributivas. Un pacto o acuerdo nacional resulta lo más recomendable para asegurar la gobernanza, la continuidad y la sostenibilidad de la reforma, ya que se trata de una nueva política previsional y fiscal cuya ejecución tomará varías décadas, requiriendo del compromiso permanente de la población y de todos los sucesivos gobiernos. En pocas palabras, este tipo de consenso sobre el accionar constituye la mayor garantía de sostenibilidad a largo plazo.

Cualquier pacto social debe poner un énfasis especial en el cumplimiento de los compromisos internacionales en materia de desarrollo social, así como en el fortalecimiento institucional, para asegurar la transparencia, eficiencia y eficacia de los nuevos sistemas. Es imprescindible una mayor presencia y compromiso del Estado, no solo por su responsabilidad constitucional como garante de los derechos humanos y ejecutor de las políticas sociales sino, además, por su peso específico en el financiamiento de las pensiones solidarias no contributivas. Siempre debe prevalecer el principio de que, *cuando la afiliación es obligatoria, el Estado es el responsable de garantizar el servicio, y sólo debe subrogarlo en casos especiales, siempre garantizando una administración que privilegie lo público sobre lo privado.*

Para sustentar en forma objetiva, las discusiones y acuerdos hacia un pacto social, es aconsejable que un equipo interdisciplinario de expertos calificados e independientes realice los estudios e informes necesarios sobre la magnitud del problema, su proyección en las próximas décadas, presentando, con la mayor claridad y sencillez posible, los grandes retos de lograr pensiones dignas y sostenibles para todos. Esta labor debería llenar tres objetivos específicos: 1) servir como punto de partida para iniciar una campaña de difusión, información y orientación a la población en general sobre la situación y las consecuencias de no hacer nada; 2) definir un plan estratégico general para involucrar a la población en el logro de los nuevos objetivos sociales y previsionales, y en la definición de la etapa de transición; y 3) presentar propuestas sobre la nueva política previsional y las características del nuevo sistema de pensión.

Uno de los principales acuerdos políticos para avanzar hacia la universalidad y la sostenibilidad es reconocer la necesidad de elevar el gasto público en los programas sociales, con énfasis en las familias más pobres y vulnerables, incluyendo la perspectiva de género para asegurar mayor equidad social. Resultará crucial no sólo llegar a acuerdos generales sino, además, tomar en consideración las características económicas y sociales del trabajo de la mujer, de los discapacitados, de los trabajadores por cuenta propia, de los agricultores y mineros, de las minorías étnicas, así como de los inmigrantes.

Aunque luzca reiterativo, es necesario insistir en las ventajas de reintroducir la práctica de realizar estudios financieros y cálculos actuariales integrales para sustentar las políticas, programas y decisiones de corto, mediano y largo plazo. En esta dirección, y con la finalidad de fortalecer la capacidad analítica, resultaría de gran utilidad contar con una base de datos actualizada sobre la protección social de la población envejeciente a nivel local, regional, nacional e internacional, y con un sistema de monitoreo y evaluación, de acuerdo a los indicadores y parámetros previamente definidos.

Obviamente, el nivel del desarrollo económico, social y político de cada país será determinante tanto para la toma de decisión, como durante el proceso de readecuación de las políticas previsionales, y de rediseño de los respectivos planes de retiro. Igualmente, en la definición del período de transición y de la gradualidad de las reformas, habrá que considerar el nivel educativo y cultural, así como las características de la estructura demográfica y los cambios en el mercado laboral. "Las tendencias demográficas, junto con los aspectos culturales de cada país analizado, definen, en gran medida, cómo se articulan los sistemas de pensiones. Su evolución reciente y perspectivas condicionan los cambios regulatorios y las transiciones de cada uno de ellos"[196]. Ello quiere decir que no existe una fórmula mágica, ni soluciones uniformes sobre el contenido, ni sobre la gradualidad de las reformas. No obstante, los países en vías de desarrollo deberían tomar en cuenta las experiencias de las naciones más avanzadas, ya que los expertos consideran que dentro de un cuarto de siglo tendrán pirámides demográficas similares a las que actualmente exhiben los países de la OCDE.

Fomentar una cultura hacia el ahorro individual y colectivo. Pero si bien es trascendental reconocer que se trata de un cambio colectivo e individual en cuanto a la cultura previsional, también es importante comprender la necesidad de cambios esenciales en los modelos de desarrollo económico y social. Los modelos predominantes se fundamentan en un crecimiento económico basado en la exacerbación del consumismo como un fin en sí mismo, y como un símbolo de estatus, de bienestar y de modernidad, con la única finalidad de ensanchar el mercado para hacer más lucrativos sus negocios. En pocas palabras, inducen a un enfoque cortoplacista que subestima las necesidades esenciales en el largo plazo. *Cada compra no esencial de hoy, representa una compra esencial menos en el futuro.*

A partir de la primera revolución industrial y de la producción masificada, se nos ha inculcado la valoración de los bienes y servicios, no tanto por su utilidad y duración, sino más bien

------

196[196] *Instituto AVIVA, Pensiones en transición*

por su diseño, estilo y actualización. El resultado inevitable de este cambio se sintetiza en dos tendencias: 1) un mayor endeudamiento general para alcanzar niveles y estilos de vida cada vez más superfluos e inmediatistas; y 2) una menor valoración del ahorro individual y colectivo para el retiro. Y es aquí donde el rediseño de los sistemas previsionales choca con el predominio de los intereses de las élites económicas dominantes a escala mundial, y de donde surgirán las mayores resistencias al cambio. Y que conste, no estamos hablando de revoluciones políticas ni del cambio del sistema, sino de ajustes en las prioridades y en la estrategia de crecimiento y desarrollo de las economías dominadas por el mercantilismo, el consumismo y la ostentación a ultranza.

Para que se tenga una idea de la resistencia, una mayor propensión al ahorro nacional e individual tenderá a "contraer" la demanda de bienes y servicios que nos ofertan como indispensables, con una obsolescencia programada los cuales, lejos de aumentar la calidad de vida, elevan el endeudamiento de las familias y exacerban la vanidad de lo nuevo e innovador, y hasta superfluo. Pero la disyuntiva es muy clara, ante una determinada cantidad de riqueza social producida, las reservas para la etapa pasiva están en relación inversa al consumo durante los años productivos. *El consumo excesivo de hoy, conduce inevitablemente a privaciones esenciales durante el envejecimiento.* Así de sencillo. Si algo queda claro de la lectura de este libro es que resulta prácticamente imposible asegurar pensiones dignas y sostenibles para todos, sin una política previsional y un esfuerzo serio y continuo que fomente el ahorro individual y colectivo.

La revalorización del ahorro será necesaria, sí o sí, ya sea compulsiva o voluntaria. Lo que actualmente está en discusión, y requiere de más estudios, es cómo lograrlo al menor costo posible para los trabajadores, activos y pasivos y para los contribuyentes. Esta es la característica del rediseño que marcará la diferencia, entre los sistemas ya obsoletos en términos actuariales y financieros, y los nuevos sistemas más ahorrativos, dinámicos, equilibrados, universales, flexibles y sostenibles. Con los avances en la esperanza de vida, ninguna nación podrá garantizar pensiones dignas y sostenibles sin tomar en serio la necesidad de aumentar y capitalizar el ahorro. Recordemos que en el Capítulo II se señaló que, para mantener los niveles actuales de pensión, los trabajadores prácticamente tendrán que duplicar sus aportaciones.

Esta realidad justifica claramente, la necesidad de definir una estrategia nacional basada en un diagnóstico de la situación y del futuro de las pensiones y jubilaciones a largo plazo, a partir de una visión de futuro de las transformaciones demográficas, tecnológicas y laborales, a fin de identificar los obstáculos, resistencias, oportunidades y fortalezas para avanzar hacia la meta final de contar con un sistema sostenible que garantice pensiones adecuadas a toda la población. Por un lado, la magnitud del costo político, de los cambios en el ahorro y del gasto fiscal, y por el otro, el respeto a los derechos adquiridos, unido a la natural resistencia de las élites dominantes, indican que la mejor forma de avanzar es involucrando directamente a toda la población y aplicando una estrategia basada en la gradualidad.

d) *Nueva política previsional y gradualidad de los nuevos diseños*

Reparto, gradualidad para recuperar la capacidad de ahorro e inversión. La transformación de un reparto público deficitario en un sistema auto sostenido resulta muy compleja. Ello así, porque los cambios que se requieren implicarán una mayor voluntad política, una amplia aceptación de la población, un pacto social y mucho sacrificio fiscal. Sólo para ofrecer una idea, equivale al esfuerzo y la disciplina presupuestaria que requiere una familia de clase media, por décadas ampliamente endeudada la cual, al no poder cubrir sus compromisos financieros, está obligada a una austeridad basada en prioridades para ahorrar lo suficiente a fin de recuperar su solvencia económica y evitar la bancarrota.

La transformación del reparto público en un sistema sostenible depende, fundamentalmente, de su capacidad para producir un ahorro capitalizable, para lo cual resulta imprescindible reducir gradualmente los desequilibrios financieros, hasta eliminarlos, para luego comenzar a capitalizar los nuevos ahorros. En sentido general, podemos decir que el rediseño del reparto consiste en un "viaje de regreso al pasado dorado" donde el sistema tenía capacidad de ahorro e inversión y alimentaba el fondo de retiro con la rentabilidad obtenida.

Posiblemente el lector esté pensando que el sacrificio será tan grande que pocos gobiernos estarían en condiciones de asumirlo. Pero recordemos que el desequilibrio actuarial y financiero continúa su agitado curso, sin detenerse y agravándose de más en más, por lo que varias instituciones y expertos calificados diagnostican el alto riesgo de una bomba previsional de consecuencias catastróficas, de las que no estarán exentas, ni siguiera las economías más desarrolladas del mundo. A partir de las proyecciones objetivas de calificados expertos sobre el desequilibrio actuarial y financiero dentro de tres a cuatro décadas, necesariamente surgen muchas interrogantes. ¿Cuál será la situación financiera del sistema público de reparto en la medida en que la tasa de dependencia continúe reduciéndose y llegue a tres o a dos cotizantes por cada pensionado o jubilado como se ha pronosticado? ¿Qué pasará cuando el promedio de los retirados bordee y supere los 90 años de edad, con algunos que vivirán más de 100 años? ¿Será capaz la solidaridad intergeneracional de garantizar la nómina creciente de los pensionados y jubilados con solo 2 o 3 cotizantes activos? ¿Podrá el Estado acudir en auxilio de un déficit financiero de esas proporciones, sin desatender obligaciones ineludibles con los demás envejecientes y con las familias más necesitadas y vulnerables? ¿Conoce alguien alguna fórmula endógena o exógena capaz, siquiera, de contener el creciente desequilibrio actuarial y financiero?

Esperamos sinceramente que tanto las autoridades como las fuerzas vivas de cada nación comprendan, antes de que esa bomba explote, la necesidad de un nuevo sistema de reparto solidario, suficiente y sostenible. Más temprano que tarde, alguien calculará el valor presente de ese costo fiscal y social, y demostrará que el mismo crece en relación directa al tiempo que se tomen las naciones para decidir la transformación de los viejos sistemas. Como dice un viejo refrán, "no hay mal que dure cien años, ni cuerpo que lo resista". Basta con reexaminar la fórmula del equilibrio financiero previsional para apreciar la validez de los pronósticos. Mientras la relación activos/pasivos continúe reduciéndose, en la medida en que se acentúe el divorcio entre el período de aporte y los años de disfrute de la pensión, y se mantenga la relación entre el porcentaje de cotización y la tasa de reemplazo, nada ni nadie podrá impedir que la bomba previsional continúe acumulando energía hasta su explosión.

La tendencia indica que el envejecimiento de los sistemas previsionales llegará a un punto de inflexión a partir del cual el agravamiento de los desequilibrios requerirá de cambios cada vez más profundos, hasta que esta burbuja previsional obligue a un salto cualitativo, para restablecer la capacidad de ahorro e inversión previsional, con todas sus consecuencias y efectos colaterales en términos de estabilidad, seguridad y sostenibilidad. Desde luego, el impacto final del desequilibrio todavía podría tomarse décadas, dependiendo del grado de madurez de cada modelo de retiro, entre otros factores.

En la mayoría de los países con sistemas previsionales envejecidos, el impacto del desequilibrio actuarial y financiero resulta mucho mayor, por lo que su superación sólo será posible mediante un largo proceso de transición. Cuando se trata de un modelo "entrado en edad", las expresiones de la crisis financiera están muy presentes, son más profundas y afloran a la superficie. De igual forma, las reformas integrales tendrán un costo financiero y político elevado, debido a la fuerte resistencia de los pensionados y jubilados que luchan contra cualquier intento de reducir sus derechos y su nivel de vida. Mientras más maduro es el modelo, mayor es el nivel del déficit y los sacrificios necesarios para recuperar la disciplina y el equilibrio. *He ahí la verdadera explicación de la defensa cerrada de los viejos sistemas de reparto, a pesar de sus distorsiones y de sus déficits crecientes e inmanejables, y del riesgo de comprometer seriamente la estabilidad macroeconómica y la gobernanza.*

La transición podría resultar menos traumática en los modelos de reparto financieramente sanos, en los cuales el déficit es incipiente y puede manejarse con ajustes menores y graduales, más bien de carácter preventivo. Es como una enfermedad que se detecta y se trata a tiempo. Pero presenta un inconveniente: dado que todavía el cáncer en gestación no puede ser apreciado por la mayoría, es poco probable que las autoridades se comprometan "prematuramente" a corregirlo, desoyendo el consejo de los técnicos de que es el mejor momento para hacerlo.

Gradualidad en el sistema de capitalización individual. En los modelos de capitalización individual, también se advierten las mismas limitaciones, riesgos y resistencias al rediseño, éstas últimas, principalmente a cargo de los grupos financieros que concentran las altas comisiones cobradas. Ante la necesidad impostergable de introducir reformas integrales, por un lado, frenadas por la natural resistencia de los trabajadores y de la población en general; y por el otro, por las élites financieras, las autoridades continuarán optando por aplicar recetas similares al reparto: soluciones graduales, no integrales, *que* *mejoran al paciente, pero no lo curan.* En tal sentido, han regulado y reducido la comisión de las Administradoras de Fondos de Pensiones (AFP), y han elevado las cotizaciones y extendido los años de retiro, "hasta el nivel posible". Pero estas reformas, por sí solas, están muy lejos de eliminar el mal de raíz.

En el capítulo anterior, señalamos que el rediseño del sistema de capitalización individual descansa en cuatro pilares fundamentales: 1) la reducción sensible del costo de administración del fondo de retiro, a lo estrictamente necesario, estableciendo un tope porcentual, para acelerar la acumulación del patrimonio de los trabajadores cotizantes; 2) la introducción de un componente de solidaridad social a favor de los grupos de menores ingresos y de mayor inestabilidad laboral; 3) el aumento de los años de cotización acorde con la expansión de la esperanza de vida, como un paso necesario para tener derecho a una pensión plena; y 4) el incremento del porcentaje de cotización en correspondencia con la tasa de reemplazo prometida. Además, el inicio de una campaña de información y orientación a toda la población, desde la niñez, sobre las características, los riesgos, los desafíos y las oportunidades que representa la vejez, a fin de fomentar la cultura del ahorro colectivo e individual y de adaptación al cambio permanente.

Obviamente, tratándose de cambios sustanciales es perfectamente previsible, la resistencia de las élites más beneficiarias del actual status quo; y también, la incertidumbre de quienes tendrán que realizar mayores aportaciones para acceder a una pensión que les fue prometida a cambio de muy poco sacrificio. Al igual que en el caso del reparto, este proceso presupone la concertación de un acuerdo nacional, o pacto social, que defina los objetivos, las metas, los beneficiarios y la fuente de financiamiento de la nueva política previsional para las próximas décadas.

Una forma inmediata de ganar la confianza y el apoyo de la mayoría de la población, especialmente de los trabajadores asalariados, es establecer un límite razonable del gasto administrativo del fondo de retiro, basado en cálculos actuariales que garanticen la mejor relación costo/beneficio a favor del patrimonio de los trabajadores. En los casos que fueren necesarios, en el desmonte de la comisión podría aplicarse la gradualidad. En este punto es importante insistir en que el objetivo esencial es reducir el costo administrativo, independientemente del carácter público o privado de su gestión. Además, la conveniencia de asegurar una apropiada representación técnico-financiera de alto nivel de los propios cotizantes y pensionados en el proceso administrativo.

Para introducir un componente de solidaridad social cubierto por los trabajadores de ingresos medios y alto, será necesario insistir en que la misma se deriva del derecho universal a una pensión mínima, y que su financiamiento sólo podrá provenir de quienes disfrutan de mayores ingresos, sea a través del pago de más impuestos generales o mediante un aporte especializado a un fondo de solidaridad social del sistema, o de una combinación de ambas fuentes.

Por su parte, el aumento de los años de cotización, por la propia naturaleza de un seguro de largo plazo, requiere una aplicación gradual para vencer la incertidumbre y reducir la resistencia natural al cambio. La objeción principal provendrá de los trabajadores activos que han transitado una buena parte del período de aportación, ya que este cambio sería interpretado como una amenaza inmediata a sus derechos adquiridos. En tal sentido, se recomienda un aumento mayor a los cotizantes más jóvenes, mediante una escala, sin tocar a aquellos afiliados a los que sólo les faltan cinco años o menos para su retiro.

Finalmente, por la misma lógica y con el mismo objetivo, deberá enfrentarse el aumento porcentual de la cotización. Se trata de un cambio vital en vista de que, con el avance de la longevidad, ya no es posible sustentar pensiones dignas y sostenibles dedicando, como antes, con ahorros insuficientes y marginales. Esta reforma será la que generará la mayor resistencia en los trabajadores por su impacto inmediato en el presupuesto familiar, especialmente de los estratos laborales inferiores al salario promedio. En adición, la oposición a este cambio también provendrá de los empleadores, quienes suelen argumentar y exagerar el riesgo de que dicho aumento disminuya la demanda de empleos y reduzca la competitividad general. En sentido general, la transformación del viejo sistema de capitalización privatizada en un nuevo sistema de capitalización individual solidaria, resulta menos compleja que en el sistema público de reparto. De todas formas, no se debe subestimar la capacidad de desinformación y de presión política de la élite financiera que se beneficia de las altas comisiones y que controla los principales hilos del poder económico, social y político.

Liderazgo para un rediseño previsional integral. El rediseño integral de ambos sistemas previsionales requiere de un fuerte liderazgo, capaz de crear conciencia sobre los riesgos y problemas, de informar y empoderar a la población sobre el costo fiscal y social de los modelos actuales, y de presentar las opciones disponibles para restablecer el equilibrio, universalizar la cobertura previsional, garantizar la sostenibilidad a largo plazo y reducir la desigualdad social. No será una tarea fácil, ni simpática, por lo que las posibilidades de reducir la resistencia dependerán de cuán convincentes sean los resultados, los argumentos y las proyecciones de los estudios, así como del impacto de la campaña de información y orientación recomendada más arriba.

¿Cuál es el futuro previsible de los jubilados y pensionados ante las transformaciones demográficas y los cambios laborales? El futuro previsional de los trabajadores, así como de los pensionados y jubilados presenta crecientes incertidumbres, debido a que se proyectan mayores desequilibrios

actuariales y financieros, con más ajustes paramétricos que reducirán las prestaciones y elevarán las contribuciones, erosionando sus niveles de ingreso y su calidad de vida.

Dada la complejidad del rediseño de los viejos sistemas previsionales, y las resistencias de los grupos y sectores que se benefician del estatus quo, la mejor estrategia es involucrar a la población. Para ello, es necesario explicarle porque los trabajadores aportan más y reciben menos en su retiro, cómo la esperanza de vida agudiza los déficits, cuáles son los riesgos y el costo social y fiscal de no hacer nada, y presentarles las opciones para garantizar pensiones dignas y sostenibles para toda la población, aplicando la gradualidad de los cambios.

El rediseño de los sistemas previsionales constituye uno de los mayores imperativos del presente siglo, ya que los vigentes son incapaces de adecuarse a las transformaciones demográficas y a los cambios del mercado laboral. Ningún cambio sustancial será posible sin la toma de consciencia de la población en general sobre la situación, los pronósticos y las opciones. En tal sentido, se requiere de una amplia campaña de concientización que culmine con un gran pacto social, que defina el alcance de la reforma y los medios y recursos para lograrla; que garantice el desarrollo progresivo de una nueva política previsional y fiscal, y que asegure la elevación del gasto social, con énfasis en las familias más pobres y vulnerables, incluyendo la perspectiva de género para alcanzar mayor equidad.

A fin de reducir las resistencias a los cambios estructurales, será necesario aplicar la gradualidad, tanto en el otorgamiento de pensiones no contributivas como en la implementación de los nuevos sistemas previsionales. El avance hacia un sistema público de reparto auto sostenido resultará el más complejo ya que implica eliminar el déficit y restablecer la capacidad de ahorro. El camino hacia un sistema de capitalización individual solidario y sin lucro, también requerirá de una estrategia capaz de superar los obstáculos y resistencias de los beneficiarios del estatus quo.

Estamos conscientes de que estos planteamientos provocarán las más diversas reacciones, para las cuales estamos profesionalmente preparado. No pretendemos tener la verdad absoluta, sino llamar la atención sobre los factores que determinan las crisis previsionales, delineando las principales reformas para asegurar pensiones dignas y sostenibles para todos, como forma de eliminar las incertidumbres y de evitar la pobreza extrema durante el envejecimiento. Esperamos haber contribuido al abordaje de este espinoso y apasionante tema, sin prejuicios ideológicos, con visión de futuro, y basado en cálculos financieros y actuariales, como corresponde a profesionales interesados en conocer la verdadera esencia del problema para formular soluciones adecuadas, oportunas y sostenibles.

REFERENCIAS BIBLIOGRAFICAS Y DIGITALES

Aaron, H. *The Social Insurance Paradox. The Canadian Journal of Economics and Political Science* / Revue Canadienne D'Economique Et De Science Politique, 1966.

Alaimo, V., Bosch, M., Kaplan, D. S., Pagés, C., & Ripani, L., *Empleos para crecer*. Washington, D.C.: Banco Interamericano de Desarrollo, 2016.

Alberto Arenas de Mesa, *Los sistemas de pensiones en la encrucijada Desafíos para la sostenibilidad en América Latina*, 2019

Álvarez Rodríguez, Manuel, *Un sistema de pensión sostenible*, Ediciones Empresa Global, 2013

AISS, *10 desafíos mundiales para la Seguridad Social*, 2019

Banco de España, *La Reforma del sistema de Pensiones en España*, 2019

Banco Mundial, *Los olvidados de la pobreza crónica en América Latina y el Caribe*, 2015

Barr, Nicolás; Diamond, Peter, *La Reforma Necesaria: El futuro de las Pensiones*, Editora El Hombre del Tres, 2012

BID, *Sistema de Información de Mercados Laborales y de Seguridad Social (SIMS)*, 2017.

BID, *Presente y futuro de las pensiones en América Latina y el Caribe*, 2018

BID, *El futuro del trabajo en América Latina y el Caribe*, 2019

BID, OECD, Banco Mundial, *Panorama de las pensiones: América Latina y el Caribe*, 2015

Bosch, M., Melguizo y C. Pagés, *Mejores pensiones, mejores trabajos.* Banco Interamericano de Desarrollo (BID), 2013.

Bosch C, Matías, García C, Edgar, Fernández G, Airon, *Sistema de pensiones: de la estafa del siglo, a un modelo justo e incluyente,* Impresora Soto Castillo, 2019

Castiñeiras, N; de Melo, G; Ardente, A; Montti, O; Zelko, B y F. Araya, *Tasas de Reemplazo del Sistema Previsional Mixto.* Documento de trabajo, Centro de Estudios Fiscales, 2017.

Cavallo, E. A., & Serebrisky, T. (Eds.), *Ahorrar para desarrollarse: cómo América Latina y el Caribe puede ahorrar más y mejor.* Serie Desarrollo en las Américas (DIA), BID, 2016.

CEPAL, *Instrumentos de protección social, Caminos latinoamericanos hacia la universalización*, 2015

Cominetti, Marisa, Fernández, Manuel, *Las AFP en 100 preguntas,* Ediciones El Mercurio, 2019

Conde-Ruiz, José Ignacio, *¿Qué será de mi pensión?,* Ediciones Península, 2018

Conde-Ruiz, José Ignacio, *Pensiones Sostenibles y Suficientes,* FEDEA y Universidad Complutense, 2017

Cuadernos NR, *El futuro de las pensiones*, Nueva Revista de Cultura y Arte, 2018

Díaz Santana, Arismendi, *Como se diseñó y concertó la Ley de Seguridad Social,* Editora Corripio, 2004

Díaz Santana, Arismendi, *Economía política de la desigualdad social,* Editora BUHO, 2018

Durán Valverde, F., & Pena, H, *Determinantes de las tasas de reemplazo de pensiones de capitalización individual: escenarios latinoamericanos comparados.* CEPAL, 2011.

FIAT, *Los cambios estructurales del mercado laboral*, 2019

FMI, *Informe anual del FMI 2019, Nuestro mundo conectado,* 2019

Forteza, Alvaro, "Assessing Redistribution within Social Insurance Systems. The cases of Argentina, Brazil, Chile, Mexico and Uruguay". In: Social Security, Informality and Labor Markets, 2014.

Fundación Juan Bosch, *Pensiones: ¿seguridad social o gran negocio?*, Impresora Soto Castillo, 2016

Gottret, Pablo, *Las tendencias de las reformas de pensiones en el mundo*, Banco Mundial, 2019

Gualavisi, M., & Oliveri, M. L. *Antigüedad en el empleo y rotación laboral en América Latina. Banco Interamericano de Desarrollo*, 2016.

Informe Final – *Pensiones Chile, Comisión Asesora Presidencial sobre el Sistema de Pensiones,* Chile, 2015.

Instituto AVIVA, *Pensiones en transición*, Un panorama internacional de los retos que enfrentan los sistemas de pensiones, 2019

Instituto Santa Lucías, S.A, *Pensiones del futuro*, 2019

Matus, Alejandra, *Mitos y verdades de las AFP*, Editora Aguiar, 2017

Monereo Pérez, José Luis; Fernández Bernat, Juan Antonio, *La sostenibilidad de las pensiones públicas,* Editora Tecnos, 2014

Novta, N., & Wong, J, *Women at Work in Latin America and the Caribbean. International Monetary Fund*, 2017.

Nozaki, M., *Long-Run Biological Interest Rate for Pay-As-You-Go Pensions in Advanced and Developing Countries. International Monetary Fund*, 2017.

OECD, *Mortality Assumptions and Longevity Risk: Implications for pension funds and annuity providers.* 2014.

OECD, *Pensions at a Glance 2015: OECD and G20 Indicators,* 2015.

OIT, *Perspectivas sociales y del empleo en el mundo: tendencias 2020, 2020*

OIT, *Informe mundial sobre la protección social, 2017-2019, La protección social universal para alcanzar los Objetivos de Desarrollo Sostenible,* 2017

OIT, *Seguridad Social,* Presentación en Power Point

OIT, *La influencia de la tecnología en la calidad y la cantidad del empleo,* Nota Informativa #6, 2018

OISS, *Estudios sobre Seguridad Social,* 60 años de la Organización Iberoamericana de Seguridad Social, 2014

Piketty, T., *Capital in the 21st Century.* Belknap Press: An Imprint of Harvard University Press. 2014.

Piñera, José, *Una propuesta de reforma del sistema de pensiones en España,* Círculo de Empresarios, Madrid, 1996

Reyes Henríquez, Luis T, *Evaluación económica del Sistema Dominicano de Seguridad Social, 2001-2015,* Editora Capriano, 2019

Rivadeneira Martínez, Carlos, *Aquí se fabrican pobres,* LOM ediciones, 2017

Rofman, R., Apella, I., & Vezza, E., *Más allá de las pensiones contributivas. Catorce experiencias en América Latina.* Banco Mundial, 2013.

Solimano, Andrés, *Pensiones a la chilena,* Editora Catalonia, 2017

Valdés, Rodrigo, Los desafíos de las pensiones en Chile, Seminario FIAP, 2019